政府财务报告

审计基本理论研究

郑石桥　周敏李　著

经济日报 出版社

图书在版编目（CIP）数据

政府财务报告审计基本理论研究 / 郑石桥 , 周敏李
著 . 一北京：经济日报出版社，2021.10
ISBN 978-7-5196-0878-1

Ⅰ . ①政… Ⅱ . ①郑… ②周… Ⅲ . ①国家行政机关
—财务审计—研究—中国 Ⅳ . ① F239.221

中国版本图书馆 CIP 数据核字（2021）第 071326 号

政府财务报告审计基本理论研究

著　　者	郑石桥　周敏李
责任编辑	门　睿
责任校对	王阿林
出版发行	经济日报出版社
地　　址	北京市西城区白纸坊东街 2 号 A 座综合楼 710（邮政编码 :100054）
电　　话	010-63567684（总编室）
	010-63584556（财经编辑部）
	010-63567687（企业与企业家史编辑部）
	010-63567683（经济与管理学术编辑部）
	010-63538621 63567692（发行部）
网　　址	www.edpbook.com.cn
E – mail	edpbook@126.com
经　　销	全国新华书店
印　　刷	廊坊市海涛印刷有限公司
开　　本	710×1000 毫米　1/16
印　　张	16.5
字　　数	250 千字
版　　次	2022 年 1 月第一版
印　　次	2022 年 1 月第一次印刷
书　　号	ISBN 978-7-5196-0878-1
定　　价	68.00 元

前　言

政府财务报告是反映政府会计主体某一特定日期的财务状况和某一会计期间的运行情况以及现金流量等信息的文件，包括政府综合财务报告和政府部门财务报告。政府财务报告是治国理政的基础，各国政府都十分重视政府财务报告制度的建立，我国党和国家同样高度重视政府综合财务报告制度的建立，党的十八届三中全会提出要"建立权责发生制的政府综合财务报告制度"，《中华人民共和国预算法》要求"各级政府财政部门应当按年度编制以权责发生制为基础的政府综合财务报告"，国务院批转财政部《权责发生制政府综合财务报告制度改革方案》提出"在 2020 年前建立具有中国特色的权责发生制政府综合财务报告制度"。政府财务报告审计是政府财务报告真实性的重要保障机制。没有政府财务报告审计，政府财务报告的真实性就缺乏基本保障。因此，政府财务报告审计制度的建构是政府财务报告制度建构的重要内容。而理论自信是制度自信的基础，要建构科学有效的政府财务报告审计制度，其前提是对政府财务报告审计各基础性问题有科学的认知。

本书以经典审计理论为基础，分析政府财务报告审计各基础性问题，建构政府财务报告审计基本理论框架。具体来说，本书包括三部分内容：

（1）绪论。阐释政府财务报告审计研究背景、研究内容和研究方法。

（2）政府部门财务报告审计基本理论。阐释政府部门财务报告审计各基础性问题，包括以下内容：政府部门财务报告审计本质、政府部门财务报告审计需求；政府部门财务报告审计主体、政府部门财务报告审计客体；政府部门财务报告审计内容、政府部门财务报告审计目标；政府部门财务报告审计取证模式、政府部门财务报告审计重要性；政府部门财务报告审计风险、政府部门财务报告审计准则、政府部门财务报告审计结果及其应用。

（3）政府综合财务报告审计基本理论。阐释政府综合财务报告审计各基础性问题，包括以下内容：政府综合财务报告审计本质、政府综合财务报告审计需求；政府综合财务报告审计主体、政府综合财务报告审计客体；政府综合财务报告审计内容、政府综合财务报告审计目标；政府综合财务报告审计模式、政府综合财务报告审计结果及其应用。

本书主要由郑石桥、周敏李完成，一定程度参与本书研究的还有贾云洁、李媛媛、许清澄、高斐、邹艳红、周灵欣、郑羽飞、王童馨、郭佳程、蔡梦珏、张天宇。

政府财务报告审计基本理论研究虽然回应了我国政府财务报告审计制度建构的重大需求，但是，尚属于阶段性成果。由于我们的水平有限，书中可能存在一些疏漏之处，敬请读者批评指正。

政府财务报告审计基本理论研究得到了南京审计大学国家审计研究院的资助，特此致谢！

作者

2021 年 10 月

目 录
CONTENTS

上篇　政府部门财务报告审计基本理论

第一章　绪论

本书从理论上阐释政府财务报告审计的各个基础性问题，以深化对政府财务报告审计制度各主要要素的认知，为建构和优化政府财务报告审计制度提供参考。本章作为绪论，阐释研究背景、研究内容和研究方法。

第一节　研究背景

政府财务报告是反映政府会计主体某一特定日期的财务状况和某一会计期间的运行情况以及现金流量等信息的文件，包括政府综合财务报告和政府部门财务报告。政府综合财务报告是以权责发生制为基础，反映政府整体财务状况、运行情况和财政中长期可持续性的财务报告；政府部门财务报告是以权责发生制为基础，反映政府部门（单位）的财务状况、运行情况等信息的财务报告。政府财务报告是治国理政的基础，各国政府都重视政府财务报告制度的建立，我国党和政府同样高度重视政府综合财务报告制度的建立。党的十八届三中全会提出要"建立权责发生制的政府综合财务报告制度"，《中华人民共和国预算法》要求"各级政府财政部门应当按年度编制以权责发生制为基础的政府综合财务报告"，国务院批转财政部《权责发生制政府综合财务报告制度改革方案》提出"在 2020 年前建立具有中国特色的权责发生制政府综合财务报告制度"。政府财务报告审计是政府财务报告真实性的重要保障机制，没有政府财务报告审计，政府财务报告的真实性就缺乏基本保障。因此，政府财务报告审计制度的建构是政府财务报告制度建构的重要内容，而理论自信是制度自信的基础，要建构科学有效的政府财务报告审计制度，其前提是对政府财务报告审计各基础性问题有科学的认知。

一、政府财务报告审计各基础性问题的研究现状

政府财务报告审计制度就是对政府财务报告审计各基础性问题的制度设计。这些基础性问题包括审计本质、审计需求、审计主体、审计客体、审计内容、审计目标、审计取证、审计结果及其应用等，对这些问题的理论阐释就构成了政府财务报告审计基本理论。关于政府财务报告审计各基础性问题研究状况的文献综述将于本书后续相应章节中完成[①]，这里仅从总体上对政府财务报告审计各基础性问题的研究现状概括阐述。

关于政府财务报告审计各基础性问题，国内外已经有不少的研究成果，这为本书的研究奠定了较好的文献基础。从现有研究成果来看，主要有如下特征：

（1）现有研究成果涉及的面较广。一些文献从理论上分析了政府财务报告审计的审计需求、审计主体、审计客体、审计内容、审计目标、审计方式方法等，为政府财务报告审计制度的建构提供理论基础。也有一些文献介绍了国外政府财务报告审计制度的相关情况，还有一些文献对我国公共部门注册会计师审计试点情况进行了介绍和分析。上述研究，涉及到政府财务报告审计的各个基础性问题，为进一步的研究奠定了较好的基础。

（2）适应不同的研究主题，研究方法具有多样性。围绕政府财务报告审计的研究主题，有些适合规范性研究，这主要是政府财务报告审计各基础性问题的理论分析，现有文献对政府财务报告审计的审计需求、审计主体、审计客体、审计内容、审计目标、审计方式方法等问题主要采用规范研究的方法；而也有不少的研究主题适合采用实证研究的方法，有些文献基于公开数据或实验或问卷调查，采用了实证研究方法。所以，总体来说，现有研究成果适应不同的研究主题来选用研究方法，研究方法具有多样性。

---

① 关于政府财务报告审计各基础性问题的研究综述，请参见本书后续各章节。

　　总体来说，政府财务报告审计取得了重要的研究成果，为进一步的研究奠定了一定的基础。但是，从现有文献来看，政府财务报告审计理论落后于审计实践的需求，现有研究在不少方面还存在需要进一步完善和深入研究的地方，主要包括以下两个方面：

　　（1）建构政府财务报告审计基本理论框架是建构政府财务报告审计制度的前提。从审计系统来说，有几个层级的递推关系，审计效率效果由审计行为所决定，离开审计行为，不可能有审计效率效果；而审计行为又是由审计制度所约束的，有什么样的审计制度，就会有什么样的审计行为；而审计制度的建构又是以一定的审计理论为基础，审计理论是审计制度的灵魂，没有审计理论的审计制度，是没有灵魂的审计制度，有什么样的审计理论，就会有什么样的审计制度。所以，从根本上来说，审计理论是基础，它通过审计制度和审计行为来制约审计效率效果。政府财务报告审计也不例外，政府财务报告审计要取得较好的效率效果，必须有恰当的政府财务报告审计行为，而这种行为又必须以科学的政府财务报告审计制度为基础，而这种制度的基础又是政府财务报告审计的基本理论框架。目前，虽然有些文献涉及到政府财务报告审计制度的审计需求、审计主体、审计客体、审计内容、审计目标、审计方式方法等问题，但是，总体来说，还需要进一步深入和系统研究，建立起政府财务报告审计制度理论框架。所以，本书拟将政府财务报告审计制度理论框架——也就是政府财务报告审计基本理论，作为重要研究内容。

　　（2）我国政府财务报告审计业务外包制度如何建构是亟待深入的研究命题。对于公共部门注册会计师审计，我国已经进行了多年的试点，财政部也组织了多个相关课题进行研究，积累了一些经验，也取得了一些理论研究成果。然而，对于公共部门注册会计师审计的一些重大问题仍然存在不同的认识，如公共部门一般属于政府审计机关的审计范围，实行公共部门注册会计师审计，如何处理注册会计师审计与政府审计机关的关系？又如，公共部门的审计业务由谁来聘任注册会计师？注册会计师对公共部门实施审计，适用何种审计准则？此外，还有其他一些问题也存在认知分歧。因此，需要以我国的公共部门注册会计师审计试点探索为基础，借鉴国外的经验教训，对公共部门注册会计师审计的主要问题进行深入的理论研究。由于主要部分内容尚未成熟，本书未将我国政府财务报告审计业务外包制度设计纳入研究内容。

二、本书的独到价值

（一）学术价值

相对于已有研究，本书的独到学术价值是建立政府财务报告审计基本理论框架。这一理论框架以委托代理理论为基础，从理论上阐释政府财务报告审计的各基础性问题，围绕政府财务报告审计提供系列性的、相互贯通的理论观点，主要包括：什么是政府财务报告审计？为什么需要政府财务报告审计？政府财务报告审计究竟审计谁？政府财务报告审计究竟审计什么？通过政府财务报告审计得到什么？谁来实施政府财务报告审计？政府财务报告审计究竟怎么审计？政府财务报告审计结果如何应用？通过对这些基础性问题的阐释，形成贯通的政府财务报告审计基本理论，主要内容包括：政府财务报告审计本质理论、政府财务报告审计需求理论、政府财务报告审计主体理论、政府财务报告审计客体理论、政府财务报告审计内容理论、政府财务报告审计目标理论、政府财务报告审计准则理论、政府财务报告审计结果应用理论。

（二）应用价值

根据国务院批转财政部的《权责发生制政府综合财务报告制度改革方案》所确定的时间表和路线图，我国将在 2020 年前建立起具有中国特色的政府会计准则体系和权责发生制政府综合财务报告制度。其中 2014—2015年，重点是建立健全政府会计准则体系和财务报告制度框架体系；2016—2017 年，开展政府综合财务报告编制试点；2018—2020 年，全面开展政府综合财务报告编制工作，制定发布政府财务报告审计、公开制度等。本书的研究，正是回应我国政府财务报告审计制度建构的重大需求，为我国政府财务报告审计制度建构提供决策参考。

第二节　研究内容

本书研究政府财务报告审计的各基础性问题，主要包括：什么是政府财务报告审计？为什么需要政府财务报告审计？政府财务报告审计究竟审计谁？政府财务报告审计究竟审计什么？通过政府财务报告审计得到什么？谁来实施政府财务报告审计？政府财务报告审计究竟怎么审计？政府财务报告审计结果如何应用？通过对这些基础性问题的阐释，形成贯通的政府财务报告审计基本理论。

政府财务报告本身是一个体系，包括政府部门财务报告和政府综合财务报告，因此，政府财务报告审计也分为政府部门财务报告审计和政府综合财务报告审计。

基于上述考虑，本书分为两篇，上篇聚焦政府部门财务报告审计基本理论，下篇聚焦政府综合财务报告审计基本理论。各篇的主要内容安排如下：

（1）政府部门财务报告审计基本理论。主要内容包括：政府部门财务报告审计本质，政府部门财务报告审计需求，政府部门财务报告审计主体，政府部门财务报告审计客体，政府部门财务报告审计内容，政府部门财务报告审计目标，政府部门财务报告审计取证模式，政府部门财务报告审计重要性，政府部门财务报告审计风险，政府部门财务报告审计准则，政府部门财务报告审计结果及其应用。

（2）政府综合财务报告审计基本理论。主要内容包括：政府综合财务报告审计本质，政府综合财务报告审计需求，政府综合财务报告审计主体，政府综合财务报告审计客体，政府综合财务报告审计内容，政府综合财务报告审计目标，政府综合财务报告审计模式，政府综合财务报告审计结果及其应用。

第三节　研究方法

一般来说，社会科学研究，大致都有一个文献梳理的过程，然后再进行理论抽象。政府财务报告审计基本理论在课题性质上属于基础理论研究的范畴，所以，其研究方法大致类同于一般的社会科学基础理论研究方法，主要包括文献研究法、思维研究法和定性分析法。

文献研究法主要指收集、鉴别、整理文献，并通过对文献的研究形成对事实的科学认识的方法。政府财务报告审计有大量相关国内外学术文献和工作文献，通过对这些文献的收集和整理，有助于深化对政府财务报告审计各基础性问题的认识。

思维研究法是人们通过思维活动为了实现特定思维目的所凭借的途径、手段或办法，也就是思维过程中所运用的工具和手段。在科学研究中最常用的科学思维研究法包括归纳演绎、类比推理、抽象概括、思辩想象、分析综合等，它对于一切科学研究都具有普遍的指导意义。政府财务报告审计研究作为基础理论研究，需要大量应用逻辑思维，归纳演绎、类比推理、抽象概括、思辩想象、分析综合都要用到。

定性分析法就是对研究对象进行"质"的方面的分析。具体地说是运用归纳与演绎、分析与综合和抽象与概括等方法，对获得的各种材料进行思维加工，从而能去粗取精、去伪存真、由此及彼、由表及里，达到认识事物本质、揭示内在规律。由于我国政府财务报告审计目前缺乏数据，再加上本课题的预期目标是构建政府财务报告审计基本理论，所以，定性分析是主要研究手段。

上篇

政府部门财务报告审计基本理论

第二章 政府部门财务报告审计本质和审计需求

政府部门财务报告审计有不少的基础性问题需要理论阐释，本章聚焦其中的两个问题：什么是政府部门财务报告审计？为什么需要政府部门财务报告审计？根据这些问题，本章的具体内容包括：政府部门财务报告审计本质，政府部门财务报告审计需求。

第一节 政府部门财务报告审计本质

政府财务报告是治国理政的基础，政府财务报告制度是国家治理体系和治理能力现代化的重要内容。政府部门财务报告是政府财务报告的重要内容，是以权责发生制为基础，反映政府部门（单位）的财务状况、运行情况等信息的财务报告，而政府部门财务报告审计是政府部门财务报告制度的重要组成内容，因此，如何建构政府部门财务报告审计制度就成为政府财务报告制度建构的重要内容。理论自信是制度自信的基础，从理论上厘清政府部门财务报告审计制度的各基础性问题，是制度建构的基础。在诸多基础性问题中，政府部门财务报告审计本质是最基础的，对这个问题的认知不同，将导致不同的制度建构。

现有文献中，查账论和系统过程论对认知政府部门财务报告审计本质有一定的启发，关于政府财务报告审计与相关审计之关系的分析也有助于认知政府部门财务报告审计本质。但是，总体来说，关于政府部门财务报告审计本质，还是缺乏一个系统化的理论框架。本节的贡献在于以经典审计理论为基础，分析政府部门财务报告审计的内涵和外延，并辨析其与相关概念的关系，提出一个关于政府部门财务报告审计本质的理论框架，以深化对政府部门财务报告审计本质的认知，并为优化相关制度建构提供理论支撑。

一、文献综述

政府部门财务报告审计也是一种财务审计。关于财务审计的本质，有多种观点，其中，查账论和系统过程论是影响最广泛的两种观点。查账论认为，审计就是查账，也就是对会计凭证、会计账簿和会计报表等会计资料的检查（Mautz & Sharaf，1961；王文彬，1981）。这种观点起源最早、延续时间最长、影响力也最大，然而却过于简单。系统过程论是美国会计学会（AAA）发布的《审计基本概念公告》（*A Statement of Basic Auditing Concepts*）提出的观点。这种观点认为，"审计是客观收集和评价与经济活动及事项有关的认定的证据，以确定其认定与既定标准的相符程度，并将结果传递给利益关系人的系统过程"（AAA，1972）。系统过程论解决了查什么、怎么查的问题，一定程度上深化了查账论，所以，不少的经典审计著作都采纳了这种观点。如 Relly（1990）、尚德尔（1992）在他们的著作中都采用了这种观点。上述两种观点对认知政府部门财务报告审计本质有较大的启发，但是，它们关注审计现象较多，对审计本质的研究不够深入。

现有文献中，未发现有文献专门研究政府财务报告审计本质，更没有文献专门研究政府部门财务报告审计本质，审计实践中也未有真正意义上的政府财务报告审计和政府部门财务报告审计。从某种意义来说，"政府财务报告审计是一个全新的审计范畴"（周曙光、陈志斌，2020）。但是，一些文献分析了政府财务报告审计与相关审计的关系。审计署审计科研所（2014）提出"推动政府决算审计与政府会计的动态协调和整合发展"；王祥君、周荣青（2014）提出"政府财务报表审计与政府会计改革的协同要以全口径政府预决算审计为基础，实现既对年度预算收支及决算结果的流量资源进行动态审计，又对政府资产负债净资产等存量资源进行静态审计的政府财务报表审计"；陆晓晖（2016）、王祥君（2016）认为，政府财务报告审计在审计内容上与全口径预算执行审计、部门预算审计有一定的交叉，因此，要协调这些审计业务；崔孟修等（2017）认为，政府财务报告审计与决算草案审计的联系主要表现在二者"在具体内容、编制主体、编制程序方面具有高度重合性"，而二者的区别主要表现在审计目标、审计内容和审计报告机制方面；一些文献介绍了国外的政府财务报告审计与决算审计的协调情况（罗涛，2012；潘俊、沈嘉诚、徐颖，2018）；此外，刘昱彤、王虹（2017）从治理结构的角度比较了公司财务审计与政府财务报告审计，认为二者有很大程度的相似性。

上述文献中，查账论和系统过程论对认知政府部门财务报告审计本质有一定的启发，但是，它们关注审计现象较多，对审计本质的研究不够深入，而关于政府财务报告审计与相关审计的关系之分析，虽然一定程度上有助于认知政府部门财务报告审计本质，但是，毕竟有很大的局限性。因此，总体来说，关于政府部门财务报告审计本质，还是缺乏一个系统化的理论框架。本节拟致力于此。

二、理论框架

审计本质关注的核心问题是"什么是审计"，政府部门财务报告审计本质也不例外。本节的目的是以经典审计理论为基础，提出一个关于政府部门财务报告审计本质理论框架，为此，需要依次阐释以下问题：政府部门财务报告审计的内涵、政府部门财务报告审计的外延和政府部门财务报告审计与相关概念之关系的辨析。

（一）政府部门财务报告审计的内涵

政府部门财务报告审计当然也是审计，其本质应该是在审计共性本质的基础上，显现其个性本质，所以认知政府部门财务报告审计本质需要以审计共性本质为基础。经典审计理论中，关于审计一般的本质（也就是共性本质）也有多种观点，本节采用的观点是，"审计是以系统方法从行为、信息和制度三个维度独立鉴证经管责任履行情况并将结果传达给利益相关者的制度安排"（郑石桥，2016）。基于审计一般的上述本质，并参考"财政审计是以系统方法从行为、信息和制度三个维度对财政经管责任履行情况实施的鉴证、评价和监督，并将审计结果传递给利益相关者的财政治理制度安排"（郑石桥，2018）。本节将政府部门财务报告审计本质表述如下：政府部门财务报告审计是以系统方法从政府部门财务报告中的部门财务信息及相关制度这两个维度对部门国有资源经管责任履行情况实施的独立鉴证，推动责任评价和责任追究，并将审计结果传递给利益相关者的治理制度安排。这个表述有五个核心内涵：政府部门财务报告审计是国有资源经管责任履行情况审计的组成部分；政府部门财务报告审计从政府部门财务报告中的财务信息及相关制度这两个维度来开展；政府部门财务报告审计需要履行独立鉴证、评价和责任追究三大审计职能，并采用系统方法；政府部门财务报告审计需要将审计结果传递给利益相关者；政府部门财务报告审计属于治理制度安排。下面，我们对上述五个方面的核心内容分别做详细阐释。

（1）政府部门财务报告审计是国有资源经管责任履行情况审计的组成部分。国有资源包括国有资金、国有资产、资源性国有资产。从终极意义来说，国有资源的所有者是全体人民，但是人民作为一个集体是没有行动能力的，所以，必须有一定的国家机构来代表人民履行所有者的职能，这就形成了国有资源委托代理关系链。不同的国家，国有资源委托代理关系链不同。中国是社会主义国家，根据《中华人民共和国宪法》《中华人民共和国预算法》《中华人民共和国土地管理法》《中华人民共和国企业国有资产法》等法律法规，国有资源委托代理关系的基本情况如图1所示。

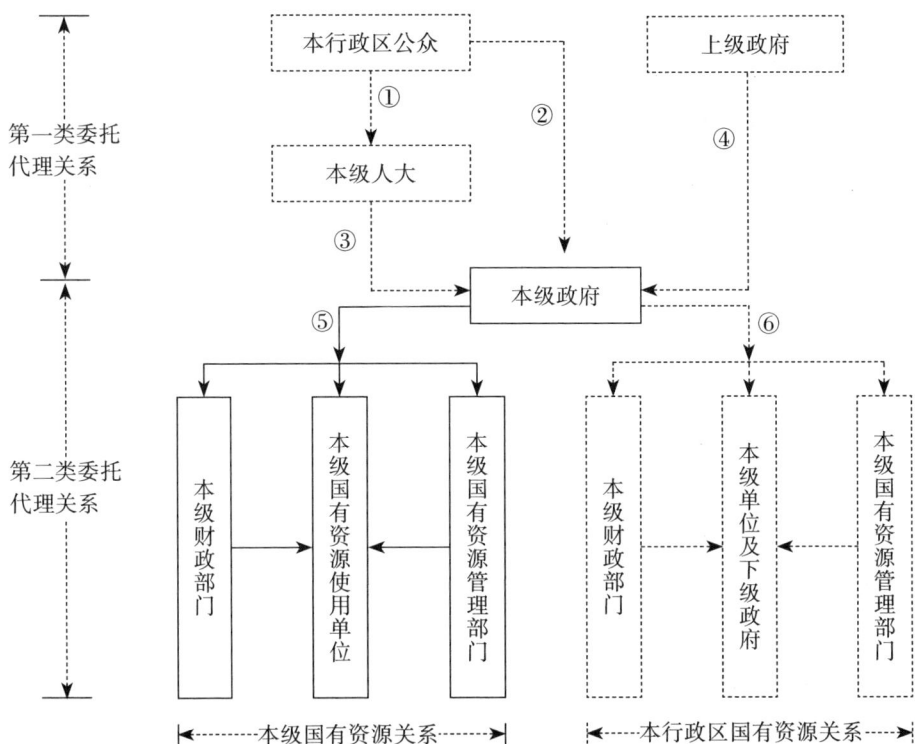

图1　国有资源委托代理关系

图1中有两类委托代理关系，一是本级政府作为代理人，本节称为第一类委托代理关系，图1中的①②③④属于这种类型；二是本级政府作为委托人，本节称为第二类委托代理关系，图中的⑤⑥属于这种类型。在第一类委托代理关系中，本行政区公众、本级人大、上级政府分别作为本级政府的委托人，形成基于国有资源的委托代理关系；在第二类委托代理关系中，本级政府作为委托人，本级各国有单位（情形⑤）及本行政区各国有单位（情形⑥）作为代理人，同样形成基于国有资源的委托代理关系。无论何种情形的国有资源委托代理关系，委托人都将一定的国有资源交付代理人，并要求代理人使用这些国有资源来履行一定的职责，而代理人都对委托人承担最大善意使用这些资源来履行所要求职责的责任，这种责任也称为国有资源经管责任。然而，由于人性自利和有限理性，在激励不相容、信息不对称和环境不确定的情形下，代理人并不一定能最大善意地履行其国有资源经管责任，为

此，委托人会推动建立针对代理人的治理机制。审计是这个治理机制的组成部分，通过对代理人国有资源经管责任履行情况的审计来促使代理人更好地履行国有资源经管责任。

政府部门财务报告是以权责发生制为基础，是反映政府部门（单位）的财务状况、运行情况等信息的财务报告。在图1所示的国有资源委托代理关系中，本级政府与本级各国有单位之间的委托代理关系（图1中的情形⑤，也就是本级国有资源关系，用实线表示）是政府部门财务报告反映的内容，是对各国有单位对国有资源使用、管理情况的财务计量。所以，政府部门财务报告审计，实质上就是从财务角度来审计本级各国有单位的国有资源经管责任履行情况，属于国有资源经管责任履行情况审计的组成部分。

正确地理解图1中的情形⑤对于政府部门财务报告审计非常重要。不同的委托人，将有不同的审计主体和审计客体选择，也会有不同的审计结果使用，从而对政府部门财务报告审计制度建构产生重要影响。有些文献将图1中本级政府与本级国有单位之间的委托代理关系（情形⑤）分为两个层级，一是本级政府与财政部门之间的委托代理，本级政府是委托人，财政部门是代理人；二是财政部门与本级各国有单位之间的委托代理关系，财政部门是委托人，本级各国有单位是代理人，两层级组合起来的实质是本级政府将国有资源交付财政部门，财政部门再交付本级各国有单位（郑石桥，2018；刘冠亚，2018）。笔者认为，将图1中的情形⑤分成两个层级的委托代理关系需要正确理解，财政部门与本级各国有单位之间的委托代理关系只是形式上的，其实质是本级政府与本级国有单位之间的委托代理关系。因为财政部门只是本级政府的一个职能部门，是代表本级政府履行一些财政职能的部门，国有资源经管责任的许多事项并不由财政部门来履行（如国有单位需要履行的职责之要求等）。所以，不能将财政部门交付一些国有资源给本级国有单位之间的关系理解成财政部门与本级国有单位之间的委托代理关系。这种关系仍然是本级政府与本级国有单位之间的委托代理关系，委托人是本级政府，不是财政部门，财政部门履行的职能是代表本级政府。一个恰当的例子也能进一步说明这种关系，如各单位财务部门都负责本单位的财务资源管理，但是，不能将财务部门理解为本单位内部其他单位的委托人，本单位财务部门只是代表本单位管理层来履行财务资源管理，财务部门与各内部单位之间的关系体现了本单位管理层与各内部单位之间的关系，委托人是本单位管理层，不是财务部门，内部各单位要履行本单位管理层所要求的职责，而不是财务部门所要求的职责。

（2）政府部门财务报告审计从政府部门财务报告中的财务信息及相关制度这两个维度来开展。基于上述分析，可以认为，政府部门财务报告审计实质上就是从财务角度来审计本级各国有单位的国有资源经管责任履行情况。具体来说，财务角度的审计又分为两个维度，一是政府部门财务报告中的财务信息，二是政府部门财务报告相关制度。这里的财务信息，就是政府部门财务报告中的各项财务数据，审计机构主要关注其真实性，对财务信息真实性发表意见或报告所发现的财务信息错报。这里的相关制度主要是为保障财务信息真实性而建立实施的各种内部控制制度及信息系统，审计机构主要关注其健全性，包括内部控制设计健全性和执行有效性。如果实施政府部门财务报告审计的政府审计机关，相关制度还包括政府部门会计准则及制度，即使这些会计准则及制度是政府部门财务报告审计的审计依据，但对于这些审计依据本身是否存在缺陷，也需要保持一定的职业关注。

（3）政府部门财务报告审计需要履行独立鉴证、评价和责任追究三大审计职能，并采用系统方法。从财务信息和相关制度两个维度对政府部门财务报告开展审计。如何审计呢？这就涉及到需要履行的审计职能及方法。审计有多种职能，不同的审计职能会有不同的审计结果，进而会有不同的审计效率效果。就政府部门财务报告审计来说，需要履行的审计职能包括鉴证、评价和责任追究。其中，鉴证，是搞清楚政府部门财务报告中的财务信息及相关制度的真实情况，并形成其与既定标准相符程度的结论，或发现违规既定标准的情形，基本体现了系统过程论的要旨；评价是在鉴证的基础上，对于财务信息所表征的绩效水平做出判断，或对内部控制水平做出判断；责任追究，是在鉴证及评价的基础上，对于信息错报、制度缺陷或绩效低下的责任人和责任单位直接进行责任追究或移送其他权力机构进行责任追究。上述三种审计职能中，鉴证是必须履行的职能，在所有的政府部门财务报告审计中都必须履行，并且必须独立履行，而评价和责任追究是可以选择的职能，并不一定在所有的政府部门财务报告审计中都履行，并且可以与其他机构合作履行。

审计机构对政府部门财务报告履行鉴证、评价和责任追究这些审计职能，必须以系统方法来履行。系统方法是指科学的审计取证模式及实现该取证模式的审计程序。目前，主要是指风险导向审计模式及实现该模式的审计程序。要求采用系统方法的意义在于，在控制审计风险的前提下，以高效率获取审计证据开形成审计结果，缺乏系统方法，要么是无法控制审计风险，要么是审计效率低下。

（4）政府部门财务报告审计需要将审计结果传递给利益相关者。审计机构以系统方法对政府部门财务报告履行鉴证、评价和责任追究这些审计职能，取得了一些一定的审计结果。如何使用这些审计结果呢？审计机构不是为审计而审计，所以，审计机构要将这些审计结果以恰当的方式传递给政府部门财务报告的利益相关者，便于这些利益相关者做出相关判断或决策。如果缺乏审计结果的有效传递，利益相关者不能获取审计结果，进而无法在他们的判断或决策中使用政府部门财务报告审计结果，则这种审计的价值将大为降低，甚至失去价值。这里的利益相关者主要是政府部门财务报告所体现的国有资源委托代理关系中的委托人及代表其履行国有资源管理的相关政府职能部门。

（5）政府部门财务报告审计属于治理制度安排。在图1所示的本级政府与本级各国有单位的国有资源委托代理关系中（情形⑤），为了促使代理人更好地履行其国有资源经管责任，委托人会推动建立针对代理人的治理机制。这个治理机制有多种制度，通常包括激励机制、制衡机制、监督机制、道德机制、透明机制、监视机制等。审计是这个机制的成员之一，主要定位于监督机制和监视机制，特殊情形下，也可以定位于制衡机制（郑石桥，安杰，2013；郑石桥、周天根、王玮，2015）。但是，无论何种定位，作为治理机制的成员之一，都要做好与其他治理机制的协调配合。就政府部门财务报告来说，为了应对财务信息错报及相关制度缺陷，也会有多种治理机制，因此，政府部门财务报告审计需要与其他治理机制协调配合，不能形成职能重复或缺乏。

（二）政府部门财务报告审计的外延

以上分析了政府部门财务报告审计的内涵。下面，我们来勾画政府部门财务报告审计的外延，以进一步认知政府部门财务报告审计的本质。政府部门财务报告审计是一个体系，可以从不同的视角对其进行分类，基本情况见表1。

表 1　政府部门财务报告审计体系

项　　目		审计业务类型和会计期间			
		财务信息审计		财务报告内部控制审计	
		年度报告	中期报告	年度报告	中期报告
保证程度	合理保证业务	★	★	★	★
	有限保证业务	★	★	★	★
业务基础	基于责任方认定业务	★	★	☆	☆
	直接报告业务	☆	☆	★	★
审计主体	本级政府审计机关	★	★	★	★
	民间审计机构	★	★	★	★
	内部审计机构	★	★	★	★

注：★表示有这种情形，☆表示没有这种情形。

从审计业务类型来说，政府部门财务报告审计可以分为财务信息审计和内部控制审计。财务信息审计聚住政府部门财务报告中的财务信息是否真实，内部控制审计聚住政府部门财务报告相关内部控制是否健全。上述财务信息审计和内部控制审计，由于会计期间不同，各自都可以再分为年度报告审计和中期报告审计。其中，中期报告是指会计期间少于一年的报告。

从保证程度来说，政府部门财务报告审计可以分为合理保证审计业务和有限保证业务，合理保证审计业务是审计总体形成审计意见。对于财务信息来说，要从整体上对财务信息是否真实做出结论，对于内部控制来说，要对内部控制整体是否有效做出结论；有限保证业务并不对审计总体形成审计意见，只是报告审计发现。对于财务信息来说，只是报告审计人员发现的财务信息错报，并不对财务信息整体是否真实形成结论；对于内部控制来说，只是报告审计人员发现的内部控制缺陷，并不对内部控制整体是否有效形成结论。很显然，不同的保证程度，审计结果的价值不同，当然，审计成本也不同。通常来说，年度报告要采取合理保证，而中期报告则可以选择有限保证或合理保证。

从业务基础来说，审计业务可以区分为基于责任方认定业务和直接报告业务，由于政府部门编制财务报告是法定要求，所以，政府部门财务报告中的财务信息审计是基于责任方认定业务，而政府部门财务报告相关内部控制审计。从逻辑上来说，可以是基于责任方认定业务，也可以是直接报告业务。但是，从成本效益原则和控制审计质量出发，即使审计客体有内部控制评价报告，内部控制审计仍然选择直接报告业务定位。

从审计主体来说，本级政府审计机关受本级政府的委派可以实施政府部门财务报告审计，民间审计机构通过审计业务外包的方式也可能实施政府部门财务报告审计，政府部门设置的内部审计机构也可以对本部门的财务信息及内部控制进行审计。所以，各类审计主体都有可能参与政府部门财务报告审计。①

（三）政府部门财务报告审计与相关概念的关系辨析

以上分析了政府部门财务报告审计的内涵和外延。下面，我们来辨析政府部门财务报告审计与相关概念的关系，以进一步深化对政府部门财务报告审计本质的认知。这些相关概念包括政府财务报告审计、部门预算执行审计和部门决算审计。

政府财务报告审计是比政府部门财务报告审计更广泛的概念，它包括政府部门财务报告审计、本级政府综合财务报告审计和本行政区政府综合财务报告审计。由于本级政府综合财务报告和本行政区政府综合财务报告都是合并会计报表，政府部门财务报告都纳入了合并范围，因此，政府部门财务报告审计是本级政府综合财务报告审计和本行政区政府综合财务报告审计的基础，没有政府部门财务报告审计，其他类型的政府财务报告审计都失去基

---

① 关于政府部门财务报告审计主体，请参阅本书第三章第一节政府部门财务报告审计主体。

础。因此，政府部门财务报告审计如何与本级政府综合财务报告审计和本行政区政府综合财务报告审计协同，是政府财务报告审计中的一个重要问题。

部门预算执行审计是审计机关依据国家法律、行政法规，对部门单位预算执行情况的真实、合法和效益进行的审计监督（李金华，1998；虞伟萍，2001）。审计实践中，部门预算执行审计呈现综合审计的特征，以有限保证为主，既关注预算收支相关信息虚假，也关注相关制度缺陷，还关注损失浪费，但是，最为关注的是预算收支的合规性，这与政府财务报告审计关注的焦点不同。部门预算执行审计的各项内容中，预算收支相关信息与政府部门财务报告中的财务信息类似，但是，预算收支相关信息是以收付实现制为基础来确认的，而政府部门财务报告中的财务信息是以权责发生制度为基础来确认的，所以预算收支信息和财务信息既有关联，也有区别。在审计实践中，部门财务报告审计与部门预算执行审计需要协同实施，否则会造成重复审计。

部门决算审计是审计机关依据国家法律、行政法规，对部门单位预算决算的真实、合法和效益进行的审计监督（姜英杰，2002；崔孟修等，2017）。审计实践中，部门决算审计主要关注决算信息的真实性，业务类型主要是有限保证，发现并报告决算信息失真是主要内容。与政府部门财务报告审计相比，共同之处是二者都以财务信息是否真实为主要目标，但是二者有两个重要的差异：第一，部门决算审计关注的财务信息是以收付实现制为基础来确认的信息，而政府部门财务报告审计关注的财务信息是以权责发生制为基础来确认的信息；第二，政府部门财务报告审计可以选择合理保证和有限保证，而部门决算审计通常选择有限保证。很显然，部门决算审计和政府部门财务报告审计所关注的财务信息存在交叉，因此，这两种审计业务要协同实施，否则会造成重复审计。

三、结论和启示

政府财务报告制度是国家治理体系和治理能力现代化的重要内容，如何建构政府部门财务报告审计制度是政府财务报告制度建构的重要内容。理论自信是制度自信的基础，本节以经典审计理论为基础，提出了一个关于政府部门财务报告审计本质的理论框架。

从内涵上来说，政府部门财务报告审计是以系统方法从政府部门财务报告中的部门财务信息及相关制度这些维度对部门国有资源经管责任履行情况实施的独立鉴证，推动责任评价和责任追究，并将审计结果传递给利益相关者的治理制度安排。从外延上来说，政府部门财务报告审计是一个体系，可以从不同的视角对其进行分类。从审计业务类型来说，政府部门财务报告审计可以分为财务信息审计和内部控制审计；从保证程度来说，政府部门财务报告审计可以分为合理保证审计业务和有限保证业务；从业务基础来说，审计业务可以区分为基于责任方认定业务和直接报告业务，财务信息审计通常采取基于责任方认定业务，而内部控制审计通常采取直接报告业务；从审计主体来说，各类审计主体都有可能参与政府部门财务报告审计。政府部门财务报告审计与政府财务报告审计、部门预算执行审计和部门决算审计这些概念既有关联，也有区别。

本节的研究启示我们，正确地认知政府部门财务报告审计本质对于审计实践具有重要意义，如果缺乏对政府部门财务报告审计本质的正确认知，可能在相关制度建构中将审计实践引向偏离政府部门财务报告审计本质的轨道，并造成与其他各类相关审计业务的重复交叉。本节的研究再次显示，理论自信是制度自信的基础，没有理论基础的制度自信，是盲目自信。

第二节　政府部门财务报告审计需求

政府部门财务报告是以权责发生制为基础，反映政府部门（单位）的财务状况、运行情况等信息的财务报告，是政府财务报告的重要内容，而政府部门财务报告审计是政府部门财务报告制度的重要内容。理论自信是制度自信的基础，从理论上厘清政府部门财务报告审计的各个基础性问题，是科学地建构政府部门财务报告审计制度的基础。在诸多的基础性问题中，政府部门财务报告审计需求是其中的重要问题之一。

现有文献主要是从代理理论来分析政府财务报告审计需求，也有少量文献从信息含量理论和信号传递理论来分析政府财务报告审计需求。总体来说，缺乏对政府部门财务报告审计需求的研究，关于政府部门财务报告审计需求，还是缺乏一个系统化的理论框架。本节的贡献在于以经典审计理论为基础，基于国有资源委托代理关系，分别分析委托人和代理人的审计需求，提出一个关于政府部门财务报告审计需求的理论框架，以深化对政府部门财务报告审计需求的认知，并为优化相关制度建构提供理论支撑。

一、文献综述

审计需求关注的核心问题"为什么会有审计"，政府部门财务报告审计需求也是如此。很显然，政府部门财务报告审计也是一种财务审计。现有文献中，研究财务审计需求的文献不少，主要观点有代理理论、信息含量理论、信号传递理论和保险理论（陈汉文，2012；郑石桥，2016）。这些理论主要解释公司财务审计需求，对政府部门财务报告审计需求也有一定的解释力。

现有文献中，未发现有专门研究政府财务报告审计需求的文献，更没有发现专门研究政府部门财务报告审计需求的文献。但是，有些研究政府财务报告审计的文献涉及到其审计需求。概括来看，主要是从代理理论来分析政府财务报告审计需求，也有少量文献从信息含量理论和信号传递理论来分析政府财务报告审计需求，这些文献分析的审计需求当然也包括政府部门财务报告审计需求。

从代理理论来分析政府财务报告审计需求的文献认为，政府财务报告是公共受托责任关系中责任主体的报告，反映了公共受托责任的履行情况，而政府财务报告审计就是对公共受托责任履行情况的审计（应益华，2013；洪学智，2016；刘昱彤、王虹，2017；尹启华，2017；孙焕伟，2018；刘冠亚，2018；卢峰，2019；周曙光、陈志斌，2019）。

少量文献从信息含量理论来解释政府财务报告审计需求，认为政府财务报告审计可以提升政府财务报告的质量和可信度。例如，"政府会计和政府审计有着内在联系，两者相互匹配、相辅相成"（审计署科研所，2011）；政府财务报告审计"有助于促进政府财务信息真实可靠，提高政府信息的价值和可利用性"（陆晓晖，2016）；政府财务报告审计可以"进一步降低政府财务报告可能出现错报和舞弊的风险""委托者（人民）一般不会直接相信政府自己所出示没有经过审计的财务报告，只会相信经过合理审计的财务报告"（刘昱彤、王虹 2017）；"审计作为经济监督的一部分，有利于保证报告的真实性、合规性"（房巧玲、田世宁，2018）。

也有个别文献从信号传递理论来解释政府财务报告审计需求，"政府财务报告审计可以被视为是将低质量的政府财务报告与高质量的政府财务报告区分开来的一个信号显示机制，从而有助于国家治理主体识别政府财务报告质量并据此做出科学的治理决策"（周曙光、陈志斌，2019）。

此外，还有文献从国家治理和公共权力监督的视角来分析政府财务报告审计需求，认为政府财务报告审计是国家治理主体选择的治理工具之一，是公共权力监督的重要手段（戚艳霞，2015；周曙光、陈志斌，2019）。

上述这些观点，对进一步深化认知政府部门财务报告审计需求有较大的启示价值。然而，总体来说，现有文献缺乏对政府部门财务报告审计需求的研究，关于政府部门财务报告审计需求，还是缺乏一个系统化的理论框架。本节拟致力于此。

二、理论框架

本节的目的是以经典审计理论为基础，提出一个关于政府部门财务报告审计需求的理论框架。为此，本节首先阐释政府部门财务报告审计所依赖的国有资源委托代理关系，在此基础上，分别分析委托人和代理人的审计需求。上述这些内容，形成政府部门财务报告审计需求的理论框架。

（一）政府部门财务报告审计所依赖的国有资源委托代理关系

根据经典审计理论，审计源于资源类委托代理关系，那么政府部门财务报告审计所依赖的资源类委托代理关系是什么呢？国有资金、国有资产和资源性国有资产共同组成国有资源，从终极意义来说，全体人民是国有资源的所有者，但是全体人民作为一个整体是难以有行动能力，因此，需要一些国家机构来代表人民行使所有者的权力，这就形成了国有资源委托代理关系，并且国有资源委托代理关系是多层级的，形成了国有资源委托代理关系链。不同的国家，由于其所有制结构不同，因此国有资源委托代理关系也有很大的差异。中国是社会主义国家，公有制占有较大的比重，根据相关法律（如《中华人民共和国宪法》《中华人民共和国预算法》《中华人民共和国土地管理法》《中华人民共和国企业国有资产法》等），中国国有资源委托代理关系的基本情况如图1所示。

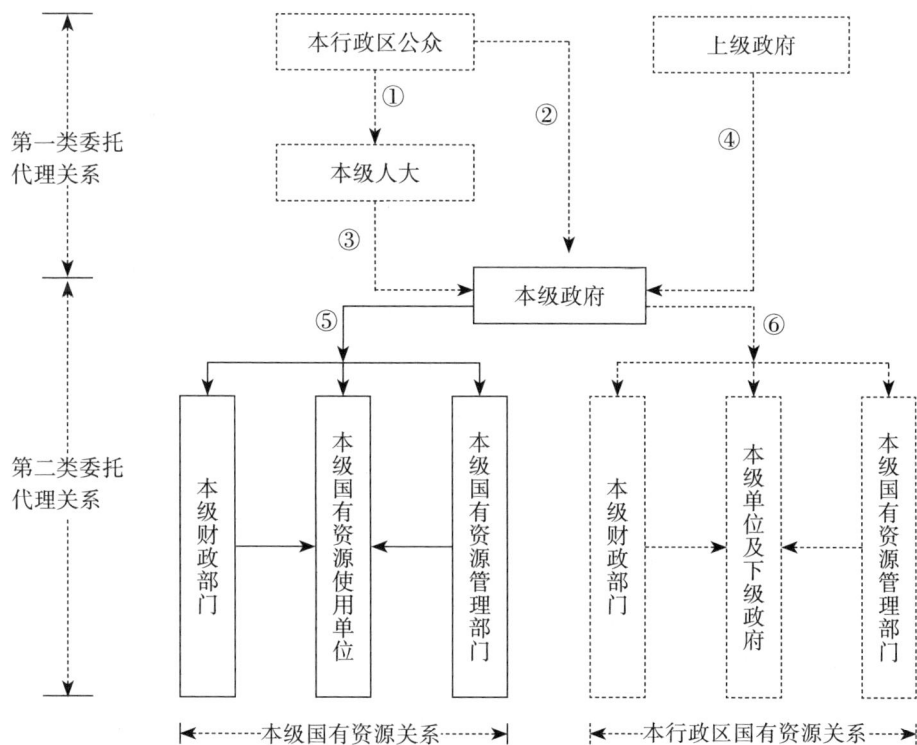

图1 国有资源委托代理关系

图中有两种类型的国有资源委托代理关系，一是本级政府作为代理人，本节称这种关系为第一类委托代理关系，二是本级政府作为委托人，本节称这种关系为第二类委托代理关系。第一类关系有四种情形，①是本行政区公众作为委托人，本级人大作为代理人，本行政区公众间接成为本级政府的委托人；②是本行政区直接作为委托人，本级政府作为代理人；③是本级人大作为委托人，本级政府作为代理人；④是上级政府作为委托人，本级政府作为代理人。第一类委托代理关系中的前三种情形只是逻辑上的区分，现实生活中，它们是相互交织的。第二类委托代理关系有两种情形，一是本级政府作为委托人，本级国有单位作为代理人，也就是图1中的⑤，简称为本级国有资源关系；二是本级政府作为委托人，本行政区国有单位为代理人，也就是图1中的⑥，简称为本行政区国有资源关系，本行政区国有单位包括本级国有单位和下级政府，其内涵更丰富。

无论何种情形的国有资源委托代理关系，委托人都会将一定的国有资源交付代理人，并要求代理人履行特定的职责，而代理人有责任使用这些资源并履行所要求的特定职责，代理人的这种责任通常称为国有资源经管责任，也可以称为国有资源受托责任或公共受托责任。从内容构成来说，国有资源经管责任包括两方面的内容，一是使用好委托人交付的国有资源，由于在多数情形下交付的是财务资源，所以通常将这种责任称为财务责任；二是完成履行好委托人所要求的特定职责，通常将这种责任称为业务责任。

那么，政府部门财务报告审计所依赖的国有资源委托代理关系是什么呢？由于政府部门财务报告是反映政府部门（单位）的财务状况、运行情况等信息的财务报告，所以，政府部门财务报告审计所依赖的是本级政府作为委托人、本级国有单位作为代理人的国有资源委托代理关系，也就是图1中的⑤（用实线表示）。在这种关系中，本级政府是委托人，本级国有单位是代理人，本级政府将一定的资源交付本级国有单位，并要求其履行特定的职责。本级国有单位对本级政府承担了国有资源经管责任，包括财务责任和业务责任。政府部门财务报告就是对国有资源经管责任履行情况的财务确认、计量、记录和报告。

对于图1中的⑤这种关系，有的文献将其分为两个层级：一是本级政府与财政部门的委托代理关系，二是财政部门与本级国有单位之间的关系（郑石桥，2018；刘冠亚，2018）。这种划分方法要正确理解，本级财政部门只是代表本级政府履行一定的国有资源分配和管理工作，并不能对本级国有单位提出履行特定职责的要求。从实质上来说，委托人是本级政府，不是财政部门，这就如同企业财务部门给各内部单位提供财务资源，并不表示财务部门与企业各内部单位形成了委托代理关系。从实质来说，还是企业管理层与企业各内部单位的委托代理关系。正确地理解⑤这种关系，对于政府部门财务报告审计很重要。对委托代理关系的不同理解，将导致委托人不同，进而会影响审计主体选择及审计结果应用。本节后续内容中，将图1中的⑤理解为本级政府与本级国有单位之间的委托代理关系，财政部门及本级国有资源管理部门只是本级政府的代表，不是委托人。

（二）政府部门财务报告审计需求：委托人视角

政府部门财务报告审计所依赖的国有资源委托代理关系是本级政府作为委托人、本级国有单位作为代理人的国有资源关系。在这种关系中，本级国有单位对本级政府承担了国有资源经管责任。那么，本级国有单位能否按本级政府的期望来履行其国有资源经管责任呢？答案是"不一定！"我们从人性自利和有限理性两个角度来分析其原因。

人性自利是人的本性，任何人都会在权衡利弊之后，选择对自己有利的行动方案。本级国有单位的管理层同样存在人性自利，如何使用本级政府交付的国有资源、如何履行本级政府所要求的职责，都会体现人性自利。如果按本级政府的要求行事能使得自己的利益最大化，则可能会按本级政府的要求行事，否则，就有可能偏离本级政府的要求。通常来说，本级政府是站在全局的角度对本级各国有单位提出要求，而本级各国有单位则很容易从局部出发来考虑问题，所以，本级政府的期望与本级各国有单位的目标可能存在一些差异，这就出现了激励不相容，即委托人的希望和代理人追求的目标存在一定的差异。

当然，激励不相容使得代理人可能产生偏离委托人期望的动机，但是，这种动机要付诸实施还要具备一定的条件，包括合约不完备、信息不对称和环境不确定，具备这些条件后，代理人就有可能偏离委托人的期望，从而出现代理问题（也称为机会主义行为）。在本级政府与本级各国有单位的委托代理关系中，上述这些条件恰恰都具备。下面，我们来具体分析。

在激励不相容的情形下，委托人可以通过合约来约束代理人，代理人如果违反合约，则委托人可以追究其责任。但是，在资源类委托代理关系中，合约难以完备，许多的情况是合约难以考虑到的，或者是不适合签订合约的。因此，合约不完备是资源类委托代理关系中的常态，通过合约来约束代理人的行为难以抵制代理人的机会主义行为。在本级政府与本级各国有单位的委托代理关系中，本级政府可以通过职责规定、责任书等对本级各国有单位提出一些明确要求，但是这种方式并不解决所有的问题，合约不完备是常态。

在激励不相容、合约不完备的情形下，委托人可以通过了解代理人各项活动及其结果的方式来抑制代理人的代理问题或机会主义行为。如果委托人能知道代理人的活动及其结果，则代理人要实施机会主义行为，委托人很快就能发现。因此，代理人也就难以实施机会主义行为了。但是通常来说，委托人与代理人之间存在信息不对称，代理人掌握的许多信息，委托人并不掌握，如果委托人要想掌握代理人所掌握的所有信息，则委托人相当于亲自操持代理人所履行的职责，资源类委托代理关系也就失去意义了。所以，在资源类委托代理关系中，一定存在一些授权，代理人一定会具有信息优势。正是因为如此，代理人就有了实施其机会主义行为的机会了。在本级政府与本级各国有单位的委托代理关系中，本级各国有单位会向本级政府及其代表报送许多的信息，但是无论如何，本级各国有单位在信息数量、时间等方面具有优势，信息不对称仍然存在。这就为本级国有单位的机会主义行为提供了机会。

即使存在激励不相容、合约不完备和信息不对称，委托人还有一个方式来抑制代理人的机会主义行为，这就是从代理人或其所领导的组织单元之产出来判断代理人的努力程度。如果产出水平低下，则代理人努力程度不够。但是，做出这种判断的前提是，产出水平主要由代理人的努力程度所决定，如果还有其他一些因素来影响产出水平，则产出就是多项因素综合的产物，代理人的努力程度只是其中的因素之一。当然，即使在这种情形下，如果代理人之外的因素对产出的影响是固定的，则仍然可以根据产出来判断代理人的努力程度。但是，在很多情形下，代理人之外的影响——也就是环境因素，其本身是变化的，因此，对产出的影响也是变动的。因此，无法根据产出来判断环境因素的影响份额，当然也就无法判断代理人的努力程度。也正是因为如此，代理人如果有机会主义行为，其产出或绩效不一定不好，而代理人没有机会主义行为，其产出或绩效也不一定好，因为环境因素还在起作用。所以，环境不确定性可能掩盖代理人的机会主义行为。在本级政府与本级各国有单位的委托代理关系中，本级各国有单位的产出或绩效当然受到本单位领导及全体员工努力程度的影响，但是很多的内外环境因素也会影响这些国有单位的产出或绩效，并且这些环境因素所造成的影响是变动的，有时是难以辨析清楚的。因此，如果仅仅根据各国有单位的产出或绩效来判断其努力程度，可能失之偏颇。也正是因为如此，一些国有单位如果有机会主义行为，对其产出或绩效造成负面影响，代理人可以将这些影响归结为环境因素，所以环境因素及其变动性有可能掩盖机会主义行为。

以上从人性自利的角度分析了代理人产生机会主义行为或代理问题的可能性。人性的另外一个特征是有限理性，有限理性是指人是理性的，但是，这种理性又是有限的，也就是说，人是会犯错误的（也称为次优问题）。通常来说，有限理性与委托代理无关，即使没有委托代理关系，人也可能会犯错误，但是委托代理关系可能会放大人犯错误的可能性。因为在委托代理关系下，代理人是使用委托人的资源来履行委托人要求的职责，如果取得好的业绩，代理人自然有功劳，如果失败，则主要是委托人承担这种后果。所以，代理人更加有可能放胆而为，从而犯错误的可能性会增大。另外，在委托代理关系中，相对于为自己的工作，代理人的责任心会有所降低，这种责任心的降低有可能带来工作中的一些漫不经心，进而进一步增加犯错误的可能性。上述这些错误都属于次优问题。所以，总体来说，在委托代理关系中，人的有限理性，可能导致或增加次优问题的可能性。在本级政府与本级各国有单位的委托代理关系中，本级各国有单位的领导及员工也具有有限理性的特征，在履行本单位、本岗位职责时，也可能会出现次优问题，进而对本单位、本岗位的职责的履行形成负面影响。

基于上述分析可以看出，国有资源委托代理关系中，由于人性自利，可能产生代理问题；由于人的有限理性，则可能产生次优问题。很多情形下，代理问题和次优问题相互交织，难以区分。代理问题和次优问题的存在，都表明代理人未能最大善意地履行其国有资源经管责任。代理人未能最大善意地履行其承担的经管责任，对委托人当然不利，因此，委托人会推动建立针对代理人的代理问题和次优问题的治理机制，以推动代理人更好地履行其经管责任。这些治理机制通常包括道德机制、透明机制、激励机制、监督机制、制衡机制、监视机制等。审计是这个治理机制的重要成员，有多种定位选择，可以定位于监督机制，也可以定位于监视机制。特殊情形下，还可以定位于制衡机制（郑石桥、周天根、王玮，2015）。

在本级政府与本级各国有单位的委托代理关系中（图1中的情形⑤），由于人性自利和有限理性，本级各国有单位也有可能出现代理问题和次优问题，从而未能最大善意地使用国有资源和履行所要求职责，本级政府当然也预期或发现本级各国有单位的这些问题，为了促使各国有单位更好地履行其国有资源经管责任，本级政府会推动建立针对本级国有单位的治理机制。这些治理机制同样可能包括道德机制、透明机制、激励机制、监督机制、制衡机制、监视机制等。审计同样是治理机制的重要成员，也同样可能有多种定位之选择（郑石桥，2015）。

以上从一般意义上讨论了在本级政府与本级各国有单位的委托代理关系中，本级政府对本级各国有单位的审计需求。然而，本节要讨论的是政府部门财务报告审计需求。本节前面已经指出，本级各国有单位对本级政府承担的国有资源经管责任由财务责任和业务责任组成，而财务责任又包括三个维度：一是按相关法律法规的要求使用国有资源，这些责任通常称为财务行为责任；二是如实地确认、计量、记录和报告相关的财务信息，这些责任通常称为财务信息责任；三是建立健全国有资源使用及财务信息的相关制度，这些责任通常称为财务制度责任。政府部门财务报告是以权责发生制为基础，是反映政府部门（单位）的财务状况、运行情况等信息的财务报告，是本级国有单位的国有资源经管责任履行情况的财务计量，所以体现了财务责任的财务信息责任和财务制度责任，也可能涉及到财务行为责任。本节将这些责任合并称为财务报告责任。那么，在本级政府与本级各国有单位的委托代理关系中，本级各国有单位能否最大善意地履行其财务报告责任呢？基于本节前面对本级各国有单位能否最大善意地履行其国有资源经管责任的分析，答案同样是"不一定"。其道理同样是由于人性自利可能产生代理问题，而由于人的有限理性，可能产生次优问题。只是具体到财务报告责任，代理问题和次优问题的类型也就具体化了，主要表现为财务信息失真、财务制度不健全，有时也可能涉及到财务行为违规和财务绩效低下。部门预算执行审计和决算草案审计实践发现的财务信息失真、相关制度不健全并不少见（陈尘肇，2000；陈贤梅、金涛，2002）。在许多情形下，上述这些问题是代理问题和次优问题的交织，二者难以区分。针对本级国有单位履行其财务报告责任所存在的代理问题和次优问题（也就是财务信息失真、相关制度不健全等），本级政府当然也会推动建立针对这些问题的治理机制，包括本级各国有单位的内部治理机制和外部治理机制，政府部门财务报告审计可以采取内部审计的方式成为内部治理机制的成员，也可以采取外部审计的方式成为外部治理机制的成员。无论是在内部治理机制还是在外部治理机制中，审计都需要以其特有功能来发现并推动抑制本级国有单位履行其财务报告责任中的代理问题和次优问题，与其他治理机制发挥协同作用。

从委托人的角度来说，关于政府部门财务报告审计需求有如下结论：在本级政府与本级各国有单位的委托代理关系中，本级国有单位对本级政府承担了国有资源经管责任，其中包括财务报告责任；政府部门财务报告是本级国有单位的国有资源经管责任履行情况的财务计量，由于人性自利和有限理性，本级国有单位在履行其财务报告责任时，可能出现财务信息失真、相关制度不健全等代理问题和次优问题；为了应对这些问题，本级政府会推动建立针对本级国有单位财务报告责任的治理机制，包括内部治理机制和外部治理机制；审计是这个治理机制的成员，可以采取内部审计的方式成为内部治理机制的成员，也可以采取外部审计的方式成为外部治理机制的成员。

前面的文献综述指出，现有文献主要是从代理理论来分析政府财务报告审计需求，也有少量文献从信息含量理论和信号传递理论来分析政府财务报告审计需求。本节从委托人视角来分析政府部门财务报告审计需求，主要是以代理理论为主，也兼顾了信息含量理论。下面，我们再从代理人的视角来分析政府部门财务报告审计需求，这种分析主要是以信号传递理论为基础，也兼顾信息含量理论。

（三）政府部门财务报告审计需求：代理人视角

在委托代理关系中，委托人为了自己的利益，有审计代理人的需求，代理人通常不会审计委托人，但是，是否会有审计其自身的需求呢？答案是"也许有"。

首先，在财务报告责任履行方面，本级各国有单位是否存在代理问题和次优问题，各单位自己当然最清楚。因此，如果本单位确实没有操纵财务信息，相关的内部控制也是健全的，则本单位可能存在将这种状况传递给本级政府及其他利益相关者的需求，政府部门财务报告审计可以作为"将低质量的政府财务报告与高质量的政府财务报告区分开来的一个信号显示机制"（周曙光、陈志斌，2019），此时，政府部门财务报告审计发挥了信号传递作用。

其次，如果本级各国有单位没有操纵政府部门财务报告中的财务信息之动机，但是由于有限理性，也可能存在一些错报，相关的制度也可能存在一些缺陷。在这种情形下，为了更好地履行财务报告责任，本级各国有单位也可能存在审计需求，希望通过审计来发现由于有限理性所造成的财务信息错报或相关制度缺陷。在这种情形下，政府部门财务报告审计发挥了揭示作用，提高了政府部门财务报告信息质量及促进了相关制度的完善。

最后，在一些特殊情形下，如果本级国有单位作为独立法人单位在资本市场上筹集资金，此时，为了吸引投资者做出对本国有单位有利的决策，也可能有将政府部门财务报告审计作为保险机制的需求，为投资者放心地使用政府部门财务报告提供一定的保障。

现实生活中，一些国有单位主动要求审计机关对其进行审计。如"一年来先后收到县国土资源管理局、教体局、县法院、商南县职业技术教育中心等多个单位的审计邀请，主动要求开展专项资金审计、财政财务收支审计、领导干部经济责任审计、政府投资项目审计等"[1]，"一些主动邀请审计的单位领导评价审计时如是说，让审计把把脉、会会诊，不仅帮我们查出了单位经济活动中存在的问题和漏洞，还帮助我们指出了加强和改进工作的意见和建议，达到了有病治病，无病防身的效果"[2]，这些国有单位主动要求审计，既可能是基于信号传递，也可能是基于良好地履行其国有资源经管责任的需求。

总体来说，从代理人的角度来说，关于政府部门财务报告审计需求有如下结论：在本级政府与本级各国有单位的委托代理关系中，本级国有单位基于信号传递或良好地履行其财务报表责任，也可能存在财务报告审计需求。

三、结论和启示

从理论上厘清政府部门财务报告审计需求是审计制度建构的基础之一，本节以经典审计理论为基础，分别从委托人和代理人角度分析其政府部门财务报告审计需求，提出一个关于政府部门财务报告审计需求的理论框架。

从委托人角度来说，在本级政府与本级各国有单位的委托代理关系中，本级国有单位对本级政府承担了国有资源经管责任，其中包括财务报告责任；政府部门财务报告是本级国有单位的国有资源经管责任履行情况的财务计量，由于人性自利和有限理性，本级国有单位在履行其财务报告责任时，可能出现财务信息失真、相关制度不健全等代理问题和次优问题；为了应对这些问题，本级政府会推动建立针对本级国有单位财务报告责任的治理机制，包括内部治理机制和外部治理机制；审计是这个治理机制的成员，可以采取内部审计的方式成为内部治理机制的成员，也可以采取外部审计的方式成为外部治理机制的成员。

从代理人角度来说，如果本级国有单位确实没有操纵财务信息，相关的内部控制也是健全的，则本单位可能存在将这种状况传递给本级政府及其他

---

[1] http://www.shangnan.gov.cn/info/1033/65025.htm

[2] https://www.sohu.com/a/202004806_751977

利益相关者的需求，政府部门财务报告审计发挥了信号传递作用；如果本级各国有单位没有操纵政府部门财务报告中财务信息之动机，为了更好地履行财务报告责任，本级各国有单位也可能希望通过审计来发现由于有限理性所造成的财务信息错报或相关制度缺陷，政府部门财务报告审计发挥了揭示作用；如果本级国有单位作为独立法人单位在资本市场上筹集资金，也可能有将政府部门财务报告审计作为保险机制的需求。

本节的研究启示我们，从理论上正确地认知政府部门财务报告审计需求对相关审计制度的建构具有重要意义，没有正确的理论认知，制度建构将偏离正确的轨道。同时，理论认知也是解释审计现象的基础，有了正确的理论认知，就能看清审计现象后面的本质。

参考文献

［1］Mautz., R.K., Sharaf., at al *The Philosophy of Auditing*［M］. American Accounting Association，1961.15.

［2］王文彬.关于审计的若干问题［J］.上海会计，1981（6）：5–10.

［3］AAA（American Accounting Association）. *A Statement of Basic Auditing Concepts*［R］.1972.

［4］Relly，V. M. O. *Montgomery's Auditing*［M］.New York；John Wiley&Sons，1990：4–10.

［5］尚德尔.审计理论［M］.北京：中国财政经济出版社，1992：2–4.

［6］周曙光，陈志斌.政府财务报告审计与企业财务报表审计比较研究［J］.财务与会计，2020（3）：41–44.

［7］审计署审计科研所.完善政府决算审计制度发挥在政府会计改革中的建设性作用［J］.审计研究报告，2014（36）.

［8］王祥君，周荣青.政府财务报表审计与政府会计改革：协同与路径设计——基于国家治理视角［J］.审计研究，2014（6）：57–62.

［9］陆晓晖.对开展政府财务报告审计的几点思考［N］.中国审计报，2016–11–30（05）.

［10］王祥君.政府综合财务报告制度改革对国家审计的影响［J］.商业

会计，2016（4）：6-10.

［11］崔孟修，种金睿，戎梅，等.政府决算草案审计研究［J］.审计研究，2017（2）：3-9.

［12］罗涛.中外政府财务报告审计现状比较与启示——2011年巴西联邦政府财务报告审计专题研讨会综述［J］.审计研究，2012（4）：39-42.

［13］潘俊，沈嘉诚，徐颖.双体系下财务报告审计与预决算审计协调研究［J］.教育财会研究，2018（10）：86-94.

［14］刘昱彤，王虹.基于公司治理结构的政府财务报告审计制度研究［J］.财会通讯，2017（10）：71-75.

［15］郑石桥.审计理论研究：基础理论视角［M］.北京：中国人民大学出版社，2016.

［16］郑石桥.财政审计本质：一个理论框架［J］.审计月刊,2018（8）：4-8.

［17］刘冠亚.我国政府财务报告审计制度研究［D］.北京：中国财政科学研究院，2018.

［18］郑石桥，安杰.政府审计治理公共责任机会主义：定位、路径和需要研究的问题［J］.江西财经大学学报，2013（4）：22-27.

［19］郑石桥、周天根、王玮.组织治理模式、机会主义类型和审计主题——基于行为审计和信息审计视角［J］.中南财经政法大学学报，2015（2）：80-85.

［20］李金华.预算执行审计［M］.北京：中国财政经济出版社，1998：230.

［21］虞伟萍.关于深化部门预算执行审计的几点思考［J］.审计研究，2001（5）：4-7.

［22］姜英杰.浅谈部门决算审签的目标、内容和方法［J］.浙江审计，2002（10）：22-23.

［23］陈汉文.实证审计理论［M］.北京：中国人民大学出版社，2012.

［24］应益华.政府财务报告审计制度构建研究［J］.财会学习，2013（12）：39-42.

［25］洪学智.政府财务报告审计与公开机制建设探析［J］.财务与会计，2016（11）：26-27.

［26］尹启华.政府综合财务报告审计框架的构建研究［J］.南京审计大学学报，2017（1）：95-101.

［27］孙焕伟.关于建立健全政府财务报告审计制度的几点思考［J］.经贸实践，2018（17）：123-123.

［28］卢峰.英美国家政府财务报告审计实践发展及其对中国的启示［J］.中国乡镇企业会计，2019（3）：202-204.

［29］周曙光，陈志斌.国家治理视域下政府财务报告审计的机制构建［J］.会计与经济研究，2019（11）：19-30.

［30］审计署科研所.政府会计改革与审计相关问题研究［R］.审计研究报告，2011（11）.

［31］房巧玲，田世宁.美国、澳大利亚政府综合财务报告审计实践的发展与比较［J］.会计之友，2018（10）：6-12.

［32］戚艳霞.美国政府财务报告审计的特点、成效及对我国的启示——基于对 GAO1997—2013 财政年度审计报告的分析［J］.中国审计评论，2015（2）：57-68.

［33］郑石桥.国有资源经管责任、人性缺陷和政府审计［J］.会计之友，2015（11）：129-136.

［34］陈尘肇.实行中央部门决算（草案）审签制度的探讨［J］.中国审计，2000（10）：15-16.

［35］陈贤梅，金涛.部门决策审签的内容和方法［J］.湖北审计，2002（5）：25-26.

第三章　政府部门财务报告审计主体和审计客体

政府部门财务报告审计有不少的基础性问题需要理论阐释，本章聚焦其中的两个问题：政府部门财务报告由谁来审计？政府部门财务报告审计究竟审计谁？根据这两个问题，本章的具体内容包括：政府部门财务报告审计主体，政府部门财务报告审计客体。

第一节　政府部门财务报告审计主体

政府部门财务报告是以权责发生制为基础，反映政府部门（单位）的财务状况、运行情况等信息的财务报告，政府部门财务报告审计制度是政府财务报告审计制度的重要内容，审计主体选择是这个制度的最重要内容，其核心问题是"谁来审计"。政府部门财务报告审计主体选择有多种可能性，不同的审计主体选择，将有不同的审计制度建构，进而有不同的审计效率效果。因此，从理论上厘清政府部门财务报告审计主体，对于科学地建构政府部门财务报告审计制度有重要的意义。

现有文献中，未发现有文献专门研究政府部门财务报告审计主体。一些研究政府财务报告审计的文献涉及政府部门财务报告审计主体，主要有政府审计观、内部审计观、民间审计观、三主体观和主辅主体观五种观点，然而，缺乏深入和系统研究，有些观点还偏离了经典审计理论。总体来说，关于政府部门财务报告审计主体还是缺乏一个系统化的理论框架。本节的贡献在于以经典审计理论为基础，基于国有资源委托代理关系，分别分析基于委托人审计需求的审计主体和基于代理人审计需求的审计主体，提出一个关于政府部门财务报告审计主体的理论框架，以深化对政府部门财务报告审计主体的认知，并为优化相关制度建构提供理论支撑。

一、文献综述

政府部门财务报告审计主体涉及的核心问题是"谁来审计政府部门财务报告"。未发现有文献专门研究政府部门财务报告审计主体，但是一些研究政府财务报告审计的文献涉及政府部门财务报告审计主体，归纳起来，主要有五种观点，本节称之为政府审计观、内部审计观、民间审计观、三主体观和主辅主体观。

政府审计观认为，政府审计机关是政府部门财务报告审计的主要主体。例如，"在审计组织方式上，审计机关开展政府财务报告审计，必须和现有预算执行审计与决算草案审计有机结合，并合理配备审计人员，统筹安排实施"（陆晓晖，2016）；"开展政府财务报告审计是国家审计的应有职责""开展政府财务报告审计是国家审计发挥作用的重要基础""国家审计主导政府财务报告审计是国际通行做法"（陆晓晖，2020）。

内部审计观认为，内部审计部门是政府部门财务报告审计的主要主体。例如，"在国家审计机关审计力量有限的情况下，建立完善的政府内部审计机构以及通过政府内外部审计的协作，共同实现财务报告审计目标，成为当前的必然选择"（王美英，孙旭，2018）；还有些文献介绍了美国联邦部门的财务报告审计，发现"联邦单位和部门财务报告由监察长办公室实施审计，或由监察长办公室确定独立公共注册会计师实施审计"（陈平泽，2011；房巧玲、田世宁，2018；李宗彦、郝书辰，2018；潘俊、沈嘉诚、徐颖，2018），体现了内部审计部门在联邦部门财务报告审计的主导地位。

民间审计观认为，民间审计机构是政府部门财务报告审计的主要主体。例如，"由于现行政府审计以财政财务收支的真实、合法和效益为重点，侧重财政收支合规性审计，审计力量和资源也有限，难以满足政府综合财务报告审计需求""如果由政府审计机关实施审计，难免削弱发债事项的公正性和公信力""注册会计师作为独立的第三方监督力量，既具备开展权责发生制财务报告审计的丰富经验和人才队伍，又具有较强的独立性，引入注册会计师开展公共部门财务报告审计对于深化财税体制改革、完善国家经济监督体系、提高公共部门透明度和促进国家治理能力现代化等具有重要意义"（财政部会计司联合研究组，2016）；"从世界各国经验看，政府财务报告审计离不开注册会计师的广泛参与，应建立公共部门注册会计师审计制度"（王美英、郭红莲，2018）。

三主体观认为，政府部门财务报告审计应该由政府审计、内部审计和民间审计共同完成。例如，"政府财务报告的审计主体应由审计署、会计师事务所及内部审计部门共同组成，进而才能相互弥补，充分发挥各自在审计过程中的职能"（洪学智，2016）；"国家审计发挥主导性作用""内部审计负责组织和实施本部门财务报告审计""社会审计通过竞争择优的方式参与"（刘冠亚，2018）。

主辅主体观，政府审计机关是政府部门财务报告审计的主要主体，而民间审计机构可以弥补政府审计资源的不足而成为辅助的审计主体。例如，"政府财务报告审计主体应以国家审计部门为主，社会审计为重要补充"（常迎迎，2015）；"从国外的审计实践看，尽管政府财务报告的基本审计主体依然是政府审计机关，但是很多国家的外部审计师都参与了政府财务报告的审计"（陆晓晖，2016）；"审计署和各级审计机关直接对各级人大负责，减少政府对于审计机关的控制。通过这样的审计体系设计，能够一定程度上减少政府对于审计机关的控制，提高政府财务报告的质量""合理利用社会审计的资源，一方面可以进一步保证审计报告的公平公正性，另一方面可以较好地提高政府财务报告审计的水平与质量"（刘昱彤、王虹，2017）；"以政府审计机关审计为主，会计师事务所审计为辅""这种主辅相结合的审计模式能够充分发挥两类审计主体各自的优势"（尹启华，2017）；"从政府财务报告审计的国际经验看，美国、英国、澳大利亚、加拿大、新西兰等发达国家都在不同范围和程度上实施了政府财务报告的注册会计师审计制度"（王美英、郭红莲，2018）；"虽然实施政府财务报告审计的权力赋予了政府审计机关，但政府审计机关可以根据实际情况将部分审计工作分包给会计师事务所"（周曙光、陈志斌，2019）；"由政府审计机关对政府财务报表进行审计，为了缓解政府审计机关的压力，可以聘请注册会计师参与政府财务报告审计工作"（周曙光、陈志斌，2020）。

现有研究为进一步探究政府部门财务报告审计主体奠定了较好的基础，然而，缺乏深入和系统研究，有些观点还偏离了经典审计理论。总体来说，关于政府部门财务报告审计主体还是缺乏一个系统化的理论框架。本节拟致力于此。

二、理论框架

审计主体的核心问题是"谁来审计"，政府部门财务报告审计主体也不例外，其审计主体选择有多种可能性。本节的目的是以经典审计理论为基础，提出一个关于政府部门财务报告审计主体的理论框架。为此，需要顺序讨论以下问题：审计主体选择的一般原理；政府财务报告审计所依赖的委托代理关系；基于委托人需求的审计主体选择；基于代理人需求的审计主体选择；审计主体选择的协同；基于本节提出的理论框架，对几种观点做一评析。

（一）审计主体选择的一般原理

经典审计理论认为，在资源类委托代理关系中，代理人对委托人承担了经管责任，由于人性自利和有限理性，在合约不完备、激励不相容、信息不对称、环境不确定的情形下，代理人可能出现代理问题和次优问题，从而不能很好地履行其承担的经管责任。代理人的这种行动会给委托人带来负面影响，因此，委托人会推动建立针对代理人代理问题和次优问题的治理机制。审计是这个机制的重要成员。由于审计是委托人推动建立的治理机制，因此，选择审计主体应该是委托人的权利（郑石桥，2015）。

问题的关键是委托人会如何选择审计主体？从组织方式来说，委托人有两个选择：一是委托人自己设立一个审计机构，由这个机构对代理人进行审计；二是委托人自己不设立审计机构，而是从市场上购买审计服务。那么，委托人如何从二者中做出选择呢？基本的原则是独立性、审计质量和审计成本。独立性是指审计机构要独立于代理人，否则审计质量就缺乏保障；从市场上购买当然会具有独立性，但是如果让代理人自行购买的话，独立性也就徒有形式了。委托人自行设立审计机构，关键是恰当的审计体制，如果在代理人内部设立审计机构来审计代理人，或者是审计机构虽然在代理人之外，但是代理人能施加重要影响，此时的独立性也是有残缺的。因此，如何从聘任机制及审计体制方面保障审计独立性是委托人要考虑的重要问题（郑石桥，2015）。审计质量是指审计机构要具有专业胜任能力，能够实施所需要的审计活动。很显然，缺乏专业胜任能力，工作质量就缺乏保障。同时，审计独立性也会影响审计质量。所以，在保障独立性的前提下，委托人要关注审计机构的专业能力，以决定是自己设立审计机构，还是购买审计服务。审计成本是指保障审计独立性和审计质量的前提下，要选择审计成本低的组织方式，而决定审计成本的主要是审计机构的竞争优势和审计业务量的规模和稳定性，委托人要基于这些因素对不同审计组织方式的成本做出估计（郑石桥，2016）。

以上从委托人角度分析了审计主体选择，在有些情形下，基于信号传递需求或良好地履行其经管责任的需求，代理人也可能存在审计需求，从而也有审计主体选择问题。基于不同的审计需求，其审计主体选择不同。如果是基于信号传递的需求，则需要委托人及利益相关者相信审计结果，因此，也需要考虑独立性，所以，代理人通常不会选择自行设立审计机构。如果是基于良好地履行其经管责任的需求，代理人不一定考虑独立性，但会重视审计质量，当然也会考虑审计成本（郑石桥，2016）。

以上分别从委托人和代理人角度分析了审计主体选择的一般原理，下面，用这些原理来分析政府部门财务报告审计主体。

（二）政府部门财务报告审计所依赖的委托代理关系

根据本节前面的分析，在一定的资源类委托代理关系中，审计主体选择主要是委托人的权利。在有些情形下，代理人也可能会选择审计主体，所以，审计主体选择离不开委托代理关系。那么，政府部门财务报告审计依赖何种委托代理关系呢？

很显然，政府部门财务报告审计所依赖的应该是某种类型的国有资源委托代理关系。一般来说，国有资源包括国有资金、国有资产和资源性国有资产。从终极意义来说，全体人民是国有资源的所有者，但是，作为一个集体，全体人民缺乏有效的行动能力，因此，必须有一定的国家机构来代表全体人民行使所有者的权力，这就形成了国有资源委托代理关系。由于国有资源规模庞大，单个国家机构难以履行国有资源管理的各项职能，必须有分类、分层的各类国家机构来履行这些职责，这就使得国有资源委托代理关系成为链式结构。不同的国家，由于其所有制结构不同，国有资产委托代理关系也不同。中国是社会主义国家，国有成分比重较高，根据《中华人民共和国宪法》《中华人民共和国预算法》《中华人民共和国土地管理法》《中华人民共和国企业国有资产法》等，国有资源委托代理关系的基本情况如图1所示。从本级政府的视角来看，图中有两类国有资源委托代理关系：一是本级作为代理人，委托人包括本行政区公众、本级人大、上级人政府（标识为①②③④），本节称之为第一类委托代理关系；二是本级政府作为委托人，其代理人有两种情形，一是本级各国有单位（标识为⑤），二是本行政区各国有单位（标识为⑥）。在各种情形的委托代理关系中，代理人都对委托人承担了国有资源经管责任。那么，政府部门财务报告审计所依赖的委托代理关系是什么呢？

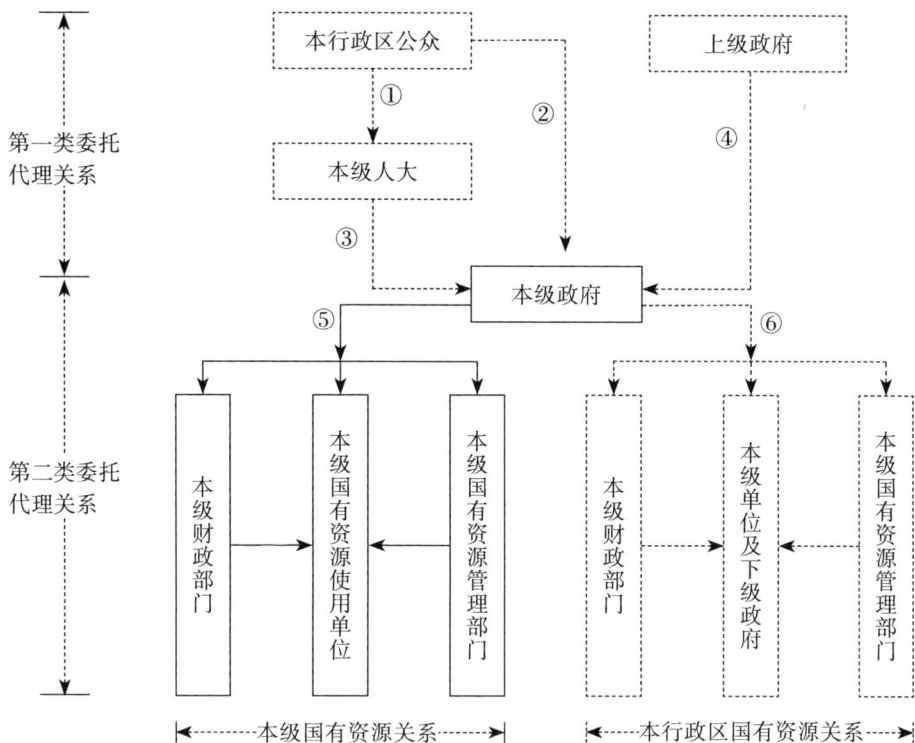

图 1　国有资源委托代理关系

政府部门财务报告是反映政府部门（单位）的财务状况、运行情况等信息的财务报告，其所依赖的是本级政府与本级国有单位之间的国有资源委托代理关系（标识为⑤，用实线表示），是从财务维度对本级国有单位承担的国有资源经管责任履行情况的计量和报告。本级各国有单位是责任主体，对本级政府承担了国有资源经管责任，其中包括财务报告责任，但是，由于各种原因，本级各国有单位可能不能良好地履行其财务报告责任，所以，有审计需求，而作为代理人的本级各国有单位也可能基于信号传递或良好地履行其财务报告的需求，也可能有审计需求。[①] 正是由于这些审计需求的存在，需要一定的责任者来选择审计主体。

---

① 关于政府部门财务报告审计需求，请参阅本书第二章第二节政府部门财务报告审计需求。

（三）政府部门财务报告审计主体：基于委托人需求的审计主体选择

既然政府部门财务报告审计所依赖的是本级政府与本级国有单位之间的委托代理关系，而本级政府是委托人，那么，这个委托人会如何选择审计主体呢？根据本节前面介绍的审计主体选择的一般原理，本级政府有两个选择：一是自己设立审计机关，由其负责本级各国有单位的财务报告审计；二是自己不设立审计机关，而是从市场上聘任民间审计机构对本级各国有单位的财务报告进行审计。那么，本级政府会如何选择呢？笔者认为，本级政府会选择自己设立审计机关，其原因有三个方面：

（1）独立性方面，本级政府审计机关和外聘的民间审计机构都能独立于本级各国有单位，因为二者都是独立于本级各国有单位的。但是，从实质上来看，如果聘任民间审计机构的机制不恰当，如由本级各国有单位自行聘任民间审计机构，则民间审计机构的独立性将受到损害，甚至基本丧失。但是，本级政府审计机关则不存在聘任机制问题，相对具有较强的独立性。

（2）审计质量方面，由于财务审计是民间审计机构的传统业务，所以，民间审计机构具有较强的专业胜任能力，因此，为审计质量奠定了可靠的基础。但是，如果民间审计机构的独立性存在问题，则其专业胜任能力的优势也可能难以发挥。虽然本级政府审计机关在财务审计方面暂时不一定有竞争优势，但是，财务审计的专业胜任能力是可以建立的，假以时日，本级政府审计机关通过培养和引进，完全可以建立专业胜任能力，从而为审计质量奠定基础。同时，本级政府审计机关独立性较强，这为基础审计质量奠定了较好的基础。

（3）审计成本方面，专业胜任能力方面的竞争优势当然可以降低审计成本，但是，审计业务量、审计业务的稳定性也会影响审计成本，审计业务量越大、审计业务越是具有稳定性，则自行设立审计机关越是符合成本效益原则。本级政府对本级各国有单位的审计，有多种业务类型，部门财务报告审计只是其中的审计业务之一，各类审计业务综合起来，审计业务较大且相对稳定。就政府部门财务报告审计来说，本级政府下设的国有单位较多，并且呈现相对稳定，因此，政府部门财务报告审计具有审计业务量较多且相对稳定的状态。因此，由本级政府审计机关来负责政府部门财务报告审计是符合成本效益原则的。

　　本节以上分析的是本级政府设立审计机关来负责政府部门财务报告审计。不少的情形下，审计机关不由政府领导，而是由其他国家机关领导，甚至自成体系。在这种情形下，本级政府也是这个审计机关的审计范围，那么，在这种情形下，本级政府是否还需要另行设立自己的审计机关呢？笔者认为，本级政府不应该再设置审计机关，而应该由审计本级政府的审计机关来审计本级各国有单位。从独立性来说，这个审计机关既然独立于本级政府，当然也独立于本级政府所设立的各国有单位；从审计质量来说，如同本级政府自行设立审计机关一样，在本级政府之外的这个审计机关当然也可以建立专业胜任能力，从而保障审计质量；从审计成本来说，除了因为审计业务量较大且相对稳定之外，本级政府之外的审计机关既然要对本级政府进行审计，通常也会涉及到本级政府所设立的各国有单位，如果在本级政府内部再设立审计机关对各国有单位进行审计，则势必造成重复审计，从而增加了审计成本。所以，如果在本级政府之外设立了审计机关，并且这个审计机关负责审计本级政府，则本级政府没有必要再设立审计机关，而应该由该审计机关作为政府部门财务报告的审计主体。为了统一起见，本节将在本级政府之外设立的审计机关仍然称为政府审计机关，只是这里的"政府"并不指行政意义上的政府，而是广义政府，是各类国家机关的统称。

　　基于以上分析，可以得出的结论是政府审计机关应该是政府部门财务报告的审计主体。但是，政府审计机关作为政府部门财务报告审计主体，并不排除通过审计业务外包的方式引入民间审计机构参加政府部门财务报告审计。其原因有三个方面：第一，政府部门财务报告审计通常需要定期进行，并且有时间要求，因此，可能出现政府审计机关的审计资源不够的情况。此时，如果通过审计业务外包的方式，将一些政府部门财务报告审计业务外包给民间审计机构，则可以弥补政府审计资源不够的缺陷。第二，在一些情形下，某些民间审计机构可能在财务审计方面具有专业胜任能力方面的竞争优势，这些优势一方面可以保障审计质量，另一方面还能降低审计成本，因此，将政府部门财务报告审计的一些业务外包给这些民间审计机构，则可以在不降低审计质量的前提下降低审计成本。第三，如果政府部门财务报告审计完全由政府审计机关来负责，不引入民间审计机构，则政府审计机关就实质上垄断了政府部门财务报告审计，垄断市场上的各种弊病就会出现。此时，如果通过审计业务外包的方式引入民间审计机构，则类似于打破了政府审计机关的垄断，从而会提升政府部门财务报告审计市场的效率。所以，从这个意义上来说，通过业务外包的方式引入民间审计机构参加政府部门财务报告审计也是有意义的（郑石桥，2015）。

基于以上分析，从委托人角度出发，关于政府部门财务报告审计主体有如下结论：政府部门财务报告审计依赖的是本级政府与本级国有单位之间的委托代理关系，政府部门财务报告审计主体选择权属于本级政府。根据独立性、审计质量和审计成本三项原则，本级政府通常会选择自己设立审计机关来负责政府部门财务报告审计，如果在本级政府之外设立了审计机关，则本级政府通常应该选择该审计机关负责政府部门财务报告审计。由政府审计机关作为政府部门财务报告审计主体，并不排除通过审计业务外包的方式引入民间审计机构参加政府部门财务报告审计。

（四）政府部门财务报告审计主体：基于代理人需求的审计主体选择

以上从委托人角度分析了政府部门财务报告审计主体，在某些情形下，代理人也可能有审计需求，此时，审计主体如何选择呢？通常来说，谁有审计需求，谁就应该选择审计主体，所以，代理人有审计需求，代理人就应该选择审计主体。在政府部门财务报告审计中，本级各国有单位作为代理人的审计需求有两种情形，一是将政府部门财务报告审计作为信号传递机制，二是将政府部门财务报告审计作为揭示机制[①]，不同的审计需求，审计主体选择不同。

如果将政府部门财务报告审计作为信号传递机制，则需要利益相关者

---

① 政府部门财务报告审计中的代理人之审计需求，请参阅本书第二章第二节政府部门财务报告审计需求。

相信审计所传递的信号，所以，本级各国有单位通常会有两个选择：一是选择外部民间审计机构，这种选择至少具有形式上的独立性；二是选择本级政府审计机关，从外部利益相关者看来，独立性稍有缺陷，但是，仍然具有一定的独立性，且不花费审计成本。究竟如何选择，要看本级政府希望将信号传递给谁，如果希望传递给某些国家机关，则通常会选择政府审计机关；如果希望传递给国家机关之外的利益相关者，则通常会选择民间审计机构。

如果将政府部门财务报告审计作为揭示传递机制，希望通过政府部门财务报告审计来找出一些问题，以促进本单位更好地履行其财务报告责任，则选择的审计机构能否找出本单位所存在的问题是最为关键的。此时，是否具有独立性并不重要，本级国有单位通常会选择政府审计机关，因为政府审计机关在经过一定时期的积累之后，在政府部门财务报告审计方面具有较强的专业胜任能力，因此，能更有效率地找出各类问题，并且，通常情况本级国有单位还不用支付政府审计机关费用。

基于以上分析，从代理人角度出发，关于政府部门财务报告审计主体有如下结论：本级国有单位作为代理人，也可能存在审计需求，从而需要选择审计主体，如果将政府部门财务报告审计作为传递机制将某些信号传递给某些国家机关，则通常会选择政府审计机关；如果将政府部门财务报告审计作为传递机制将某些信号传递给国家机关之外的利益相关者，则通常会选择民间审计机构；如果将政府部门财务报告审计作为揭示传递机制，通常会选择政府审计机关。

（五）政府部门财务报告审计主体：审计主体选择的协同

以上分别从委托人和代理人角度分析了政府部门财务报告审计主体的选择，基本情况归纳见表 1。

表 1   政府部门财务报告审计主体

项　目		审计主体	
		政府审计机关	民间审计机构
审计主体的选择者	委托人对审计主体的选择	√	
	代理人对审计主体的选择	作为信号传递机制① √	
		作为信号传递机制②	√
		作为揭示机制 √	

注：①是将某些信号传递给某些国家机关，②将某些信号传递给国家机关之外的利益相关者。

表中显示，委托人和代理人对审计主体的选择基本一致，只有在本级国有单位将政府部门财务报告审计信号传递机制，并且要将信号传递给国家机关之外的利益相关者时，才会直接选择民间审计机构作为政府部门财务报告审计主体，这种情形较为特殊，如一些政府机构作为独立的法人单位走向资本市场，此时，可能存在给投资者传递某些信号的需求，从而直接选择民间审计机构。

总体来说，综合委托人和代理人的审计需求，政府部门财务报告审计主体是政府审计机关，可以通过审计业务外包的方式引入民间审计机构，特殊情形下会直接选择民间审计机构。

（六）各种观点的评析

本节前面的文献指出，政府部门财务报告审计主体的五种观点，它们是政府审计观、内部审计观、民间审计观、三主体观和主辅主体观。现在以本节提出的关于政府部门财务报告审计主体的理论框架，对上述这些观点做一简要评价，以进一步深化对政府部门财务报告审计主体之认知。

政府审计观认为，政府审计机关是政府部门财务报告审计的主要主体。这种观点未能考虑通过审计业务外包的方式引入民间审计机构，也未考虑在特殊情形下直接选择民间审计机构。内部审计观认为，内部审计部门是政府部门财务报告审计的主要主体。很显然，这种观点不符合独立性原则。由本级国有单位的内部审计部门对本级国有单位的财务报告进行审计，缺乏基本的独立性。民间审计观认为，民间审计机构是政府部门财务报告审计的主要主体。这种观点主要适用于代理人将政府部门财务报告审计作为信号传递机制将某些信号传递给国家机关之外的利益相关者，不符合委托人的审计需求。三主体观认为，政府部门财务报告审计应该由政府审计、内部审计和民间审计共同完成。这种观点的主要缺陷是未能确定政府审计机关的主导地位。主辅主体观认为，政府审计机关是政府部门财务报告审计的主要主体，而民间审计机构可以弥补政府审计资源的不足而成为辅助的审计主体。本节赞同这个观点，本节的理论框架阐释了这种观点。

三、结论和启示

"谁来审计"是政府部门财务报告审计制度建构的重要问题。选择不同的审计主体，将有不同的审计制度建构，进而有不同的审计效率效果。本节以经典审计理论为基础，基于国有资源委托代理关系，分别分析基于委托人审计需求的审计主体和基于代理人审计需求的审计主体，提出一个关于政府部门财务报告审计主体的理论框架。

从委托人角度出发，政府部门财务报告审计依赖的是本级政府与本级国有单位之间的委托代理关系，政府部门财务报告审计主体选择权属于本级政府。根据独立性、审计质量和审计成本三项原则，本级政府通常会选择自己设立审计机关来负责政府部门财务报告审计。如果在本级政府之外设立了审计机关，则本级政府通常应该选择该审计机关负责政府部门财务报告审计。由政府审计机关作为政府部门财务报告审计主体，并不排除通过审计业务外包的方式引入民间审计机构参加政府部门财务报告审计。

从代理人角度出发，本级国有单位作为代理人，也可能存在审计需求，从而需要选择审计主体。如果将政府部门财务报告审计作为传递机制将某些信号传递给某些国家机关，则通常会选择政府审计机关；如果将政府部门财务报告审计作为传递机制将某些信号传递给国家机关之外的利益相关者，则通常会选择民间审计机构；如果将政府部门财务报告审计作为揭示传递机制，通常会选择政府审计机关。

综合委托人和代理人的审计需求，政府部门财务报告审计主体是政府审计机关，可以通过审计业务外包的方式引入民间审计机构，特殊情形下会直接选择民间审计机构。

本节的研究表明，政府部门财务报告审计主体选择要基于系统的理论逻辑。违背这些理论逻辑，势必影响审计独立性、审计质量和审计成本，进而影响审计效率效果。本节的研究再次印证，理论自信是制度自信的基础。

第二节　政府部门财务报告审计客体

政府财务报告是政府治国理政的基础，各国政府都重视政府财务报告制度的建立。党的十八届三中全会提出要"建立权责发生制的政府综合财务报告制度"，国务院批转财政部《权责发生制政府综合财务报告制度改革方案》提出"在 2020 年前建立具有中国特色的权责发生制政府综合财务报告制度"。政府财务报告制度建设离不开政府财务报告审计制度建设，政府部门财务报告审计客体是政府财务报告审计制度的重要内容，其核心问题是哪些单位要纳入政府部门财务报告审计的范围。或者说，政府部门财务报告审计究竟"审计谁"。选择不同的审计客体会有不同的审计结果，进而会影响审计价值。理论自信是制度自信的基础，缺乏科学的理论基础，制度建构难以科学有效。因此，从理论上厘清政府部门财务报告审计客体是科学地建构相关制度的前提。

现有文献中，未发现有文献专门研究政府部门财务报告审计客体，一些研究政府财务报告审计的文献涉及这个问题，主要观点有资金观和报表观。资金观有一定的道理，但也存在缺陷；报表观有其合理性，但缺乏系统化的理论阐释。本节的贡献在于；以经典审计理论为基础，提出一个关于政府部门财务报告审计客体的理论框架，以深化对政府部门财务报告审计客体的认知，并为优化相关制度建构提供理论支撑。

一、文献综述

审计客体关注的核心问题是"审计谁"，政府部门财务报告审计客体也不例外。现有文献中，未发现有文献专门研究政府部门财务报告审计客体，一些研究政府财务报告审计的文献涉及这个问题，主要观点有报表观和资金观。

报表观认为，凡是编制政府部门财务报告的会计主体，都应该纳入政府部门财务报告审计客体的范围。例如，"政府财务报告审计对象限制于报表编制部门""政府各部门、各单位编制部门财务报告""财务报告编制主体是政府各部门、各单位"（常迎迎，2015）；"政府审计的对象应包括财政报告的编制主体即政府机关，从审计风险考虑，应将审计对象扩大到政府下属的事业单位和政府直接投资和有财政补偿项目的企业项目"（洪学智，2016）；"美国联邦部门与单位财务报告由每个联邦部门与单位负责编制"。"澳大利亚政府单位分为营利单位和非营利单位两类"（房巧玲、田世宁，2018）；澳大利亚政府部门包括"联邦实体"与"联邦公司"（李宗彦、郝书辰，2018）；"被审计人就是负有报告责任的政府财务报告编制者""作为政府财务报告的编制者，各级政府、政府各部门都是政府财务报告的审计客体"（周曙光、陈志斌，2019）；"财务报表审计的审计客体是财务报表的编制者，也就是负有编制与披露财务报表义务的责任主体。政府财务报告审计的审计客体是编制政府财务报告的单位，主要包括各级政府、政府部门、事业单位"（周曙光、陈志斌，2020）。

资金观认为，凡是使用财政资金的单位，都应该纳入政府部门财务报告审计客体的范围。例如，"凡是涉及一级政府财政资金活动领域的都应纳入审计范围。按照我国现行政府财政公共管理活动开展涉及的范围，除一级政府本身，还涉及其下属的各部门、各事业单位及其使用财政资金所投资开办的企业"（王健栋，2017）；"政府财务报告囊括政府各部门、使用财政资金的事业单位、国有企业，因此政府财务报告的被审计对象也包含这些行政事业机关单位"（孙焕伟，2018）。

综合来看，报表观和资金观为进一步认知政府部门财务报告审计客体奠定了一定的基础，资金观有一定的道理，但也存在缺陷，报表观有其合理性，但缺乏系统化的理论阐释。总体来说，关于政府部门财务报告审计客体，还是缺乏一个系统化的理论框架。本节拟致力于此。

二、理论框架

政府部门财务报告审计客体关注的核心问题是"审计谁"，也就是哪些单位要纳入政府部门财务报告审计的范围。本节的目的是以经典审计理论为基础，提出一个关于政府部门财务报告审计客体的理论框架，为此，需要顺序地讨论以下问题：确定审计客体的一般原理；政府部门财务报告审计所依赖的国有资源委托代理关系；政府部门财务报告审计客体的界定；基于本节提出的理论框架，对政府部门财务报告审计客体的两种观点做一简要评析。

（一）确定审计客体的一般原理

经典审计理论认为，在资源类委托代理关系中，委托人将一定的资源交付代理人，并要求代理人使用这些资源来履行特定的职责。代理人对委托人承担了经管责任，但是，在人性自利和有限理性的前提下，由于合约不完全、激励不相容、信息不对称和环境不确定等原因，代理人有可能偏离委托人的期望，从而出现代理问题和次优问题。为此，委托人会推动建立针对代理人代理问题和次优问题的治理机制。审计是这个机制的重要成员，所以，在委托人推动建立的审计机制中，所审计的是代理人。也就是说，基于委托人的审计需求，资源类委托代理关系中的代理人是审计客体（郑石桥、宋海荣，2015；郑石桥，2015；郑石桥，2016）。

然而，在一些特殊情形下，代理人也会有审计需求，要么将审计作为信号传递机制，要么将审计作为揭示机制，要么将审计作为保险机制。在这些情形下，所审计的仍然是代理人本身。也就是说，基于代理人的审计需求，审计客体仍然是资源类委托代理关系中的代理人（郑石桥，2016）。

（二）政府部门财务报告审计所依赖的国有资源委托代理关系

既然审计客体是资源类委托代理关系中的代理人，那么，政府部门财务报告审计依赖何种资源类委托代理关系呢？很显然，政府部门财务报告审计所依赖的某种国有资源委托代理关系。一般来说，国有资源包括国有资金、国有资产和资源性国有资产。从终极意义来说，全体人民是国有资源的所有者，但是，由于作为一个整体是没有行动能力的，所以，必须委托一定的国家机构来代表人民履行所有权。由于国有资源规模庞大，这种代表机构也是分类分层的，这就形成了国有资源委托代理关系链。中国国有资源委托代理关系的基本情况如图 1 所示。

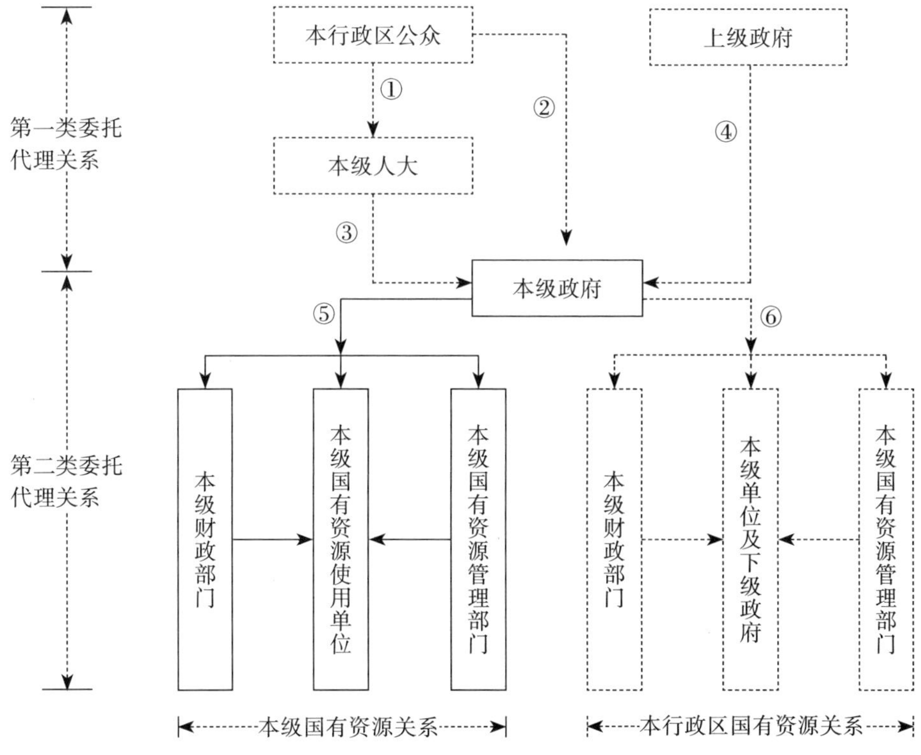

图 1 国有资源委托代理关系

不同的国家，由于其所有制结构不同，国有资源委托代理关系链也不同，图 1 所示的中国国有资源委托代理关系链是基于中国特色社会主义这个制度背景而形成的，相关的法律包括《中华人民共和国宪法》《中华人民共和国预算法》《中华人民共和国土地管理法》《中华人民共和国企业国有资产法》等。图 1 中的国有资源委托代理关分为两种类型，一是本级政府作为代理人，本行政区公众、本级人大、上级政府分别作为委托人（标识为①②③④）；二是本级政府作为委托人，代理人有两种情形：一是本级国有单位作为代理人（标识为⑤），形成本级国有资源委托代理关系；二是本行政区国有单位作为代理人（标识为⑥），形成本行政区国有资源委托代理关系。

政府部门财务报告依赖何种委托代理关系呢？图1中的第一类委托代理关系中，本级政府是代理人，很显然，政府部门财务报告不是依赖这种委托代理关系。第二类关系中，本行政区国有单位包括本级国有单位和下级政府，而下级政府不属于政府部门财务报告的范围，而是以权责发生制为基础，是反映政府部门（单位）的财务状况、运行情况等信息的财务报告，所以，其所依赖的是本级政府与本级国有单位之间的委托代理关系（标识为⑤，用实线表示）。

（三）政府部门财务报告审计客体的界定

政府部门财务报告审计所依赖的是本级政府与本级国有单位之间的委托代理关系。根据经典审计理论，其审计客体应该是本级国有单位。图1中，本级国有单位包括三种类型：一是本级财政部门，二是本级国有资源管理部门，三是本级国有资源使用单位。这些单位作为政府部门财务报告审计的具体情形不同。

本级财政部门一方面作为一个政府部门，要编制部门财务报告，此时，财政部门是独立的会计主体，要纳入政府部门财务报告审计客体。但是，财政部门还以本级政府作为会计，负责总预算会计，编制财政总预算会计报表，此时，会计主体并不是财政部门，而是本级政府。在这种情形下，财政部门作为财政总预算会计报表的编制机构，并不纳入政府部门财务报告审计客体，财政总预算会计报表纳入本级政府综合财务报告的审计范围。

本级国有资源管理部门是指一些具有国有资源管理职能的政府部门。这些部门，一方面作为政府部门，是独立的会计主体，要编制政府部门财务报告，属于政府部门财务报告审计客体。但是，由于这种部门具有国有资源管理职能，有些情形下，还会以本级政府作为会计主体，站在本级政府的角度负责一些会计核算并编制一些国有资源的会计报表。例如，农业综合开发资金会计报表、土地储备资金财务报表、物资储备资金会计报表等。在这些情形下，会计主体是本级政府，这些国有资源部门只是会计核算及报表编制部门，不纳入政府部门财务报告审计客体。这些会计报表纳入本级政府综合财务报告的审计范围。

本级国有资源使用单位又分为两类：一类是纳入部门决算管理范围的单位，简称为部门预算单位；另一类是国有企业。从逻辑上来说，上述两类单位都可以称为政府机构，不少国家将二者都纳入政府部门财务报告审计客体："美国联邦部门与单位财务报告由每个联邦部门与单位负责编制"（房巧玲、田世宁，2018），"澳大利亚政府单位分为营利单位和非营利单位两类"（房巧玲、田世宁，2018），澳大利亚政府部门包括"联邦实体"与"联邦公司"（李宗彦、郝书辰，2018）。中国是社会主义国家，国有企业数量较多且体量巨大，因此，通常不将国有企业作为政府机构，而是作为独立的市场主体。所以，政府部门财务报告并不包括国有企业，只包括部门预算单位。《政府部门财务报告编制操作指南》第五条规定，"政府部门财务报告由纳入部门决算管理范围的行政单位、事业单位和社会团体逐级编制"。对于国有企业，采取以股权投资的方式出现在政府综合报告中，并不纳入政府合并报表的合并范围。《政府综合财务报告编制操作指南》第十一条规定，"编制政府综合会计报表时，应根据政府持有股权的企业财务会计决算报表中资产负债表的所有者权益和应付股利，以及利润表中的综合收益总额，乘以国有权益比重分别计算长期投资、应收股利、投资收益的金额，并编制调整分录"。所以，总体来说，本级国有资源使用单位中作为政府部门财务报告审计客体的是部门预算单位，也就是纳入部门决算管理范围的行政单位、事业单位和社会团体，并不包括国有企业。

以上分别分析了本级财政部门、本级国有资源管理部门、本级国有资源使用单位作为政府部门财务报告审计客体的具体情形。事实上，本级财政部门、本级国有资源管理部门作为独立的会计主体时，也是部门预算单位。所以，总体来说，从本级政府的审计需求出发，政府部门财务报告审计客体是部门预算单位，包括本级财政部门、本级国有资源管理部门和本级国有资源使用单位中的部门预算单位。

以上是从本级政府的审计需求出发对政府部门财务报告审计客体的分析。在一些特殊情形下，一些部门预算单位作为代理人，也可能出现审计需求，此时，也有审计客体问题。一般来说，部门预算单位的审计需求可能有三种情形：一是将政府部门财务报告审计作为信号传递机制，将某些信号传递给某些国家机关或国家机关之外的利益相关者，此时，审计客体是部门预算单位本身；二是将政府部门财务报告审计作为保险机制，为国家机关之外的利益相关者使用本单位的财务报告提供一定的保障，此时，审计客体仍然是部门预算单位本身；三是将政府部门财务报告审计作为揭示机制，以促进部门预算单位更好地履行其财务报告责任，此时，审计客体还是部门预算单位本身。综合上述三种情形，基于代理人的审计需求，政府部门财务报告审计客体都是部门预算单位本身。

（四）政府部门财务报告审计客体的两种观点评析

本节前面的文献综述指出，现有文献关于政府部门财务报告审计客体有资金观和报表观，下面，用本节前面提出的政府部门财务报告审计客体的理论框架来评析这两种观点。

资金观认为，凡是使用财政资金的单位，都应该纳入政府部门财务报告审计客体的范围；报表观认为，凡是编制政府部门财务报告的会计主体，都应该纳入政府部门财务报告审计客体的范围。这两种所确定的政府部门财务报告审计客体范围如图 2 所示。

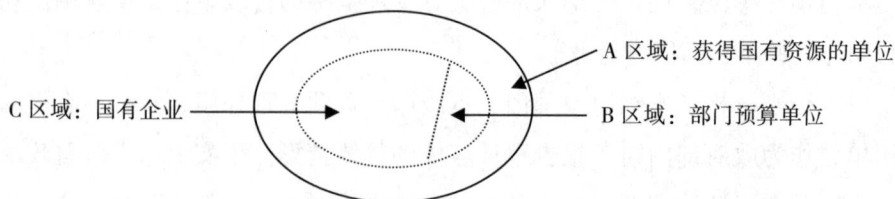

A 区域：获得国有资源的单位

C 区域：国有企业

B 区域：部门预算单位

图 2　两种观点的关系

　　图 2 中，A 区域（图中最大的圆圈，用实线表示）是获得国有资源的全部单位，根据资金观，这些单位都属于政府部门财务报告审计客体。

　　图 2 中的小圆圈（用虚线表示）是获得国有资源且编制会计报表的全体单位，由于其性质不同，又分为两类：一是部门预算单位（小圆圈的右半部分），这些单位每年通过财政预算获得国有资源，主要是纳入部门决算管理范围的行政单位、事业单位和社会团体；二是国有企业（小圆圈的左半部分），这些单位每年纳入国有资本经管预算，但只通过利润分配或资本投资的方式与财政发生关联。上述两类编制报表的单位是否都要纳入政府部门财务报告审计客体范围呢？报表观出现了分歧，一种观点是将所有的这些单位（部门预算单位和国有企业）都纳入政府部门财务报告审计客体范围，一些国有企业较少的国家采取这种方式，"美国联邦部门与单位财务报告由每个联邦部门与单位负责编制"（房巧玲、田世宁，2018），"澳大利亚政府单位分为营利单位和非营利单位两类"（房巧玲、田世宁，2018），澳大利亚政府部门包括"联邦实体"与"联邦公司"（李宗彦、郝书辰，2018）；另外一种观点是，只将部门预算单位纳入政府部门财务报告审计客体范围，将国有企业以股权投资的方式在政府合并会计报表中反映，国有企业既不纳入政府部门财务报告审计客体范围，也不纳入政府合并会计的范围。中国作为国有企业较多的社会主义国家，选择了这种方式。笔者认为，报表观的上述两种做法都有其道理，在国有企业很少的国家，少量的国有企业主要提供公共服务产品，主要目的不是参与市场竞争，所以，这些国家的国有企业在性质上类似于政府部门，因此，纳入政府部门财务报告审计客体范围是合理的。中国的国有企业较多，不少的国有企业是市场竞争主体，并不是以提供公共产品为主要目的的机构，所以，其性质更多地属于市场竞争的企业，而不是政府部门，因此，不将这些企业纳入政府部门财务报告审计客体范围也是有道理的。

　　对于上述国有企业，根据资金观，它们也应该纳入政府部门财务报告审计客体范围。前面已经指出，在国有企业很少的国家，少量的国有企业主要提供公共服务产品，在性质上类似于政府部门，因此，纳入政府部门财务报告审计客体范围是合理的。但是，当国有企业较多，不少的国有企业不是以提供公共产品为主要目的机构，其性质更多地属于市场竞争的企业，而不是政府部门，因此，不将这些企业纳入政府部门财务报告审计客体范围也是有道理的。所以，按资金观所确定的政府部门财务报告审计客体范围有不恰当之处。

图 2 中还有一个区域，就是大圆圈与小圆圈之间的部分，位于这个区域的单位，可能是偶然地获得一些国有资源，但是，并不编制正式的会计报表来报告这些国有资源的使用情况。这些单位通常是非国有单位或个人，由于这些单位既不是国有企业，也不编制正式的会计报表来反映国有资源的使用情况，因此，在报表观看来，这些单位不应该纳入政府部门财务报告审计客体范围。但是，根据资金观，这些单位也应该纳入政府部门财务报告审计客体范围。笔者认为，这些单位并不具有政府部门的性质，并且只是偶然性从政府获得财政资源，通常也不会单独以该项资源为会计主体来编制正式的会计报表，因此，难以纳入政府部门财务报告审计客体范围。如果强制要求各接受国有资源的非国有单位都以该项资源为会计主体来编制正式的会计报表，则可能增加了社会成本，并不符合成本效益原则。因此，笔者认为，资金观不恰当，这个区域的单位不应纳入政府部门财务报告审计客体范围。

当然，对于处于图 2 中大圆圈与小圆圈之间区域的这些单位，不纳入政府部门财务报告审计客体范围，并非是放弃审计监督。可以借鉴美国联邦政府《单一审计法》的做法对这些单位实施审计监督。美国联邦政府《单一审计法》要求所有接受一定数额联邦财政资金的单位接受单一审计，审计内容涉及资金使用的合规性、相关财务信息的真实性，还关注对于这些资金是否建立了恰当的内部控制以保障其按规定的用途使用（胡继荣、包玉婷，2008）。由于联邦单位都纳入联邦政府财务报告审计的范围，所以，适用《单一审计法》的主要是非联邦单位（包括州、地方政府、接受联邦支助的私营机构），这些单位只是偶然获得联邦政府财政资源，这些单位与联邦政府部门或机构有很大的区别，因此，没有纳入政府部门财务报告审计客体范围。从理论逻辑来说，《单一审计法》符合报表观，而如果按资金观的理论逻辑，这些非联邦单位都应该纳入政府部门财务报告审计客体范围，这显然不恰当。

综合上述分析，关于报表观和资金观有如下结论：报表观认为，凡是编制政府部门财务报告的会计主体，都应该纳入政府部门财务报告审计客体的范围。具体又有两种情形：一是会计主体是包括部门预算单位，并不包括国有企业；二是会计主体既包括部门预算单位，也包括国有企业。前者适用于国有企业很少的国家，后者适用于国有企业较多的国家。资金观认为，凡是使用财政资金的单位，都应该纳入政府部门财务报告审计客体的范围。这种观点将国有企业及偶然获得国有资源的非国有单位都纳入了政府部门财务报告审计客体的范围，不恰当地扩大了政府部门财务报告审计客体范围。

三、结论和启示

各国政府都重视政府财务报告制度，政府财务报告制度离不开政府财务报告审计制度建设，政府部门财务报告审计客体是政府财务报告审计制度的重要内容。本节以经典审计理论为基础，提出一个关于政府部门财务报告审计客体的理论框架。

政府部门财务报告审计依赖的是本级政府与本级国有单位之间的委托代理关系。从本级政府作为委托人的审计需求出发，代理人是审计客体，政府部门财务报告审计客体是部门预算单位。包括本级财政部门、本级国有资源管理部门和本级国有资源使用单位中的部门预算单位。从本级各国有单位作为代理人的审计需求出发，代理人本身是审计客体，政府部门财务报告审计客体是部门预算单位本身。政府部门财务报告审计客体的两种观点中，报表观具体又有两种情形：一是会计主体是包括部门预算单位；二是会计主体包括部门预算单位和国有企业。前者适用于国有企业很少的国家，后者适用于国有企业较多的国家。资金观认为将国有企业及偶然获得国有资源的非国有单位都纳入了政府部门财务报告审计客体的范围，不恰当地扩大了政府部门财务报告审计客体范围。

本节的研究启示我们，政府部门财务报告审计客体的选择是有理论逻辑的，并不随心所欲，以国有资源委托代理关系为基础，也有多种选择，不同的选择会有不同的审计范围及审计结果，因此，在政府部门财务报告审计制度建构中，要高度重视审计客体的选择。

参考文献

［1］陆晓晖.对开展政府财务报告审计的几点思考［N］.中国审计报，2016-11-30（05）.

［2］陆晓晖.国家审计主导政府财务报告审计研究［J］.中国内部审计，2020（1）：79-83.

［3］王美英，孙旭.协作视角下政府内部审计研究——基于优化政府财务报告审计体系［J］.内蒙古财经大学学报，2018（5）：46-49.

［4］陈平泽.美国联邦政府财务报告编制与审计研究［J］.审计研究，2011（3）：42-47.

［5］房巧玲，田世宁.美国、澳大利亚政府综合财务报告审计实践的发展与比较［J］.会计之友，2018（10）：6-12.

［6］李宗彦，郝书辰.权责发生制政府财务报告审计制度探讨——英、澳两国实践经验及启示［J］.审计研究，2018（1）：51-58.

［7］潘俊，沈嘉诚，徐颖.双体系下财务报告审计与预决算审计协调研究［J］.教育财会研究，2018（10）：86-94.

［8］财政部会计司联合研究组.公共部门注册会计师审计制度研究——基于政府财务报告审计的思考［J］.会计研究，2016（4）：3-8+95.

［9］王美英，郭红莲.不完全信息博弈下政府审计外包的监管策略——基于政府财务报告审计的视角［J］.中国流通经济，2018（10）：93-101.

［10］洪学智.政府财务报告审计与公开机制建设探［J］.财务与会计，2016（11）：26-27.

［11］刘冠亚.我国政府财务报告审计制度研究［D］.北京：中国财政科学研究院，2018.

［12］常迎迎.建立健全政府财务报告审计制度的几点思考［J］.财务与会计，2015（7）：54-54.

［13］陆晓晖.我国注册会计师与政府财务报告审计的机遇和挑战［J］.财务与会计，2016（10）：65-66.

［14］刘昱彤，王虹.基于公司治理结构的政府财务报告审计制度研究［J］.财会通讯，2017（10）：71-75.

［15］尹启华.政府综合财务报告审计框架的构建研究［J］.南京审计大学学报，2017（1）：95-101.

［16］周曙光，陈志斌.国家治理视域下政府财务报告审计的机制构建［J］.会计与经济研究，2019（11）：19-30.

［17］周曙光，陈志斌.政府财务报告审计与企业财务报表审计比较研究［J］.财务与会计，2020（3）：41-44.

［18］郑石桥.国有资源经管责任、人性缺陷和政府审计［J］.会计之友，2015（11）：129-136.

［19］郑石桥.独立性、审计主题和审计主体多样化［J］.会计之友，2015（2）：127-133.

［20］郑石桥.审计理论研究：基础理论视角［M］.北京：中国人民大学出版社，2016.

［21］郑石桥.交易成本、审计主题和政府审计业务外包［J］.会计之友，2015（7）：130-136.

［22］王健栋.权责发生制政府财务报告审计的思考［J］.行政事业资产与财务，2017（6）：86-87.

［23］孙焕伟.关于建立健全政府财务报告审计制度的几点思考［J］.经贸实践，2018（17）：123-123.

［24］郑石桥.宋海荣，政府审计客体：理论框架和例证分析［J］.会计之友，2015（16）：126-132.

［25］郑石桥.团队生产、审计主题和审计客体选择［J］.会计之友，2015（3）：130-136.

［26］胡继荣，包玉婷.美国联邦政府单一审计制度及其借鉴意义［J］.审计研究，2008（4）：30-33.

第四章　政府部门财务报告审计内容和审计目标

政府部门财务报告审计有不少的基础性问题需要理论阐释，本章聚焦其中的两个问题：政府部门财务报告审计究竟审计什么？希望通过政府部门财务报告审计得到什么？根据这些问题，本章的具体内容包括：政府部门财务报告审计内容，政府部门财务报告审计目标。

第一节　政府部门财务报告审计内容

政府财务报告是政府治国理政的基础，各国政府都重视政府财务报告制度的建立，中国也不例外。党的十八届三中全会提出要"建立权责发生制的政府综合财务报告制度"，国务院批转财政部《权责发生制政府综合财务报告制度改革方案》提出"在 2020 年前建立具有中国特色的权责发生制政府综合财务报告制度"。政府部门财务报告审计制度是政府财务报告制度的重要内容，而政府部门财务报告审计内容则是这个审计制度最为核心的内容，而理论是制度建构的基础，从理论上厘清政府部门财务报告审计内容是科学地建构审计制度的前提。

现有文献中，未发现有专门研究政府部门财务报告审计内容的文献。一些研究政府财务报告审计的文献涉及这个问题，主要有财务信息审计观和综合审计观。这两种观点各有其合理性，但是，都缺乏较深入的理论阐释，同时，财务信息审计观所确定的审计内容过窄，而综合审计观所确定的审计内容过宽。总体来说，关于政府部门财务报告审计内容，还是缺乏一个系统化的理论框架。本节的贡献在于以经典审计理论为基础，按从宏观到微观的思路，分析政府部门财务报告审计内容，提出一个政府部门财务报告审计内容的理论框架，以深化对政府部门财务报告审计内容的认知，并为优化相关制度建构提供理论支撑。

一、文献综述

审计内容的核心问题是"审计什么"，政府部门财务报告审计内容也不例外。现有文献中，未发现有专门研究政府部门财务报告审计内容的文献，一些研究政府财务报告审计的文献涉及这个问题。主要有两种观点，一是财务信息审计观，二是综合审计观。

财务信息审计观认为，政府部门财务报告审计主要是审计政府部门财务报告所承载的财务信息。例如，"对收入费用等预算收支及决算结果的审计"和"对政府资产负债表的审计"（王祥君、周荣青，2014）；"建立以预算信息和会计信息为审计对象的二元化体系"（唐大鹏等，2015）；"审计内容包含对政府部门、事业单位、国有企业的固定资产、流动资产、负债、支出、收入等"（孙焕伟，2018）；政府财务报告审计内容包括"以若干张主表为基础的报表和附注"和"政府财务报告在编制时涉及到大量调整和抵销分录"（王健栋，2017）；"从报告编制入手，通过将两种会计基础相结合，从源头处推动财务报告审计制度与预决算审计制度的协调整合"（潘俊、沈嘉诚、徐颖，2018）；部门财务报告审计的内容重点包括资产、负债、收入、费用、会计估计、合并过程（刘冠亚，2018）；"财务报表审计是典型的信息审计，其审计内容就是财务报表信息，也就是财务报表中的各种认定或陈述，具体包括财务报表中所涵盖的财务信息及相关数据，这一表述不仅适用于企业财务报表审计，同样也适用于政府财务报告审计"（周曙光、陈志斌，2019）；"企业财务报表审计和政府财务报告审计都属于以财务信息为主题的财务报表审计""审计内容体现为被审计单位所编制的财务报表以及财务报表所反映的经济活动，也就是财务报表中表达的各种认定或陈述"（周曙光、陈志斌，2020）。

综合审计观认为，政府部门财务报告审计除了审计政府部门财务报告所承载的财务信息外，还包括其他一些内容。总体来说，政府部门财务报告审计内容是综合性的，并不只是财务信息。例如，政府财务报告审计包括财务报表审计、预算和法律遵从审计、政府绩效审计、政府部门内部控制审计和其他审计（应益华，2013）；"政府财务报告审计内容要突出对政府资产负债的审计""可以对公共资金是否合法合规做出审计判断""更可以全面对政策的实施是否达到预定目标做出审计"（常迎迎，2015）"美国联邦政府财务报告审计的内容具有综合性、全面性、整体性的特点""不仅对财务报告进行审计，对与财务报告相关的内部控制完善、法律法规遵循情况也提出审计意见"（戚艳霞，2015）。

财务信息审计观和综合审计观各有其合理性，但是，都缺乏较深入的理论阐释，同时，财务信息审计观所确定的审计内容过窄，而综合审计观所确定的审计内容过宽。总体来说，关于政府部门财务报告审计内容，还是缺乏一个系统化的理论框架。本节拟致力于此。

二、理论框架

政府部门财务报告审计内容的核心问题是"审计什么"，这个问题可以从不同的视角来考察，本节的目的是以经典审计理论为基础，提出一个政府部门财务报告审计内容的理论框架，为此，需要顺序地讨论以下问题：审计内容的一般原理；政府部门财务报告审计对象；政府部门财务报告审计主题；政府部门财务报告审计业务类型；政府部门财务报告审计标的；政府部门财务报告审计载体。

（一）审计内容的一般原理

审计内容的核心问题是"审计什么"，这是审计制度建构的最重要问题之一。经典审计理论将审计内容分为五个层级，它们是审计对象、审计主题、审计业务类型、审计标的和审计载体（郑石桥，2016）。审计对象是审计内容的宏观范围。通常认为，资源类委托代理关系中，审计对象是代理人对委托人承担的经管责任。审计主题是经管责任的具体化。通常认为,经济行为、经济信息和经济制度是三类主要的审计主题。对于经济行为,主要是关注其合规性;对于经济信息,一方面要关注其真实性,另一方面,如果经济信息表征了经济绩效,则还要关注绩效水平。对于经济制度,主要是关注其健全性。审计业务类型是以审计主题为基础形成的审计业务各类,以单个审计主题为基础,形成的审计业务类型包括财务审计、合规审计、绩效审计和制度审计,也可以将多个审计主题组合起来,形成综合性审计业务。审计标的是审计主题的细分,不同的审计主题可以细分为不同的审计标的。审计过程就是围绕审计标的来分解确定审计命题、设计审计方案、收集审计证据并形成审计结论。审计载体是审计证据的来源,是对审计主题及审计标的的记载或记忆,主要包括纸质载体和电子载体(郑石桥,2015;郑石桥,2016;郑石桥,2018)。很显然,上述审计内容的一般原理,也适用政府部门财务报告审计,因此,也需要从上述五个方面来分析政府部门财务报告的审计内容。

(二)政府部门财务报告审计对象

经管责任离不开资源类委托代理关系,所以,为了分析政府部门财务报告审计所审计的经管责任,必须先分析其所依赖的资源类委托代理关系,很显然,政府部门财务报告审计所依赖的是某种国有资源委托代理关系。

国有资源包括国有资金、国有资产和资源性国有资源,其终极所有者是全国人民。但是,人民作为一个整体缺乏行动能力,因此,必须委托一定的国家机构来代表人民行使权利,这就产生了国有资源委托代理关系。由于国有资源规模庞大,代表人民管理、使用国有资源的国家机构是多类且分层级的,这就形成了国有资源委托代理关系链。不同的国家,由于其经济结构不同,不同经济成分的比重也不同,因此,其国有资源委托代理关系也不同。中国是社会主义国家,根据《中华人民共和国宪法》《中华人民共和国预算法》《中华人民共和国土地管理法》《中华人民共和国企业国有资产法》等,国有资源委托代理关系的基本情况如图1所示。

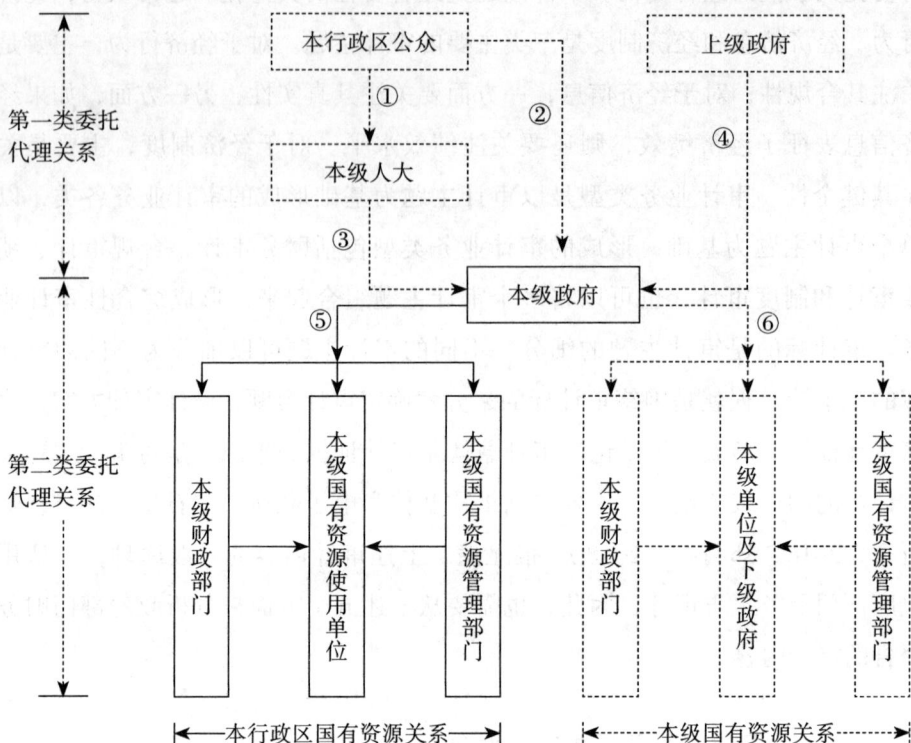

图 1　国有资源委托代理关系

图 1 中的国有资源委托代理关系有两种类型，一是本级政府作为代理人，而本行政区公众、本级人大、上级政府作为委托人（标识为①②③④）；二是本级政府作为委托人，本级国有单位作为代理人（标识为⑤），或者是本行政区国有单位作为代理人（标识为⑥）。

政府部门财务报告是以权责发生制为基础，是反映政府部门（单位）的财务状况、运行情况等信息的财务报告，所依赖的是本级政府作为委托人、本级国有单位作为代理人的国有资源委托代理关系（标识为⑤，用实线表示）。在这类委托代理关系中，本级政府将一定的国有资源交付本级国有单位，并要求这些国有单位履行特定的职责，本级国有单位对本级单位承担了国有资源经管责任。这种责任主要由两个方面的内容组成：一是国有资源使用责任，由于财务资源是国有资源的主要类型，所以，这种责任通常也称为财务责任；二是履行特定职责的责任，这种责任通常也称为业务责任。由于人性自利和有限理性，本级国有单位在履行其国有资源经管责任时，可能出现代理问题和次优问题。因此，本级政府会推动建立针对代理人的审计制度，而本级国有单位基于信号传递、揭示机制及保险机制等原因，也可能出现审计需求，无论是委托人还是代理人的审计需求，其审计对象都有国有资源经管责任。但是，政府部门财务报告审计不是以国有资源经管责任的全部内容，而是以这种责任中的财务责任作为审计对象。

（三）政府部门财务报告审计主题

政府部门财务报告审计以国有资源经管责任中的财务责任为审计对象，财务责任包括三个方面：一是财务行为责任，其主要内容是财务收支行为要遵守相关的法律法规及合约，财务行为是否遵守这些相关的法律法规及合约成为判断财务收支责任履行情况的标准；二是财务信息责任，其主要内容是如实地确认、计量、记录和报告财务信息，是否遵守相关的会计准则或会计制度，是判断财务信息责任履行情况的标准；三是财务制度责任，其主要内容是建立健全并有效执行履行财务责任相关的制度，既包括履行财务行为责任相关的制度，也包括履行财务信息责任相关的制度。

审计主题是经管责任的具体化，上述三个方面的财务责任，也体现为三个方面的审计主题，财务行为责任主要体现为财务行动，属于行为主题。对于这种审计主题，审计人员主要关注其合规性，也就是财务行为是否遵守相关法律法规及合约。财务信息责任主要体现为财务信息，属于信息主题，对于这种审计主题，审计人员主要关注其真实性。财务制度责任主体体现为确保财务行为合规及财务信息真实的各类制度（包括信息系统），属于制度主题，对于这些审计主题，审计人员主要关注其健全性。

以上简要地分析了国有资源责任中的财务责任所涉及的审计主题，那么，政府部门财务报告审计应该审计哪些审计主题呢？笔者认为，政府部门财务报告审计主题应该包括财务信息主题及相关制度主题，不应该包括财务行为主题及相关的制度主题。这里的财务信息是政府部门财务报告中包括的各类财务信息，而相关的制度主题是指为保障财务信息的真实性而建立实施的各项制度（包括信息系统）。这里的制度不包括与财务信息真实性无关的制度。

选择财务信息主题及相关制度主题的理由有如下四个方面：

第一，财务信息是以本级各国有单位财务责任履行情况的财务计量，是政府部门财务报告的主要内容。财务信息是否真实是政府部门财务报告审计的核心问题，如果不将财务信息主题纳入审计范围，则政府部门财务报告审计就不能发现政府部门财务报告的财务信息错误，更加不能对政府部门财务报告真实性形成结论，这种审计的期望差就很大。因此，基于本级政府作为委托人及本级政府之外的其他利益相关者的最基础之需求，必须将财务信息主题纳入审计内容。

第二，财务信息相关制度纳入审计主题的范围，其原因是这些制度是本级各国有单位财务信息真实性的基础。如果这些制度是健全的，并且能有效执行，则本级各国有单位财务信息的真实性就有了很好的基础。通过审计，发现这些制度存在的缺陷并促使其整改，就能为财务信息真实性奠定持续可靠的基础。因此，审计财务信息和审计财务信息相关制度，是一枚钱币的两面，而审计财务信息相关制度能更高效率地促进审计终极目标的实现。

第三，财务责任中的财务制度责任既包括履行财务行为责任相关的制度，也包括履行财务信息责任相关的制度，政府部门财务报告审计中主要关注履行财务信息责任相关的制度，并不将履行财务行为责任相关的制度纳入审计范围。其主要原因是，由于政府部门财务报告审计中已经将财务信息纳入审计范围。当然也就要将财务信息相关的制度也纳入审计范围。这其中的原因在前面已经分析过，而政府部门财务报告审计中并未将财务行为纳入审计范围（其原因在后续内容中分析），所以，财务行为相关的制度当然也不宜纳入审计范围。

第四，政府部门财务报告审计并不将财务行为纳入审计主题范围。其原因是：一方面，财务信息是否真实与财务行为是否合规，是可以分开来考虑的两个问题，财务信息虚假不一定有财务行为违规，而财务行为违规，也不一定有财务信息虚假；另一方面，财务行为是否合规，有专门的合规审计业务，为了避免不同审计业务之间的重复或交叉，政府部门财务报告审计作为财务审计业务，不宜将合规审计业务纳入其中。

　　政府部门财务报告审计中不将财务行为纳入审计主题范围，并不是对财务行为及其他行为毫不关注，恰恰相反，对财务行为及其他行为要保持职业警觉。也就是说，在政府部门财务报告审计中，审计人员并不针对财务行为设计专门的审计程序以检验其是否存在违规行为（这体现了未能将其纳入审计主题范围）。但是，在实施针对财务信息及相关制度的审计程序时，如果发现财务行为及其他行为违规的线索，则审计人员必须保持职业警觉，判断其是否与财务信息相关、是否具有重要性。在此基础上，做出是否要追踪的决定，借鉴经典审计理论中关于注册会计师对舞弊的责任（张龙平、王泽霞，2003；周赟，2005；陈毓圭，2010）。上述两种判断的逻辑过程如图2所示。

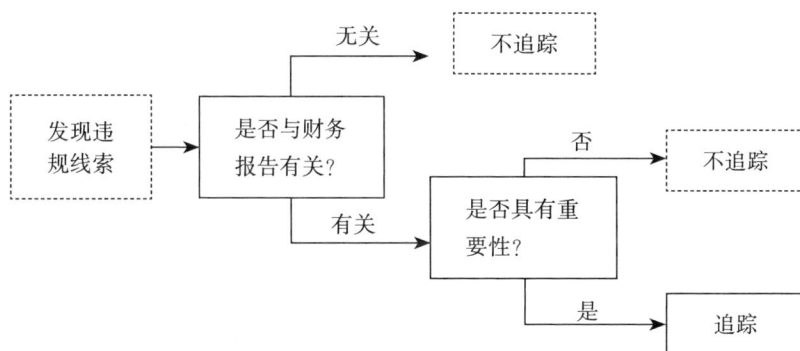

图2　对财务违规行为的判断

　　首先，对于实施财务信息及相关制度审计程序时发现的违规行为线索，审计人员要判断这些违规行为是否与财务报告有关，也就是判断这些违规行为是否也会导致财务信息虚假。如果判断其与财务信息无关，则通常不设计专门的审计程序予以追踪；如果判断其与财务信息有关，则转入下一步骤。其次，如果可能的违规行为与财务报告相关，则要判断可能的违规行为所导致的财务信息错报程序。如果判断导致的错报程度不具有重要性，则不设计专门的审计程序予以追踪；如果判断这种违规行为所导致的财务信息错报可能具有重要性，则要设计专门的审计程序予以追踪。所以，总体来说，政府部门财务报告审计中，并不针对财务行为设计专门的审计程序以检验其是否存在违规行为，但要保持职业警觉，一旦发现违规行为的线索，则要判断其是否影响财务报告、是否具有重要性。在此基础上，对于影响财务报表且可能具有重要性的违规行为线索，要设计专门的审计程序予以追踪。

基于以上分析，关于政府部门财务报告审计主题，有如下结论：政府部门财务报告审计主题包括财务信息及保障其真实性的相关制度，对财务行为及其他各类行为不纳入审计主题范围，而是保持职业警觉，对影响财务报表且具有重要性的违规线索予以追踪。

（四）政府部门财务报告审计业务类型

审计业务是独立实施的审计项目类型，通常是以审计主题为基础而形成的，单一审计主题形成单项性审计业务，多个审计主题组合形成综合性审计业务。政府部门财务报告审计主题包括财务信息主题及相关制度主题，涉及财务信息及相关制度两类审计主题，基于这些审计主题的审计业务基本情况见表1。

表1　政府部门财务报告审计业务类型

项　目		审计业务类型和会计期间			
		财务信息审计		财务报告内部控制审计	
		年度报告	中期报告	年度报告	中期报告
保证程度	合理保证业务	★	★	★	★
	有限保证业务	★	★	★	★
业务基础	基于责任方认定业务	★	★	☆	☆
	直接报告业务	☆	☆	★	★

注：★表示有这种情形，☆表示没有这种情形。

首先，基于审计主题，政府部门财务报告审计业务可以区分为财务信息审计和财务报告内部控制审计。前者主要关注政府部门财务报告中的财务信息是否真实，后者主要关注政府财务报告内部控制是否健全。其次，对财务信息审计和财务报告内部控制审计，由于会计期间不同，都可以区分为年度报告审计和中期报告审计。第三，由于保证程度不同，财务信息审计和财务报告内部控制审计都可以区分为合理保证审计业务和有限保证审计业务，合理保证审计业务对所审计的总体形成结论，而有限保证审计业务则只报告审计发现，并不对所审计的总体形成结论。通常也将合理保证审计业务称为结论导向审计业务，将有限保证审计业务称为问题导向审计业务。第四，由于审计的业务基础不同，财务信息审计和财务报告内部控制审计呈现不同的类型，财务信息审计通常要以审计客体的财务报告为基础。所以，通常是基于责任方认定业务，财务报告内部控制审计可以选择基于责任方认定业务，也可以选择直接报告业务。基于审计质量和成本效益考虑，目前，多数国家都选择直接报告业务。

以上分析了基于不同的审计主题的政府部门财务报告审计业务类型，但是，财务信息审计和财务报告内部控制审计密切相关。财务报告内部控制就是保障财务信息真实性的措施和方法，所以，如果将两类审计分开实施，可能会造成重复审计，从而带来审计资源的浪费。解决问题的办法是将政府部门财务报告中的财务信息审计和财务报告内部控制审计整合实施，也称为整合审计。通过整合审计，解决了审计资源浪费的问题，还会提高知识互溢所带来的审计效率及审计质量。整合审计中的整合包括两方面的含义：第一，政府部门财务报告中的财务信息审计和财务报告内部控制审计由同一家审计机构来实施，只有这样才能最大化实现知识互溢，减少重复工作；第二，由这家审计机构同时实施政府部门财务报告中的财务信息审计和财务报告内部控制审计，如果这家审计机构将这两种审计业务分别在不同的时间实施，则重复审计仍然可能存在。所以，综合起来，政府部门财务报告整合审计是由一家审计机构在同一时期实施财务信息审计和财务报告内部控制审计。

基于以上分析，关于政府部门财务报告审计业务类型，有如下结论：基于政府部门财务报告审计的审计主题，其审计业务分为财务信息审计和财务报告内部控制审计，为提高审计效率和审计质量，上述两项审计业务要按整合审计的方式来组织，也就是由同一家审计机构在同一时期实施。

（五）政府部门财务报告审计标的

审计主题是审计业务中关注的中心事项，而要获取审计证据，必须对审计主题做进一步的细化，这就产生了审计标的，它是审计主题的再细分，很显然，不同的审计主题会有不同的审计标的，政府部门财务报告审计主题包括财务信息及保障其真实性的相关制度，财务信息及相关制度都可以再细分为审计标的，下面分别介绍。

关于财务信息的审计标的已经有公认的分类方法，政府部门财务报告中的财务信息也应该适用这种分类方法，通常将财务信息的审计标的分为三类：交易或事项、余额、列报，交易是会计主体与外部主体之间发生的经济活动，事项是会计主体内部发生的经济活动，这些经济活动与外部主体无关；余额是账户的累计发生额或余额；列报就是会计信息在会计报表中的表达与披露（中国注册会计师协会，2020）。

财务报告内部控制通常分为整体层面的内部控制和业务层面的内部控制，政府部门财务报告内部控制也应该如此。内部控制审计标的是对整体层面内部控制和业务层面内部控制的再细分，对于整体层面的内部控制，通常按控制事项进行分类，每个主要的控制事项单独成为一个审计标的；对于业务层面的内部控制，通常是按业务流程的环节来细分，每个控制环节形成了一个审计标的（李媛媛、郑石桥，2017）。

（六）政府部门财务报告审计载体

无论何种审计，都需要获得审计证据。政府部门财务报告审计需要围绕审计标的来设计审计方案以获取恰当的审计证据。问题的关键是从何处获得审计证据呢？其来源是审计载体，它是审计证据的来源，是对审计主题及审计标的的记载或记忆。任何一个审计标的审计主题，都必须有对其进行记录的载体。这些载体并不是为审计而专门设置的，但是，它却是审计证据的来源，从这个意义上来说，称之为审计载体。

就政府部门财务报告中的财务信息及其分解形成的审计标的来说，其审计载体是各类会计凭证、会计账簿、会计报表及相关的业务资料。这些载体记录了交易、余额、列报的相关信息。就政府部门财务报告内部控制来说，各类制度文本是其制度设计的载体，执行中形成的各种记录是其制度执行的载体，要了解内部控制设计及执行，必须从这些载体中获得证据。

审计载体主要包括纸质载体、电子载体，也有一定的实物载体。审计载体不同，审计取证的思路也不同。目前，我国各政府部门的信息化水平已经达到一定的程度，电子载体越来越成为主要的载体，因此，电子数据审计已经成为审计取证的主流模式（裴育、郑石桥，2016）。

三、结论和启示

政府部门财务报告审计制度是政府财务报告制度的重要内容，而政府部门财务报告审计内容则是个审计制度最为核心的内容。本节以经典审计理论为基础，按从宏观到微观的思路，分析政府部门财务报告审计内容，提出一个政府部门财务报告审计内容的理论框架。

经典审计理论将审计内容分为审计对象、审计主题、审计业务类型、审计标的和审计载体这五个层级，政府部门财务报告审计内容也是如此。政府部门财务报告审计所依赖的是本级政府作为委托人、本级国有单位作为代理人的国有资源委托代理关系，其审计对象是国有资源经管责任中的财务责任；这些财务责任分解为审计主题，政府部门财务报告审计主题包括财务信息及保障其真实性的相关制度，对财务行为及其他各类行为不纳入审计主题范围，而是保持职业警觉，对影响财务报表且具有重要性的违规线索予以追踪；基于政府部门财务报告审计的审计主题，其审计业务分为财务信息审计和财务报告内部控制审计，为提高审计效率和审计质量，上述两项审计业务要按整合审计的方式来组织，由同一家审计机构在同一时期实施；审计标的是审计主题的再细分，财务信息的审计标的已经有公认的分类方法，政府部门财务报告中的财务信息也适用这种分类方法，通常分为交易或事项、余额、列报，内部控制审计标的是对整体层面内部控制和业务层面内部控制的再细分，整体层面的内部控制通常按控制事项进行分类，每个主要的控制事项单独成为一个审计标的；业务层面的内部控制通常是按业务流程的环节来细分，每个控制环节形成了一个审计标的；审计载体是对审计主题及审计标的的记载或记忆，政府部门财务报告中的财务信息及其分解形成的审计标的，其审计载体是各类会计凭证、会计账簿、会计报表和相关的业务资料，政府部门财务报告内部控制及其分解形成的审计标的，各类制度文本是其制度设计的载体，执行中形成的各种记录是其制度执行的载体。

本节的研究启示我们，政府部门财务报告审计内容是一个复杂的体系，由多个层级构成，并且各个层级之间密切相关。相关的制度建构如果未能意识到这个复杂的系统或未能关注各个层级的内容之间的关系，建构的制度可能存在缺陷，进而影响政府部门财务报告审计的效率效果。因此，本节的研究再次表明，制度自信要以理论自信为基础。

第二节　政府部门财务报告审计目标

党的十八届三中全会提出要"建立权责发生制的政府综合财务报告制度"，国务院批转财政部《权责发生制政府综合财务报告制度改革方案》提出"在 2020 年前建立具有中国特色的权责发生制政府综合财务报告制度"，政府部门财务报告审计制度是政府财务报告制度的重要内容之一，而审计目标是政府部门财务报告审计制度的核心要素。因此，有必要从理论上厘清楚政府部门财务报告审计目标，为科学地建构相关制度奠定基础。

政府部门财务报告审计目标的核心问题是"期望通过审计得到什么"。现有文献中，未发现专门研究政府部门财务报告审计目标的文献。一些研究政府财务报告审计的文献涉及这个问题，个别文献涉及终极目标，涉及直接目标的文献稍多，可以归纳为财务信息观和综合观。前者对审计目标的界定过窄，后者对审计目标的界定过宽。总体来说，政府部门财务报告审计目标尚缺乏深入和系统研究。本节的贡献在于以经典审计理论为基础，区分直接目标和终极目标，提出一个关于政府部门财务报告审计目标的理论框架，以深化对政府部门财务报告审计目标的认知，并为优化相关制度建构提供理论支撑。

一、文献综述

审计目标的核心问题是"期望通过审计得到什么"，政府部门财务报告审计目标也不例外，现有文献中，未发现专门研究政府部门财务报告审计目标的文献，一些研究政府财务报告审计的文献涉及审计的终极目标和直接目标。

少量文献涉及政府部门财务报告审计的终极目标。例如，政府财务报告审计"为提升政府财务管理水平、强化政府财务信息公开透明、促进财政经济可持续发展和推进国家治理体系和治理能力现代化提供重要支撑和保障"（刘冠亚，2018）；潘俊、沈嘉诚、徐颖（2018）提出，政府财务报告审计要"增强政府公信力和财政透明度""防控地方政府性债务风险""服务于政府信用评级""提升政府运行效率"；周曙光、陈志斌（2019）提出，"政府财务报告审计的终极目标应当定位为服务于国家治理，能够在参与国家治理中发挥监督公共权力运行、鉴证公共受托责任、降低治理决策风险的功能"。

关于政府部门财务报告审计的直接目标，由于对政府部门财务报告审计内容的认知不同，提出的审计目标也不同，大体上可以分为财务信息观和综合观。

财务信息观认为，政府部门财务报告审计是对政府部门财务报告中的财务信息的真实、完整等形成结论。例如，"对政府财务报告的真实性、合规性、效益性提出审计结论"（常迎迎，2015）；"应注重政府责任观下的财务信息真实完整"（唐大鹏等，2015）；"对公共部门的财务信息是否按照适用的公共部门财务报告编制基础进行公允列报发表审计意见"（财政部会计司联合研究组，2016）；"对政府整体报告的真实公允性发表审计鉴证意见"（李宗彦、郝书辰，2018）；"对公共部门财务报告是否真实、完整反映其财务状况和运营情况发表独立审计意见"（王美英、郭红莲，2018）；"对政府财务报表是否在所有重大方面按照适用的政府财务报告编制基础发表审计意见"（周曙光、陈志斌，2019）；"审计政府财务报告能为其使用者提供更加完整、准确与可靠的公共部门财务信息"（王美玲、姜竹，2019）；"对政府财务报告在所有重大方面是否遵守适用的财务报告框架，或者在所有重大方面是否公允表达，发表审计意见"（陆晓晖，2020）；"通过对被审计单位的财务报表发表审计意见，来提高财务报表预期使用者对财务报表的信赖程度"（周曙光、陈志斌，2020）。

综合观认为，政府部门财务报告审计除了要对政府部门的财务信息是否真实等形成结论外，还要对其行为是否合规、制度是否健全等其他一些相关事项形成结论。例如，"政府财务报告审计的目标应当是既对政府财务报告是否真实完整和规范、有无漏报瞒报发表审计意见，又要揭示违纪违法问题"（陆晓晖 2016）；"政府财务报告审计要满足受托责任与决策有用的双重目标"（洪学智，2016）；"审计目标的设定不仅局限于揭露查处违法违纪问题，更要有全局的观点"（周玉霞、迟明睿，2017）；"政府综合财务报告审计目标主要包含三个层次""第一个层次是政府各项财务活动具有合法性与真实性""第二个层次是政府综合财务报告在所有重大方面公允列报财务信息""第三个层次是政府财务活动具有效益性和相对透明性"（尹启华，2017）；"政府财务报告审计的具体目标为复合型目标，即向决策制定者（即财务报告使用人）提供财务报告是否可靠的合理保证、报告在内部控制方面存在的重大缺陷和薄弱环节以及报告遵守相关法律法规的情况"（刘冠亚，2018）；政府财务报告审计的具体目标"一是为政府财务报告的真实公允性提供合理保证，二是揭示反映财政风险"（刘冠亚，2018）；"权责发生制下政府财务报告的目标已经由传统的合规审计转化为绩效审计"（王美玲、姜竹，2019）。

综合上述文献，只有个别文献区分终极目标和直接目标，直接目标的两种观点都有一定的道理，但都存在缺陷。财务信息观对审计目标的界定过窄，而综合观对审计目标的界定过宽。总体来说，现有文献对政府部门财务报告审计目标尚缺乏深入和系统研究。关于政府部门财务报告审计目标，还是缺乏一个系统化的理论框架。本节拟致力于此。

二、理论框架

政府部门财务报告审计目标的核心问题是"期望通过审计得到什么"，

本节的目的是以经典审计理论为基础，提出一个关于政府部门财务报告审计目标的理论框架，为此，需要顺序地讨论以下问题：审计目标的一般原理；政府部门财务报告审计所依赖的国有资源委托代理关系；政府部门财务报告审计的终极目标：本级政府视角；政府部门财务报告审计的终极目标：本级国有单位视角；政府部门财务报告审计的直接目标：审计机构的审计目标；政府部门财务报告审计的终极目标和直接目标的关系。

（一）审计目标的一般原理

经典审计理论认为，审计目标分为终极目标和直接目标。终极目标是委托人和代理人的目标，而直接目标是审计机构的目标。从委托人来说，在资源类委托代理关系中，由于人性自利和有限理性，在合约不完备、激励不相容、信息不对称和环境不确定的情形下，代理人有可能偏离委托人的期望，出现代理问题和次优问题。为此，委托人会推动建立针对代理人的审计机制，希望通过审计来抑制代理人的代理问题和次优问题。这就是委托人的审计目标，也是终极目标（郑石桥，2015；君杰、郑石桥，2015；李宇立、郑石桥，2015；郑石桥，2016）。

对代理人来说，在特殊情形下，也可能有审计需求，从而也有审计目标。如果是基于信号传递，则审计目标是信号传递；如果是基于保险机制，则审计目标是引导利益相关者做出有利于代理人的决策；如果是基于揭示机制，则审计目标是更好地履行其经管责任。代理人的上述目标都属于终极目标（郑石桥，2016）。

对审计机构来说，其审计目标要服务于委托人或代理人的审计目标，因此，发现代理问题和次优问题是其目标的核心内容。不同的审计主题所存在的代理问题和次优问题不同，因此，其审计直接目标也不同（君杰、郑石桥，2015）。

（二）政府部门财务报告审计所依赖的国有资源委托代理关系

根据经典审计理论，审计目标与资源类委托代理关系密切相关，是由委托人、代理人和审计机构三方关系形成的，因此，要分析政府部门财务报告审计目标，必须首先厘清其所依赖的资源类委托代理关系。很显然，就是政府部门财务报告审计所依赖的某种国有资源委托代理关系。国有资源包括国有资金、国有资产和资源性国有资产，其终极意义上的所有者是全体人民。但是，全体人民作为一个整体是难以行动的，必须有国家机构来代理人民行使这种权利，并且，由于国有资源规模庞大，代理人民行使国有资源所有权的国家机构很多，并且有层级关系，这就形成了国有资源委托代理关系链。不同国家的所有制结构不同，因此，其国有资源委托代理关系链也不同，中国特色社会主义国家的国有资源委托代理关系链的基本情况如图 1 所示。

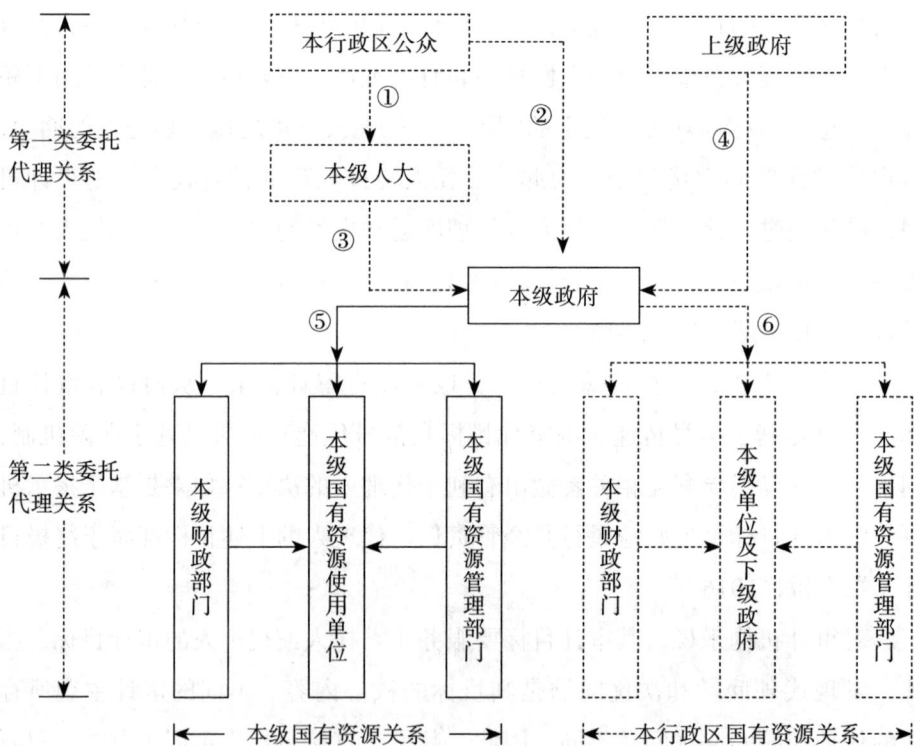

图 1 国有资源委托代理关系

图 1 中有两类国有资源委托代理关系，一是本级政府作为代理人，本行政区公众、本级人大和上级政府作为委托人（标识为①②③④）；二是本级政府作为委托人，其代理人有两种情形，一是本级国有单位作为代理人（标

识为⑤），本节称之为本级国有资源关系；二是本行政区国有单位（包括下级政府）作为代理人（标识为⑥），本节称之为本行政区国有资源关系。

那么，政府部门财务报告审计依赖的是何种国有资源委托代理关系呢？政府部门财务报告是以权责发生制为基础，反映政府部门（单位）的财务状况、运行情况等信息的财务报告。其依赖的是本级政府作为委托人，本级国有单位作为代理人的本级国有资源关系。由于本级政府通常会设立专业的审计机关来实施这种审计业务，所以，审计三方关系是，委托人是本级政府，代理人是本级国有单位[①]，审计机构是本级政府审计机关（这里的政府审计机关是广义的，既包括本级政府设立的，也包括设立在本级政府之外对本级政府进行审计的审计机构）。本级政府和本级国有单位的审计目标是终极目标，本级政府审计机关的审计目标是直接目标。下面，我们来具体分析这两类审计目标。

（三）政府部门财务报告审计的终极目标：本级政府视角

在本级政府与本级国有单位的委托代理关系中，本级政府作为委托人，将一定的国有资源交付本级国有单位，并要求其履行特定的职责。本级国有单位作为代理人，对本级政府承担了国有资源经管责任。这种责任包括两方面的内容：一是资源使用责任，通常也称为财务责任；二是职责履行责任，通常也称为业务责任。很显然，政府部门财务报告主要与财务责任相关，财务责任包括三方面的内容：一是按法律法规及合约的要求实施各项财务活动；二是如实确认、计量、记录和报告财务信息；三是建立健全与财务活动及财务信息相关的制度。上述内容中，通常将确认、计量、记录和报告财务信息及建立健全财务信息相关制度称为财务报告责任。由于人性自利和有限理性，在合约不完备、激励不相容、信息不对称和环境不确定的情形下，本级国有单位有可能偏离本级政府的期望，不能很好地履行其财务报告责任，

---

① 从国有资源委托代理关系来说，本级国有单位包括国有企业和行政事业单位（也就是部门预算单位），从政府部门财务报告的会计主体来说，不包括国有企业。具体阐释请参阅本书第三章第二节政府部门财务报告审计客体。

出现财务责任方面的代理问题和次优问题，这里的代理问题是故意而为的问题，这里的次优问题是无意而产生的问题。二者相互交织，表现为政府部门财务报告中的财务信息错报和相关内部控制缺陷。这些问题的出现都表明本级国有单位未能良好地履行其财务报告责任。为此，本级政府会推动建立政府部门财务报告审计制度①，希望通过财务报告审计来抑制本级国有单位在履行其财务报告责任中的代理问题和次优问题，以促使本级国有单位更好地履行其财务报告责任。这就是本级政府委托人期望通过财务报告审计得到的结果——也就是委托人的终极目标。

（四）政府部门财务报告审计的终极目标：本级国有单位视角

委托人有审计目标，代理人有时也可能有审计需求，进而产生审计目标，不同的审计需求，会有不同的审计目标选择。第一，如果本单位没有操纵财务信息，并且财务报告内部控制也是健全的，则本单位可能存在将这种状况传递给本级政府及其他利益相关者的需求。在这种审计需求下，本级国有单位的目标是信号传递，将本单位的"好消息"传递给一些委托人或其他利益相关者。第二，即使本级各国有单位没有操纵财务信息的动机，但是，也可能存在一些由于有限理性而导致的次优问题，本级国有单位为了更好地履行其财务报告责任，也可能希望通过审计来发现财务信息错报及相关制度缺陷，从而有利于其更好地履行其财务报告责任。在这种审计需求下，本级国有单位的目标是抑制履行财务报告责任时的次优问题，以便于更好地履行财务报告责任。第三，如果本级国有单位作为独立法人单位在资本市场上筹集资金，此时，为了吸引投资者放心地使用财务报告，也可能将政府部门财务报告审计作为保险机制，吸引投资者放心地使用财务报告。在这种审计需求下，本级国有单位的目标是吸引投资者做出有利于本单位的投资决策。上述三个方面的审计目标，都是本级国有单位作为代理人的审计目标，因此，都属于终极目标。

---

① 关于政府部门财务报告审计需求，请参阅本书第二章第二节政府部门财务报告审计需求。

（五）政府部门财务报告审计的直接目标：审计机构的审计目标

在委托人、代理人和审计机构的三方关系中，委托人和代理人的审计目标属于终极目标，但是，这个目标需要审计机构作为中介，没有审计机构的努力，终极目标无法实现。审计机构的审计目标分为总目标和具体目标两个层级，总目标与审计主题相匹配，具体目标与审计标的相匹配。下面，我们来具体分析。

我们先来看审计总目标。尽管本级政府和本级国有单位的审计终极目标有差异，但是，总体来说，都可以归结为抑制财务报告责任履行中的代理问题和次优问题，或报告财务报告责任履行中没有代理问题和次优问题。为了实现这些终极目标，审计机构的直接目标是寻找财务报告责任履行中的代理问题和次优问题，而财务报告责任履行中的代理问题和次优问题是与审计主题相关的。不同的审计主题，有不同的代理问题和次优问题。通常来说，财务报告责任履行相关的审计主题包括财务报告中的财务信息和财务报告内部控制，这些审计主题相关的代理问题和次优问题及审计总目标如下：

（1）就财务报告中的财务信息这个审计主题来说，其代理问题是有意的财务信息操纵，其次优问题是无意的财务信息错误。二者合并称为财务信息错报。在很多情形下，难以区分是有意的操纵，还是无意的错误，所以，通常对二者不区分。就审计终极目标来说，本级政府希望通过财务报告审计来抑制这些问题，本级国有单位希望审计报告能显现本级国有单位没有这些问题。为了实现这些终极目标，审计机构必须检查财务信息是否存在错报。由于存在错报就会影响财务报告的真实性，所以，通常将审计机构寻找是否存在财务信息错报这个目标称为财务信息真实性，简称真实性。

（2）就财务报告内部控制这个审计主题来说，其代理问题是有意造成的内部控制缺陷，其次优问题是无意造成的内部控制缺陷。无论是有意还是无意造成的内部控制缺陷，都包括两个方面：一是内部控制设计缺陷，二是内部控制执行缺陷。在很多情形下，无法区分有意和无意造成的内部控制缺陷，所以，审计人员的注意力主要是集中在是否存在缺陷，及推动缺陷整改。就审计终极目标来说，本级政府希望通过财务报告审计来抑制这些内部控制缺陷，本级国有单位希望审计报告能显现本级国有单位没有内部控制缺陷。为了实现这些终极目标，审计机构必须检查内部控制是否存在问题，由于内部控制存在缺陷就会影响内部控制的健全性，所以，通常将审计机构的这个目标称为内部控制健全性，简称健全性。

接下来，我们分析审计具体目标。审计总目标与审计主题相匹配，在审计实施中，审计主题要分解为审计标的，因此，审计总目标也要相应地分解为审计具体目标，这些具体目标与审计标的相匹配。政府部门财务报告审计包括的审计主题是财务信息及相关内部控制。我们分别来分析这两类审计主题所分解的审计标的及具体审计目标。

财务信息这个审计主题分解的审计标的已经有共识，通常分解为交易或事项、账户余额、列报和披露这三类审计标的。财务信息真实性这个总目标，要分解到这些审计标的，形成审计具体目标。其基本情况见表1（中国注册会计师协会，2020）。

表 1　财务信息的审计标的及审计具体目标

审计标的	审计具体目标
交易或事项	发生性，完整性，准确性，截止，分类
账户余额	存在性，权利和义务，完整性，计价和分摊
列报和披露	发生及权利和义务，完整性，分类和可理解性，准确性和计价

财务报告内部控制这个审计主题的审计标的，目前业界还没有共识。一般来说，对于整体层面的内部控制，通常选择制度中规范的主要事项作为审计标的；对于业务层面的内部控制，通常选择关键环节作为审计标的（李媛媛、郑石桥，2017）。上述这些审计标的、审计具体目标都分为设计健全性和执行符合性。归纳起来，政府部门财务报告内部控制的审计标的及审计具体目标的基本情况见表2。

表 2　政府部门财务报告内部控制的审计标的及审计具体目标

项　目		审计具体目标	
		设计健全性	执行符合性
审计标的	整体层面内部控制规范的事项	★	★
	业务层级内部控制的各环节	★	★

注：★表示有这种目标。

（六）政府部门财务报告审计的终极目标和直接目标的关系

以上分别分析了政府部门财务报告审计的终极目标和直接目标，下面我们来分析二者的关系。很显然，无论何种审计主题，审计具体目标都是审计总目标的分解。要实现审计总目标，必须首先实现审计具体目标。所以，政府部门财务报告审计的实施过程主要是围绕审计标的来设计审计方案和收集审计证据。首先对审计标的形成结论，在此基础上，推导判断审计主题以形成结论。然而，人们不是为审计而审计，直接目标要服务于终极目标，所以，三个层级的审计目标之间有如下关系：具体目标服务于总目标，直接目标服务于终极目标。

问题的关键是直接目标如何服务于终极目标。基于审计的固有功能，政府部门财务报告审计的直接目标服务于终极目标的路径如图 2 所示，显现了通过审计目标来实现审计终极目标的三种路径。

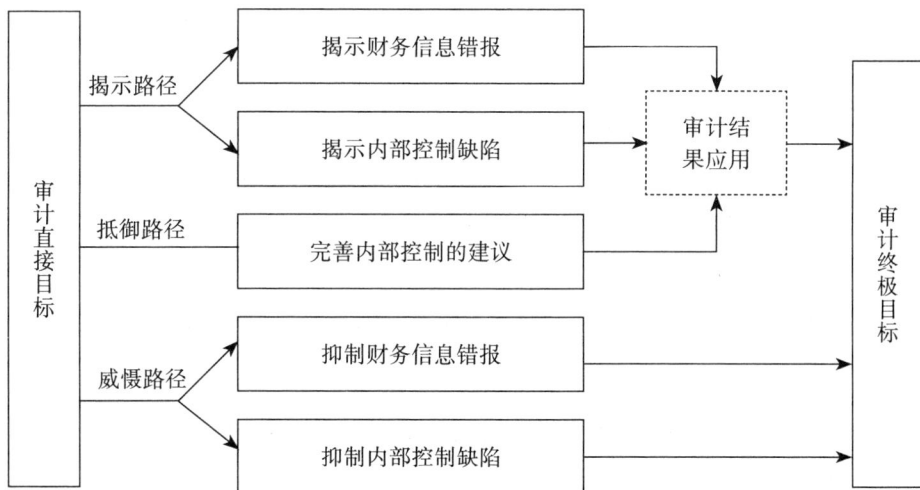

图 2　直接目标服务终极目标的路径

路径之一是揭示路径。通过政府部门财务报告中的财务信息真实性、相关内部控制健全性的审计，发现财务信息错报和内部控制缺陷，实现了直接审计目标。通过审计结果的应用，实现抑制财务信息错报和内部控制缺陷的终极目标；也可能通过信号传递，实现传递"好消息"的目标。如果审计机构具有良好的声誉，还可以发挥保险机制的作用。

路径之二是抵御路径。主要是审计机构通过对财务报告内部控制的审计，发现其存在的缺陷，实现了直接目标，针对内部控制缺陷，审计机构提出建议，并推动针对内部控制缺陷的整改，从而实现抑制内部控制缺陷的终极目标。

路径之三是威慑路径。这主要是本级国有单位事先知道审计机构会对其财务报告中的财务信息及相关内部控制进行审计，并且会对责任人和责任单位进行责任追究。为了避免这些负面后果，本级国有单位一方面会抑制其机会主义行为的动机，从而减少代理问题；另一方面会更加谨慎小心，从而减少次优问题。上述两方面综合起来，仅仅因为预计到审计机构的审计，本级国有单位履行财务报告责任的代理问题和次优问题都减少了，终极目标得以实现。

三、结论和启示

审计目标是政府部门财务报告审计制度的核心要素，本节以经典审计理论为基础，分别分析委托人、代理人和审计机构的审计目标，提出一个关于政府部门财务报告审计目标的理论框架。

政府部门财务报告审计依赖本级政府与本级国有单位之间的国有资源委托代理关系，本级政府和本级国有单位的审计目标是终极目标，审计机构的审计目标是直接目标。

本级政府的终极目标是抑制本级国有单位在履行其财务报告责任中的代理问题和次优问题，以促使本级国有单位更好地履行其财务报告责任。

本级国有单位的终极目标有多种情形，不同的审计需求会导致不同的审计目标。在信号传递需求下，审计目标是信号传递，将本单位的"好消息"传递给一些委托人或其他利益相关者；在揭示需求下，审计目标是抑制履行财务报告责任时的次优问题，以便于更好地履行财务报告责任；在保险需求下，审计目标是吸引投资者做出有利于本单位的投资决策。

审计机构的审计目标分为总目标和具体目标，总目标与审计主题相匹配。政府部门财务报告中的财务信息，其审计总目标是财务信息真实性，审计标的通常分解为交易或事项、账户余额、列报和披露这三类审计标的，财务信息真实性要落实到这些审计标的，形成各个审计标的的具体审计目标。政府部门财务报告内部控制，其审计总目标是制度健全性，整体层面的内部控制通常选择制度中规范的主要事项作为审计标的，业务层面的内部控制通常选择关键环节作为审计标的，制度健全性要落实到这些审计标的，形成各个审计标的的具体审计目标。

政府部门财务报告审计目标体系中，具体目标是总目标的分解，也是总目标的实现基础，总目标和具体目标组成的直接目标要服务于终极目标，通过直接目标实现终极目标的路径包括揭示路径、抵御路径和威慑路径。

本节的研究启示我们，政府部门财务报告审计目标是一个体系，这个体系中各个审计目标高度关联，因此，在政府部门财务报告审计制度建构中，必须重视审计目标体系及各个目标之间的关系。要避免出现"为审计而审计"，也要避免出现审计期望差。

参考文献

［1］王祥君，周荣青.政府财务报表审计与政府会计改革：协同与路径设计——基于国家治理视角［J］.审计研究，2014（6）：57-62.

［2］唐大鹏，刘芳，孙晓靓，等.权责发生制下政府综合财务报告的审计机制转型研究［J］.财政监督，2015（7）：21-24.

［3］孙焕伟.关于建立健全政府财务报告审计制度的几点思考［J］.经贸实践，2018（17）：123-123.

［4］王健栋.权责发生制政府财务报告审计的思考［J］.行政事业资产与财务，2017（6）：86-87.

［5］潘俊，沈嘉诚，徐颖.双体系下财务报告审计与预决算审计协调研究［J］.教育财会研究，2018（10）：86-94.

［6］刘冠亚.我国政府财务报告审计制度研究［D］.北京：中国财政科学研究院，2018.

［7］周曙光，陈志斌.国家治理视域下政府财务报告审计的机制构建

［J］．会计与经济研究，2019（11）：19–30．

［8］周曙光，陈志斌．政府财务报告审计与企业财务报表审计比较研究［J］．财务与会计，2020（3）：41–44．

［9］应益华．政府财务报告审计制度构建研究［J］．财会学习，2013（12）：39–42．

［10］常迎迎．建立健全政府财务报告审计制度的几点思考［J］．财务与会计，2015（7）：54–54．

［11］戚艳霞．美国政府财务报告审计的特点、成效及对我国的启示——基于对 GAO1997—2013 财政年度审计报告的分析［J］．中国审计评论，2015（2）：57–68．

［12］郑石桥．审计理论研究：基础理论视角［M］．北京：中国人民大学出版社，2016．

［13］郑石桥．政府审计对象、审计业务类型和审计主题［J］．会计之友，2015（18）：97–103．

［14］郑石桥．基于审计主题的审计实施框架研究［J］．新疆财经大学学报，2018（3）：44–55．

［15］张龙平，王泽霞．美国舞弊审计准则的制度变迁及其启示［J］．会计研究，2003（4）：61–64．

［16］周赟．对我国注册会计师承担舞弊审计责任的思考［J］．商业研究，2005（15）：129–131．

［17］陈毓圭．中国注册会计师行业对发现舞弊责任的认识和担当［J］．中国注册会计师，2010（9）：20–23．

［18］中国注册会计师协会．审计（2020全国注册会计师统一考试辅导教材）［M］．北京：中国财政经济出版社，2020：12–14．

［19］李媛媛，郑石桥．内部控制鉴证取证模式：逻辑框架和例证分析［J］．会计之友，2017（22）：125–130．

［20］裴育，郑石桥．电子数据审计的技术属性和逻辑过程：一个理论分析框架［J］．江苏社会科学，2016（6）：37–44．

［21］财政部会计司联合研究组．公共部门注册会计师审计制度研究（之

一）——基于政府财务报告审计的思考［N］.中国会计报,2016-5-27（06）.

［22］李宗彦，郝书辰.权责发生制政府财务报告审计制度探讨——英、澳两国实践经验及启示［J］.审计研究，2018（1）：51-58.

［23］王美英，郭红莲.不完全信息博弈下政府审计外包的监管策略——基于政府财务报告审计的视角［J］.中国流通经济，2018（10）：93-101.

［24］王美玲，姜竹.基于利益相关者多方博弈的政府财务报告审计体系优化研究［J］.审计研究，2019（5）：41-48.

［25］陆晓晖.国家审计主导政府财务报告审计研究［J］.中国内部审计，2020（1）：79-83.

［26］陆晓晖.对开展政府财务报告审计的几点思考［N］.中国审计报，2016-11-30（05）.

［27］洪学智.政府财务报告审计与公开机制建设探析［J］.财务与会计，2016（11）：26-27.

［28］周玉霞，迟明睿.政府会计改革对国家审计的影响浅析［J］.现代审计与经济，2017（2）：18-19.

［29］尹启华.政府综合财务报告审计框架的构建研究［J］.南京审计大学学报，2017（1）：95-101.

［30］郑石桥.国有资源委托代理关系、审计目标和审计期望差［J］.会计之友，2015（15）：129-136.

［31］吕君杰，郑石桥.审计主题、权变因素与审计目标［J］.财会通讯，2015（1）：87-90.

［32］李宇立，郑石桥.政府审计目标：理论框架和例证分析［J］.会计之友，2015（14）：115-121.

第五章　政府部门财务报告审计取证模式
和审计重要性

政府部门财务报告审计有不少的基础性问题需要理论阐释，"怎么审计"是最核心的基础性问题。本章聚焦"怎么审计"的两个问题：一是政府部门财务报告审计取证模式，二是政府部门财务报告审计重要性。根据这两个问题，本章的具体内容包括：政府部门财务报告审计取证模式，政府部门财务报告审计重要性。

第一节　政府部门财务报告审计取证模式

世界各国都重视政府财务报告制度的建立，我国党和政府也是如此，党的十八届三中全会提出要"建立权责发生制的政府综合财务报告制度"，国务院批转财政部《权责发生制政府综合财务报告制度改革方案》提出"在2020年前建立具有中国特色的权责发生制政府综合财务报告制度"。政府部门财务报告审计制度是政府财务报告制度的重要内容，而审计取证模式则是这个审计制度的核心内容之一，理论是制度建构的基础，从理论上厘清政府部门财务报告审计取证模式是科学地建构审计制度的前提。

现有文献中，未发现专门研究政府部门财务报告审计取证模式的文献。一些研究政府财务报告审计的文献涉及这个问题，形成的共识是政府财务报告审计取证模式是风险导向审计。很显然，这种认知是以财务信息审计为背景的，未考虑财务报告控制审计，也未考虑电子数据环境，总体来说，政府财务报告审计取证模式尚缺乏深入系统的研究。本节贡献在于以经典审计理论为基础，分别分析论证型取证模式和事实发现型取证模式在政府部门财务报告审计中的应用，提出一个关于政府财务报告审计取证模式的理论框架，以深化对政府部门财务报告审计内容的认知，并为优化相关制度建构提供理论支撑。

一、文献综述

审计取证模式是审计取证的基本思路，是"怎么审计"的重要问题，政府部门财务报告审计当然也需要选择适宜的审计取证模式。现有文献中，未发现专门研究政府部门财务报告审计取证模式的文献，一些研究政府财务报告审计的文献涉及这个问题，形成的共识是政府财务报告审计取证模式与企业会计报表审计取证模式基本相同，都是风险导向审计。例如，美国和澳大利亚政府财务报告审计"采用风险导向审计原理，运用抽样技术进行审计"（房巧玲、田世宁，2018）；美国联邦审计署采用"风险导向审计""将重要性确定和审计风险评估两项技术工具的应用贯穿于审计工作的始终""在政府财务报告审计中的运用现代风险导向审计方法"（刘冠亚，2018）；"在审计基本原理上，政府财务报告审计与企业财务报表审计具有一致性""总体审计程序（如计划审计工作、风险评估、控制测试、获取与分析审计证据、终结审计工作等），同样也可以运用于政府财务报告审计领域"（周曙光、陈志斌，2019）；"政府财务报告审计和企业财务报表审计是审计理论在不同领域的具体应用，都遵循审计的基本原理""现代风险导向审计理念与技术同样可以运用于政府财务报告审计领域"（周曙光、陈志斌，2020）。

现有文献为进一步认知政府财务报告审计取证模式奠定了一定的基础，但是，审计取证模式是与"审计什么"密切关联的。很显然，现有文献提出的风险导向审计模式是以财务信息审计为背景的，而政府财务报告审计包括财务信息审计和财务报告内部控制审计，风险导向审计未涵盖财务报告内部控制审计。同时，即使是财务信息审计，也可能选择有限保证，此时，审计取证模式就不一定是风险导向审计模式。另外，电子数据已经成为主要的审计载体，这对审计取证将产生重大的影响，现有文献并未涉及这些内容。总体来说，政府财务报告审计取证模式尚缺乏深入系统的研究，关于政府财务报告审计取证模式，还缺乏一个系统化的理论框架。本节拟致力于此。

二、理论框架

政府部门财务报告审计取证模式是其审计取证的基本思路，本节的目的是以经典审计理论为基础，提出一个关于政府部门财务报告审计取证模式的理论框架。为此，需要顺序分析以下问题：审计取证模式的一般原理；政府部门财务报告审计取证模式的总体框架；政府部门财务报告审计的命题论证型取证模式；政府部门财务报告审计的事实发现型取证模式。

（一）审计取证模式的一般原理

基于保证程度不同，审计业务分为合理保证审计业务和有限保证审计业务。前者实质上是对所审计的总体发表意见，后者只是报告审计发现，并不对审计的总体发表意见。正是保证程度不同，所要求的审计证据也不同，因此，审计取证的思路也不同（郑石桥，2015；郑石桥，2016）。

在合理保证审计业务中，要求对所审计的总体发表意见。这里的总体，通常是某类审计主题，合理保证就是要对这个审计主题发表审计意见。为此，需要将该审计主题进行分解，得到审计标的。同时，将该审计主题的审计总目标也分解为具体的审计命题（也称为审计具体目标），并落实到具体的审计标的。这个过程基本上就是一个从审计总目标到审计命题的命题分解过程。有了各个审计标的及其审计命题，就要围绕其进行风险评估。在此基础上，确定风险应对策略，编制审计方案，实施审计方案，围绕审计标的及审计命题来获取审计证据，对单个审计命题予以验证。在此基础上，形成对单个审计标的的结论，最终根据审计标的的验证结果，形成关于审计主题及其审计总目标的结论。这个过程基本上就是一个命题验证过程。所以，总体来说，合理保证审计业务要采取命题论证型取证模式，主要由命题分解和命题验证两个逻辑过程组成（郑石桥，2015；郑石桥，2018；裴育、郑石桥，

2016；郑石桥，2016）。

在有限保证审计业务中，审计取证的主要目的是寻找所审计总体中存在的问题，并不需要以审计发现为基础来推断审计总体状况并形成结论，所以，通常将这种审计取证思路称为事实发现型取证模式。当然，寻找审计总体中所存在的问题也需要有重点，确定重点的方法三种：一是系统的风险评估，将评估发现的高风险领域作为审计重点。在这种情形下，也是需要一个命题分解过程，将基于审计主题的审计总目标，分解落实到审计标的，形成基于审计标的的审计命题。这个过程类似于命题论证型审计取证模式，在命题分解的基础上，再进行风险评估。二是经验判断，根据经验来确定审计重点领域，从重点领域中查找问题。三是数据分析，就是凭借经验判断进行数据分析，对发现的疑点进行跟踪。需要说明的是，在系统的风险评估中也可能有数据分析，但是，其数据分析是基于不同的审计标的和审计命题来展开的，不同于基于经验判断的数据分析（郑石桥，2015；郑石桥，2018；裴育、郑石桥，2016；郑石桥，2016）。

（二）政府部门财务报告审计取证模式的总体框架

审计取证有命题论证型取证模式和事实发现型取证模式两种模式，而政府部门财务报告审计有两种主要业务，它们是政府部门财务报告中的财务信息审计和财务报告内部控制审计，并且还要求对二者以整合审计的方式组织实施。所以，政府部门财务报告审计取证模式的总体框架见表1。

表1 政府部门财务报告审计取证模式

项目		审计内容		
		财务信息审计	内部控制审计	整合审计
审计取证模式	命题论证型取证模式	★	★	★
	事实发现型取证模式	★	★	★

注：★表示有这种情形。

政府部门财务报告中的财务信息审计和财务报告内部控制审计，这两种审计业务都可以选择合理保证审计业务，此时，需要采取命题论证型取证模式；也可以选择有限保证审计业务，此时，则需要采取事实发现型取证模式。如果选择了合理保证审计业务，但采取事实发现型取证模式，则审计证据不足以支持审计结论，审计风险提高；如果选择了有限保证审计业务，但采取命题论证型取证模式，则审计证据过多，浪费了审计资源。

整合审计是将财务信息审计和财务报告内部控制审计融合起来实施的审计组织方式。一般来说，对于财务信息审计和财务报告内部控制审计应该选择相同的保证程度，在此基础上，选择恰当的审计取证模式，要么是命题论证型取证模式，要么是事实发现型取证模式。

（三）政府部门财务报告审计的命题论证型取证模式

在政府部门财务报告审计中，命题论证型取证模式可以分别用于财务信息审计和财务报告内部控制审计，也可以用于整合审计中，下面分别进行阐释。

1.命题论证型取证模式用于政府部门财务报告审计中的财务信息审计

政府部门财务报告审计中的财务信息审计，如果采用命题论证型取证模式，则能对财务信息整体是否真实形成结论，审计过程由命题分解和命题验证两个过程组成。基本情况如图 1 所示。

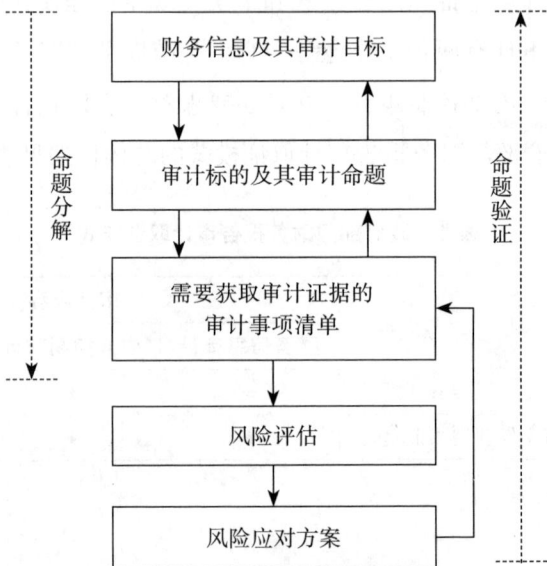

图 1　财务信息的命题分解和验证

财务信息的命题分解过程包括两个逻辑步骤：首先是确定审计主题和审计总目标。很显然，审计主题是财务信息，审计总目标是财务信息的真实性。其次是，将审计主题分解为审计标的，将审计总目标分解为审计命题（也就是具体审计目标），并将审计命题确定到审计标的。财务信息的审计标的和审计命题已经有共识，基本情况见表2（中国注册会计师协会，2020）。

表2　财务信息的审计标的及审计命题

审计标的	审计命题
交易或事项	发生性，完整性，准确性，截止，分类
账户余额	存在性，权利和义务，完整性，计价和分摊
列报和披露	发生及权利和义务，完整性，分类和可理解性，准确性和计价

表2显示，每类审计标的可能有审计命题，而每类审计标的本身也有众多的成员，每个审计标的每个审计命题形成一个审计事项，这就形成了审计事项体系，这个体系也就是需要验证的审计事项清单（郑石桥，2020）。

财务信息的命题验证过程包括五个逻辑步骤：第一，是风险评估，也就是采用系统方法，评价审计事项体系的风险状况，确定高风险领域；第二，根据风险评估结果，确定风险应对，并编制审计方案，实施这个审计方案以获取针对各审计事项的审计证据；第三，根据审计证据，对各个审计事项形成结论；第四，根据每个审计事项的结论，形成每类审计标的的审计结果；第五，根据每类审计标的的审计结论，形成关于审计主题和审计总目标的结论。很显然，财务信息的命题分解过程和命题验证过程是相反，而分解的目的是为了验证。分解是从宏观到微观，为验证提供了一个清单，而验证则是由微观到宏观，从审计命题到审计总目标（郑石桥，2020）。

2.命题论证型取证模式用于政府部门财务报告内部控制审计

财务报告内部控制审计如果采用命题论证型取证模式，则能对内部控制整体有效性形成结论，其审计过程也包括命题分解和命题论证两个逻辑过程，基本情况也如第90页图1所示。

财务报告内部控制审计的命题分解包括三个逻辑步骤：第一，确定审计主题和审计总目标。很显然，审计主题是财务报告内部控制，审计总目标是内部控制健全性。第二，将财务报告内部控制分解为审计标的，并将内部控制健全性分解为审计命题（也就是具体审计目标），同时，将这些审计命题落实到审计标的，财务报告内部控制能分解的审计标的及相应的审计命题见表3（郑石桥，2020）。第三，根据审计标的及其相应的审计命题，确定审计事项清单，每个审计标的的每个审计命题形成一个审计事项。所以，财务报告内部控制的审计事项是一个体系，这个体系也就是需要验证的事项体系。

表3 财务报告内部控制的审计标的及审计命题

项　目		审计命题	
		设计健全性	执行符合性
审计标的	整体层面内部控制规范的事项	★	★
	业务层级内部控制的各环节	★	★

注：★表示有这种目标。

财务报告内部控制审计的命题验证包括五个逻辑步骤：第一，按"从上到下"的系统方法对财务报告内部控制审计事项体系进行风险评估，确定不同审计事项的风险状况，并在此基础上，确定重要业务领域和关键控制；第二，根据风险评估结果，确定风险应对策略，并编制审计方案，实施这个审计方案，获取每个审计事项的审计证据；第三，根据审计证据，对每个审计事项形成结论；第四，根据审计事项的结论，推断审计标的的结论；第五，根据审计标的的结论，推断审计主题及审计总目标的结论（郑石桥，2020）。

3.命题论证型取证模式用于政府部门财务报告整合审计

以上按政府部门财务报告中的财务信息审计和财务报告内部控制审计分别实施的方式讨论了命题论证型取证模式的应用，然而，为了提高审计效率，通常是将财务信息审计和财务报告内部控制审计以整合的方式来实施。此时，如何应用命题论证型取证模式呢？

从命题分解过程来说，整合审计模式下，仍然需要按财务信息及其审计总目标、财务报告内部控制及其审计总目标来进行命题分解，并最终形成各自的审计事项清单，所以，整合审计并不改变命题分解过程。

从命题验证过程来说：第一，风险评估，仍然要针对财务信息审计事项和财务报告内部控制审计事项分别进行风险评估，确定重点审计领域；第二，从风险应对来说，由于财务信息和财务报告内部控制的审计事项不同，审计风险也可能不同，因此，需要分别制定风险应对策略，在此基础上，按财务信息审计和财务报告内部控制审计分别制定各个的审计方案。但是，各个审计方案中可能存在重复的审计程序，因此，需要将财务信息审计方案和财务报告内部控制审计方案予以合并，删除重复的审计程序，得到可执行的审计方案（也就是删除重复审计程序之后的审计程序），执行这个审计方案，得到关于财务信息审计事项和财务报告内部控制审计事项的审计证据；第三，根据审计证据，形成关于财务信息审计事项和财务报告内部控制审计事项的结论；第四，根据财务信息审计事项和财务报告内部控制审计事项的审计结论，形成关于财务信息审计标的和财务报告内部控制审计标的的审计结论；第五，财务信息审计标的和财务报告内部控制审计标的的审计结论，形成关于财务信息和内部控制的审计结论。从上述命题验证过程来看，关键是合并财务信息审计方案和财务报告内部控制审计方案，得到可执行的审计方案。

（四）政府部门财务报告审计的事实发现型取证模式

在政府部门财务报告审计中，事实发现型取证模式可以分别用于财务信息审计和财务报告内部控制审计，也可以用于整合审计中。下面分别进行阐释。

1.事实发现型取证模式用于政府部门财务报告审计中的财务信息审计

政府部门财务报告审计中的财务信息审计，如果选择有限保证业务类型，则通常要采用事实发现型取证模式。在这种模式下，财务信息审计的核心问题是寻找和报告财务信息中的错报，但不对财务信息的真实性发表整体性意见。审计的基本过程如图2所示。

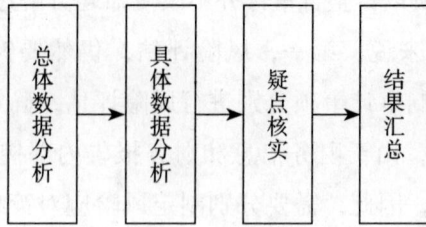

图 2 财务信息审计的事实发现型取证模式

图 2 所示的审计过程包括三个逻辑过程：一是数据分析，二是疑点核实，三是结果汇总。数据分析就是通过大数据技术等数据分析技术对政府部门财务报告中的财务数据及相关数据进行分析，以发现财务数据错报疑点或数据错报。通常分为两个层级：一是总体分析，二是具体分析。总体分析的目的是确定可能发生财务数据错报的重点领域，而具体分析则是发现具体的财务数据错报疑点或财务数据错报。疑点核实是对具体分析发现的疑点实施进一步的审计程序，以核实发现的疑点是否真的就是财务信息错报，通常采用命题论证型取证模式中的细节测试技术方法，所以，这个阶段也可以称为细节测试或实质性程序。结果汇总就是将数据分析和细节测试发现的财务信息错报归类汇总，并判断其对财务报表整体事实性的影响。如果足以影响整体真实性，则可以形成否定性意见；如果不足以影响财务报表的整体真实性，则只报告审计发现的错报，并不对总体形成结论或意见（郑石桥、张道潘，2016；郑石桥，2020）。

2. 事实发现型取证模式用于政府部门财务报告内部控制审计

政府部门财务报告内部控制审计，如果选择有限保证业务类型，则通常要采用事实发现型取证模式。在这种模式下，内部控制审计的核心问题是寻找和报告内部控制缺陷，并不对财务报告内部控制整体有效性发表意见。审计的基本过程如图 3 所示。

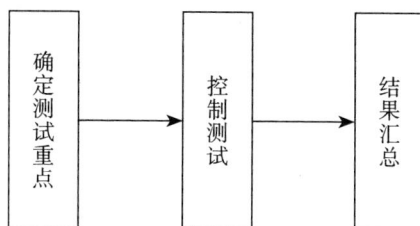

图3 内部控制审计的事实发现型取证模式

图3所示的内部控制审计过程包括三个逻辑过程：

（1）确定政府部门财务报告内部控制审计的重点领域。通常来说，在命题论证型取证模式下，会采用"从上到下"的系统方法来评估风险，而在事实发现型取证模式中，主要凭经验来确定内部控制审计的重点领域。一般来说，调整事项及政府部门合并报表编制过程的相关内部控制是重点领域，重要经济业务相关的财务报告内部控制是重点领域，涉及主观判断较多的领域是重点领域，以前审计或对其他类似单位的审计中发现问题较多的领域是重点领域。

（2）控制测试，对于选定的重点领域实施控制测试。这里的内部控制测试与命题论证型取证模式还是存在差异的。事实发现型取证模式下，控制测试的关键是寻找所测试内部控制所存在的问题，并不需要对所测试的内部控制是否有效形成结论。而命题论证型取证模式的控制测试需要对所测试的内部控制是否有效形成的结论。基于发现内部控制缺陷的控制测试，其主要的技术方法还是审阅、询问、观察、重新执行等，但是，在电子数据环境下，内部控制执行有可跟踪的痕迹，因此，对电子数据的相互核对（属于电子数据环境下的审阅法）成为主要的技术。

（3）汇总审计结果，根据前二个步骤的工作，将发现的内部控制缺陷进行归纳。如果已经发现重大缺陷，则还可以直接认定内部控制整体无效（李媛媛、郑石桥，2017；郑石桥，2020）。

3.事实发现型取证模式用于政府部门财务报告整合审计

政府部门财务报告中的财务信息审计和财务报告内部控制审计是密切关联的，通常需要以整合方式来组织实施。命题论证型取证模式下是如此，事实发现型取证模式下也要求如此。事实发现型取证模式下，政府部门财务报告中的财务信息审计和财务报告内部控制审计的整合体现在两个方面：第一，如果两种审计涉及到相同的审计程序，则该审计程序只实施一次，获取的审计证据用于两种审计；第二，财务信息审计和财务报告内部控制审计相互提供信息，财务信息审计中如果发现了财务信息错报，则内部控制审计需要将该环节作为重点。同样，内部控制审计中如果发现了某环节或某领域的内部控制缺陷，则财务信息审计也要将该环节或该领域相关的财务信息作为重点领域。

三、结论和启示

政府部门财务报告审计制度是政府财务报告制度的重要内容，而审计取证模式则是这个审计制度的核心内容之一。本节以经典审计理论为基础，分析命题论证型取证模式和事实发现型取证模式在政府部门财务报告审计中的应用，提出一个关于政府财务报告审计取证模式的理论框架。

政府部门财务报告中的财务信息审计和财务报告内部控制审计，都可以选择合理保证审计业务，此时，需要采取命题论证型取证模式；也可以选择有限保证审计业务，此时，需要采取事实发现型取证模式。

政府部门财务报告审计中的财务信息审计，如果采用命题论证型取证模式，则能对财务信息整体是否真实形成结论，审计过程由命题分解和命题验证两个过程组成。财务信息的命题分解过程包括三个逻辑步骤，命题验证过程包括五个逻辑步骤。财务信息审计如果选择有限保证业务类型，则通常要采用事实发现型取证模式。在这种模式下，核心问题是寻找和报告财务信息中的错报，并不对财务信息的真实性发表整体性意见，审计过程包括数据分析、疑点核实和结果汇总。

财务报告内部控制审计如果采用命题论证型取证模式，则能对内部控制整体有效性形成结论，其审计过程也包括命题分解和命题论证两个逻辑过程。命题分解包括三个逻辑步骤，命题验证包括五个逻辑步骤。内部控制审计如果选择有限保证业务类型，则通常要采用事实发现型取证模式。在这种模式下，核心问题是寻找和报告内部控制缺陷，并不对财务报告内部控制整体有效性发表意见，审计过程包括确定财务报告内部控制审计的重点领域、控制测试和汇总审计结果。

本节的研究启示我们，政府部门财务报告审计取证模式是一个具有内在逻辑的体系，如果不正确地认知不同的取证模式及其在不同的审计业务中的应用，可能导致审计取证模式的错误选择，进而影响审计效率效果。因此，本节的研究再次表明，科学的审计制度建构要以正确的理论认知为基础，"理论自信是制度自信的基础"。

第二节　政府部门财务报告审计重要性

党和国家高度重视政府财务报告制度，党的十八届三中全会提出要"建立权责发生制的政府综合财务报告制度"，国务院批转财政部《权责发生制政府综合财务报告制度改革方案》提出"在 2020 年前建立具有中国特色的权责发生制政府综合财务报告制度"。政府财务报告制度的重要内容之一是政府部门财务报告审计制度，而审计重要性（audit materiality）是"如何审计"的核心要件之一。由于政府部门财务报告审计涉及财务信息和财务报告内部控制两类审计主题，因此，其审计重要性也包括财务信息审计重要性和财务报告内部控制审计重要性。[①]

现有文献中，少量文献研究公共部门财务信息审计重要性，涉及重要性水平的确定方法及影响因素，未发现专门研究公共部门或政府部门财务报告内部控制审计重要性的文献。总体来说，关于政府部门财务信息审计重要性和财务报告内部控制审计重要性，都缺乏深入系统的研究，更没有系统化的理论框架。本节的贡献在于以经典审计理论为基础，分别阐释政府部门财务信息审计重要性和财务报告内部控制审计重要性，提出各自的理论框架，以深化对政府部门财务报告审计重要性的认知，并为优化相关制度建构提供理论支撑。

---

① 内部控制审计重要性实质上就是内部控制缺陷认定标准。

一、文献综述

由于政府部门财务报告审计涉及财务信息和财务报告内部控制两类审计主题，因此，关于审计重要性的文献综述也分为上述两类审计。

关于财务信息审计重要性，不少文献研究企业会计报表审计重要性（谢盛纹，2007），也有一些文献研究公共部门财务审计重要性（与本节相关的是这类文献）。研究的主题有两类：一是公共部门重要性水平的确定方法，二是公共部门重要性水平的影响因素。关于重要性水平的确定方法，Stout（2001）指出，按总资产、总收或其他量度组织规模的指标的一定比例来计算重要性水平，这种方法难以应用于公共组织审计；Schaik（2010）指出，一些国家采用财务报告错报占总支出的比例来量化重要性水平。关于重要性水平的影响因素，Sinason（2000）从公共部门责任及业务风险两个角度研究影响公共部门审计重要性的因素；Price & Wallace（2002）认为，经验、敏感性、不确定性、理念、观点、不寻常的环境、变化、媒体关注、公众意愿、风险是影响公共部门重要性评价的主要因素；Zhou（2012）认为，政府审计人员由于对公众承担责任，所以，可能更谨慎，因此，更加重视性质重要性。

关于财务报告内部控制缺陷认定标准，一些文献研究企业内部控制缺陷认定标准（杨婧、郑石桥，2017；刘月升、郑石桥，2017）。Schaik（2010）指出，民间审计与政府审计在审计重要性方面存在差异，政府审计除了可能涉及财务审计外，还有合规性审计、内部控制审计、绩效审计。这些审计业务都需要重要性判断，但是，现有文献中未发现专门研究公共部门内部控制缺陷认定标准的文献（唐大鹏，2014）。

上述文献综述表明，政府部门财务信息审计重要性和财务报告内部控制审计重要性都缺乏深入系统的研究，更没有系统化的理论框架。理论自信是制度自信的基础，没有理论上的科学认知，就没有科学的制度建构，本节拟致力于政府部门财务信息审计重要性和财务报告内部控制审计重要性的理论框架之建构。

二、政府部门财务报告中的财务信息审计重要性的理论框架

本节的目的是以经典审计理论为基础，提出政府部门财务报告重要性的理论框架。由于政府部门财务报告审计涉及财务信息和财务报告内部控制两类审计主题，所以，其审计重要性的理论框架也需要分别建构。这里先讨论政府部门财务报告中的财务信息审计重要性的理论框架。对于政府部门财务报告中的财务信息审计，取证模式可以选择命题论证型取证模式和事实发现型取证模式。从某种意义上来说，后者是前者的简化政府部门年度财务报告中的财务信息审计通常要选择命题论证型取证模式，所以，本节阐释这种取证模式下的审计重要性。主要内容包括：什么是财务信息审计重要性？为什么要使用财务信息审计重要性？在财务信息审计的各个阶段如何应用重要性？

（一）什么是财务信息审计重要性？

真实是对政府部门财务报告中财务信息的基本要求，但是，如果要做到100%的真实，既无必要，也不可能，所以财务信息总是会存在一些错报，包括有意的操纵和无意的错误。因此，财务信息使用者对财务信息的错报要有一定的容忍，但是，这种容忍又是有限度的。通常将这种容忍的最大限度称为审计重要性，它是财务信息中存在的导致会计信息使用者改变其决策的错误程度。如果财务信息中存在的错误能够使会计信息使用者改变其原来的决策，这种错误即为重要错误。

有人也许会认为，由于会计主体在加工会计信息时也考虑了会计重要性，审计人员无须单独确定审计重要性，可以将会计重要性作为判断标准，只要不存在具有会计重要性的错报，会计信息就是公允的。这种观点似是而非，首先，会计重要性是一种会计估计，而财务信息审计需要对会计信息进行鉴证，其中就包括对会计估计进行再评价，如果不对会计估计进行再评价，而直接接受这种估计，则从根本上就偏离了财务信息的鉴证功能。所以，审计人员为实现其财务信息审计目标，需要对财务信息的重要性确定自己的判断标准，这就是审计重要性。其次，从二者的关系来说，有三种情

况：第一种情形，审计人员经过评价后，认为会计主体确定的会计重要性是合理的，从而接受了会计重要性，审计重要性与会计重要性合二为一；第二种情形，审计人员经过评价后，认为会计重要性过于宽松，要求审计客体修改会计重要性，审计客体按审计人员的要求修改了，则审计重要性与会计重要性合二为一；第三种情形，审计人员经过评价后，认为会计重要性过于宽松，要求审计客体修改会计重要性，审计客体拒绝按审计人员的要求修改，审计人员会根据审计重要性而不是会计重要性来判断会计信息的公允性，进而确定审计意见类型，审计重要性与会计重要性分道扬镳。所以，审计人员为了实现审计目标，必须独立确定审计重要性。

审计重要性通常分为数量重要性和性质重要性，前者主要考虑错报的金额大小，后者则主要注重错报的性质。数量重要性是基于哲学的量变质变规律，是质变的临界点，也称为重要性水平。然而，在有些情况下，某些金额的错报从数量上看并不重要，可是从性质上考虑则可能是重要的。例如，掩盖违规行为的财务信息错报，从金额上看可能并不具有重要性，但是，涉及到违规甚至犯罪行为，对于这类财务报表信息的错报，不能从数量上判断是否重要，应从性质上考虑其是否重要，这就出现了性质重要性。

审计重要性水平（也就是数量重要性）又可以分为多种类型。从相关主体来说，分为客观重要性水平和估计重要性水平。客观重要性水平也称为实际重要性水平，是指相对于每一被审计会计报表而客观存在的，将会影响大多数报表使用者的理性判断或决策的重要水平，具有客观性和不可确知性两个显著特点。估计重要性水平是审计人员在计划审计工作、实行审计程序和评价审计结果时使用的重要性水平，是基于审计人员自己的估计。一般来说，只有当估计重要性水平接近客观重要性水平时，审计风险才会较低；如果估计重要性水平高于客观重要性水平，则审计风险增大；如果估计重要性水平低于客观重要性水平，则会导致审计效率降低。由于报表使用者及其所进行的决策的多样性，客观重要性水平无法取得。

由于客观重要性水平具有不知性，所以在审计工作中，主要是估计重要性水平在发挥作用。而估计重要性水平本身又包括多种类型，通常要将重要性水平划分为财务报表整体层级和特定交易类别、账户余额和列报层级。财务报表整体层级重要性水平是必须确定，对于交易类别、账户余额和列报层级是否要确定重要性水平并无强制要求，只有当一个或多个特定类别的交易、账户余额和列报发生的错报金额合理预期可能影响财务报表使用者依据财务报表做出的经济决策时，审计人员才需要为其确定相应的重要性水平。同时，审计重要性水平在审计的各个阶段都要使用，并且，各个阶段的审计重要性水平有联系且有区别，分别表现为计划重要性水平、实际执行重要性水平、评价重要性水平。上述重要性水平，归纳起来见表4。

表4 估计重要性水平的类型

项 目		不同审计阶段的重要性水平		
		计划重要性水平	实际执行重要性水平	评价重要性水平
不同归属对象的重要性水平	财务报表整体层级	★	★	★
	交易、余额和列报层级	◆	◆	◆

注：★表示必须有这种重要性水平，◆表示可能有也可能没有这种重要性水平。

（二）为什么要使用财务信息审计重要性？

1. 审计重要性与审计目标

财务信息审计总目标是审查财务信息的真实性，事实上，也就是鉴证财务信息中是否存在具有重要性的错报。如果存在具有重要性的错报，则财务信息是不真实的；如果不存在具有重要性的错报，则财务信息是真实的。所以，关键是寻找具有重要性的错报，而特定的错报是否具有重要性，需要一个判断标准，这个标准就是审计重要性。就交易、余额和列报审计来说，其审计命题（也就是具体审计目标）也与该层级的重要性相关，凡是超出该层级重要性的，该审计命题就判断为否。

2. 审计重要性与审计效率

审计重要性是判断会计信息错报是否具有重要性的标准。某些会计信息错报，即使存在，也不影响财务信息的公允性，所以，对于这些会计信息的审计程序就可能简化，在极端的情形下，甚至可以忽略。审计重要性为财务信息审计选择审计重点提供了指南，凡是具有重要性的会计信息，均应审计重点；凡是不具有重要性的会计信息，可以简化审计程序。这样一来，相对于没有重点的审计方式，这种审计方式就提高了审计效率。一般来说，审计重要性水平越高，可以简化审计程序的范围就越广，从而审计效率就越高，反之亦然。

3. 审计重要性与审计风险

审计重要性并不只是能提高审计效率，使用不当，也可能带来审计风险，甚至影响财务信息审计的社会价值。关于审计重要性与审计风险的关系，初看起来，似乎很简单，二者是反向关系，审计重要性水平越高，审计风险越低。然而，由于对审计重要性及审计风险的不同理解，上述观点可能显现偏颇。事实上，基于不同的审计重要性及审计风险，二者的关系也会不同。在审计风险各要素中，审计人员只能评估会计信息错报风险，不能改变这些风险，所以，它们与审计重要性无关，而审计人员可控制的可接受审计风险、检查风险、最终审计风险都与审计重要性相关，并且可能出现不同情形。就审计重要性来说，包括客观重要性水平和估计重要性水平，而估计重要性水平在不同的审计阶段还不同，这些不同的审计重要性与审计风险的关系可能不同。综合上述各种审计风险及各种审计重要性，可能的匹配关系见表 5，不同组合情形下，审计重要性与审计风险的关系可能不同。

表 5　审计重要性与审计风险的组合情形

项　目		审计重要性水平			
		客观重要性水平	估计重要性水平		
			计划重要性水平	执行重要性水平	评价重要性水平
审计风险	可接受审计风险	组合 A1	组合 B1	组合 C1	组合 D1
	检查风险	组合 A2	组合 B2	组合 C2	组合 D2
	最终审计风险	组合 A3	组合 B3	组合 C3	组合 D3

我们先来看组合 A。就 A1 和 A2 来说，客观重要性水平越高，表示会计信息使用者可容忍的错漏程度越高，此时，审计人员确定的可接受审计风险当然也会越高，在错报风险既定的前提下，审计人员所确定的检查风险当然也就越高。但是，就 A3 来说，客观重要性水平越高，审计人员最终面临诉讼的可能性越低，从而其最终审计风险也就是越低。

就组合 B1、C1、D1 来说，在错报风险既定的情形下，可接受审计风险越低，越是要求严密的审计程序，所以，计划重要性水平、执行重要性水平、评价重要性水平越低，反之亦然；就组合 B2、C2、D2 来说，在错报风险既定的前提下，可接受审计风险与检查风险是同方向变化，所以，检查风险与计划重要性水平、执行重要性水平、评价重要性水平之间也具有同向关系；就组合 B3、C3、D3 来说，计划重要性水平越高，执行重要性水平也可能越高，导致评价重要性水平也越高，进而导致最终审计风险也越高，反之亦然。所以，计划重要性水平、执行重要性水平、评价重要性水平与最终风险之间具有正向关系。

（三）财务信息审计计划阶段如何应用重要性？

在审计计划阶段，审计人员要对审计重要性进行估计，以确定计划重要性水平。一般来说，需要从两个层级来确定计划重要性水平，一是财务报表整体层面，二是交易、余额和列报层面。下面分别进行阐述。

1. 财务报表整体层面重要性水平的确定

首先，财务报表整体层面重要性水平要站在会计信息使用者的角度来确定。会计信息是否公允，要从会计信息使用者的角度来判断，不能站在审计人员的角度来判断，所以，审计重要性要站在会计信息使用者的角度来确定。然而，问题的关键是，会计信息使用者具有广泛性，并且，不同的使用者可能还有不同的重要性标准，审计人员并不知道各类会计信息使用者的重要性标准。也就是说，客观重要性标准是不可知的。在这种背景下，审计人员如何确定重要性水平？从逻辑上来说，有两种情形：一是财务信息审计是有特定目的的，审计报告的使用者是特定的，在这种情形下，审计人员需要站在该特定使用者的角度来估计重要性水平；二是财务信息审计不具有特定目的，是面向广泛的财务信息使用者的，在这种情形下，审计人员要考虑使用者的重要性水平，从中选择较为稳健的重要性水平。

其次，如何估计重要性水平？一般来说，主流方法是基于一些经验数据，考虑一些相关因素，选择一定的基准数据和一定的比率来确定财务报表整体层面的重要性水平。对于公共部门，一些国家采用财务报告错报占总支出的比例来量化重要性水平。例如，荷兰的 Minister of Finance 在商得 Netherlands Court of Audit、议会及其他一些部门的同意后，在 *handbook for central government auditing* 中对中央政府财务报告报告的重要性水平做出的规定见表6（Stout，2001）。

表6　中央政府审计的重要性水平

重要性衡量方法	审计意见类型			
	标准意见	非标准审计	无法表示意见	反对意见
财务报告错报占总支出的比例	≤ 1%	> 1%，< 3%	不适用	≥ 3%

2. 交易、余额和列报层面重要性水平的确定

首先，是否一定要确定交易、余额和列报层面的重要性水平？在制定总体审计策略时，审计人员应当确定财务报表整体的重要性。根据审计客体的特定情况，如果存在一个或多个特定类别的交易、账户余额和列报，其发生的错报金额虽然低于财务报表整体的重要性，但合理预期可能影响财务报表使用者依据财务报表做出的经济决策，审计人员还应当确定适用于这些交易、账户余额和列报的重要性水平。通常来说，对于交易、余额和列报层面的重要性水平并无强制要求，只是对于特定的交易、余额和列报，要确定其重要性水平，而对除此之外的交易、余额和列报不一定要求确定重要性水平。当然，由于交易、余额和列报层面的重要性水平直接影响运用到该项目的审计程序的性质、时间和范围，所以，在审计实务中，一般需要确定这个层面的重要性水平。那么，哪些是特定交易、余额和列报呢？一般认为，根据审计客体的特定情况，下列因素可能存在一个或多个特定类型的交易、余

额和列报：其发生的错报金额虽然低于财务报表整体的重要性，但是合理预期将影响财务报表使用者依据财务报表的经济决策；法律法规或适用的财务报告编制基础是否影响财务报表使用者对特定项目计量或列报的预期；与审计客体所处行业相关的关键性列报；财务报表使用者是否特别关注财务报表中单独列报的特定方面。

其次，如果审计人员选择要确定交易、余额和列报层面的重要性水平，如何确定呢？有两种方法，一是不分配的方法，二是分配的方法。不分配的方法是将会计报表项目视同独立的审计项目，根据其相关的特定情形，单独确定其重要性水平。而分配的方法，一般是将财务报表整体层面重要性水平按一定的方法在会计报表项目中进行分配，主流方法是差别比率法，也有一些文献研究了德尔菲法、AHP法等在重要性水平分配中的应用。总体来说，差别比率法是主要方法。

（四）财务信息审计实施阶段如何应用重要性？

1. 什么是实际执行重要性？

实际执行重要性是指审计人员确定的低于财务报表整体重要性的一个或多个金额，旨在将未更正和未发现错报的合计数超过财务报表整体重要性的可能性降至适当的低水平。如果适用，实际执行的重要性还指审计人员确定的低于某类交易、账户余额和列报的重要性水平的一个或多个金额。通常，实际执行重要性水平是按照计划重要性水平的一定比例确定的，参考比例是60%~85%，不少审计机构的比例是50%~75%。所以，实际执行重要性水平通常是计划整体重要性水平的一定比例。如果对交易、账户余额和列报层级确定了计划重要性水平，也按其相应的重要性水平的一定比例确定交易、账户余额和列报层级的实际执行重要性水平。

2. 既然有了计划重要性水平，为什么还要有实际执行重要性水平？

一方面，从财务报表整体层面的重要性水平来说，如果按计划重要性水平来实施审计工作，可能忽视这样一个事实，即单项非重大错报的汇总数可能导致财务报表出现重大错报，此外，还没有考虑可能存在的未发现错报。确定实际执行的重要性水平，旨在将财务报表中未更正和未发现错报的汇总数超过财务报表整体计划重要性的可能性降到适当的低水平。另一方面，确定交易、账户余额和列报层级的实际执行重要性水平，旨在将这些交易、账户余额和列报层级中未更正与未发现错报的汇总数超过其计划重要性水平的可能性降到适当的低水平。

3. 审计实施阶段，如何应用实际执行重要性水平？

审计实施是以审计方案为前提的，审计实施就是执行审计方案，所以，实际执行的重要性水平主要体现在审计方案中。审计人员需要对认为重要的错报金额做出判断，做出的判断为以下方面提供基础：确定风险评估程序的性质、时间安排和范围；识别和评估重大错报风险；确定进一步审计程序的性质、时间安排和范围。

在审计实施阶段，随着掌握的相关情况越来越多，审计人员要判断是否要修改计划阶段确定的计划重要性水平及相应的实际执行重要性水平。如果在审计过程中获知了某项信息，而该信息可能导致审计人员确定与原来不同的财务报表整体重要性或者特定类别的交易、账户余额和列报的一个或多个重要性水平，审计人员应当予以修改。如果认为运用低于最初确定的财务报表整体的重要性和特定类别的交易、账户余额和列报的一个或多个重要性水平是适当的，审计人员应当确定是否有必要修改实际执行的重要性，并确定进一步审计程序的性质、时间安排和范围是否仍然适当。当然，如果认为运用高于最初确定的重要性水平是合适的，也可以修改简化尚未执行的审计程序。

（五）财务信息审计评价阶段如何应用重要性？

1. 评价审计重要性，在审计评价阶段，对审计客体的相关情况已经全面掌握，对审计重要性的判断也最为可靠，所以，此时要对重要性水平重新做一次评估，以确定作为最终确定审计意见类型的重要性水平。这里所确定的重要性水平是最终的重要性水平，由于是在审计评价阶段使用，也称为评价重要性水平。

2. 考虑性质重要性，尽管设计审计程序以发现仅因其性质而可能被评价为重要的错报并不可行，但是审计人员在评价未更正错报对财务报表的影响时，不仅要考虑错报金额的大小，还要考虑错报的性质以及错报发生的特定环境。通常来说，在计划阶段和实施阶段，审计人员难以针对性质重要性来设计有针对性的审计程序，但是，在审计评价阶段，根据已经掌握的审计证据，要考虑性质重要性对财务信息公允性的影响，并要体现在审计意见类型之中。

3.将数量重要性和性质重要性判断体现在审计意见类型中。对如何将数量重要性和性质重要性判断体现在审计意见中，大致有三种情形：第一，错报的金额或性质不重要。当财务报表中有错报、但是没有超过评价重要性水平，则错报就被认为是不重要的，发表无保留意见就是恰当的；第二，与交易、余额和披露相关的错报，其金额或性质重要但不至于影响整个财务报表，就可以发表保留意见；第三，错报的金额或性质超过整体评价重要性水平，需要根据情况发表否定意见或无法表示意见。

4.考虑审计人员的决策差异，审计人员根据审计重要性确定的审计意见类型可能存在差异性。也就是说，即使是相似的错报和相似的审计重要性标准，审计人员给出的审计意见类型及可能不同。审计人员基于相似的审计重要性对审计意见类型的决策差异，主要源于两方面的原因：一是审计冲突。审计人员如果严格遵循执业准则，披露审计客体存在的问题，可能会丧失客户及相应的业务收入。如果在遵循执业准则方面做出让步或者严重违背执业准则，则可能受到行业监管部门的处罚以及民事诉讼，审计人员会权衡利弊。二是执业准则的明晰程度，由于审计重要性受到许多因素的影响，并且具有权变性和动态性，所以，相关的审计准则难以做出规则性规定。审计人员的职业判断有很大的空间，这为审计人员的机会主义行为提供了可能性。

三、政府部门财务报告内部控制审计重要性的理论框架

从实质上来讲，审计重要性是对偏差的最大容忍程度，对于财务信息审计来说，偏差就是财务信息错报，而对于内部控制审计来说，偏差就是内部控制缺陷。所以，政府部门财务报告内部控制审计重要性，其实质就是政府部门财务报告内部控制缺陷认定标准。也有一种观点认为，财务信息审计是对会计报表发表审计意见，而财务报告内部控制审计是对特定日期财务报告内部控制有效性发表意见，从重要性水平来说，两者针对的是同一份会计报

表，因此，内部控制审计重要性标准与财务信息审计的重要性水平应当一致（郑石桥，2018）。由于认定内部控制缺陷等级时要以财务信息审计的重要性水平为基础，因此，本节的观点与这种观点具有实质上的一致性。大家知道，政府部门财务报告内部控制审计可以采取命题论证型取证模式和事实发现型取证模式，审计重要性在不同取证模式下的应用存在差异。由于政府部门年度财务报告内部控制审计通常要采取命题论证型取证模式，并且，从某种意义上来说，事实发现型取证模式是命题论证型取证模式的简化，所以，本节以命题论证型取证模式为背景来阐释政府部门财务报告内部控制审计重要性。主要内容包括：政府部门财务报告内部控制缺陷及其等级划分；政府部门财务报告既定缺陷等级认定的逻辑步骤；政府部门财务报告缺陷认定的定性标准；政府部门财务报告缺陷认定的定量标准。

（一）政府部门财务报告内部控制缺陷及其等级划分

通常来说，内部控制是用来防范风险的，内部控制目标就是将风险控制在能容忍的范围。内部控制的有效性是从其控制目标实现程度来衡量的。控制目标的实现程度越高，内部控制越有效。而内部控制缺陷则是对控制目标的偏离程度，偏离程度越高，则缺陷越严重。内部控制缺陷与内部控制有效性之和，应该等于100%。政府部门财务报告内部控制是用来保障财务信息真实性的，对真实性的保障程度越高，其有效性也就越高。有效性的对立面是内部控制缺陷，很显然，对真实性的保障程度越低，内部控制缺陷越严重。所以，从实质上来说，政府部门财务报告内部控制缺陷就是保障政府部门财务报告中的财务信息真实性的失败或可能失败之处，是对真实性目标的偏差程度之衡量（刘月升、郑石桥，2017）。

对于政府部门财务报告内部控制缺陷通常要根据其对财务信息真实性的影响程度及影响可能性，确定各个内部控制缺陷的错报期望值。根据错报期望值，将这些缺陷划分为一般缺陷、重要缺陷和重大缺陷。一般缺陷对应的错报期望值最小，重要缺陷对应的错报期望值居中，重大缺陷对应的错报期望值最大。并且，通常各审计机构还要针对特定的审计客体制定一般缺陷、重要缺陷和重大缺陷的认定标准（刘月升、郑石桥，2017）。

（二）政府部门财务报告既定缺陷等级认定的逻辑步骤

政府部门财务报告既定缺陷等级认定的逻辑步骤如图 4 所示。

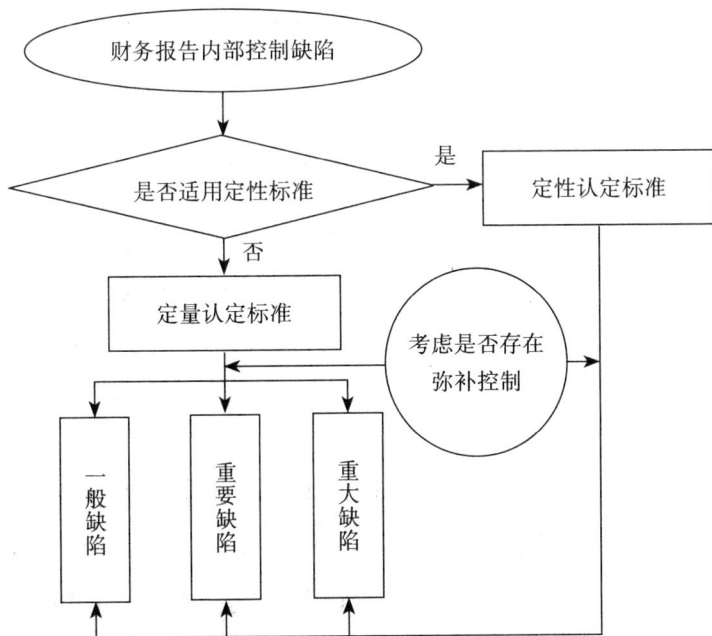

图 4 财务报告内部控制缺陷认定的逻辑步骤

首先，对于发现的内部控制缺陷要判断其是否适用定性标准。如果适用定性标准，则按定性标准将其认定为重大缺陷或重要缺陷或一般缺陷。其次，对于不适用定性标准，而要适用定量标准的缺陷，根据定量标准，将其认定为重大缺陷或重要缺陷或一般缺陷。最后，无论是适用定性标准还是定量标准，都要考虑是否存在弥补该内部控制缺陷的控制措施。因为控制与风险之间不一定是一一对应的，针对某个风险，可能有多个控制措施在发挥作用。在评价某个控制措施是否存在缺陷时，要考虑针对该风险的其他控制所能发挥的作用（刘月升、郑石桥，2017）。

（三）政府部门财务报告缺陷认定的定性标准

政府部门财务报告缺陷认定的定性标准是根据内部控制缺陷的性质来估计其严重程度。通常来说，缺陷性质要考虑以下几个方面：是否涉及违法，是否涉及违规，是否涉及可能的犯罪，是否有可能对审计客体造成重大影响，是否有可能对审计客体造成广泛影响。根据上述各方面的因素，将内部控制缺陷划分为不同等级。通常来说，凡是涉嫌犯罪或受到政府监管机构处罚、对审计客体造成重大影响或对审计客体造成广泛影响的情形都应该确定为重大缺陷（刘月升、郑石桥，2017）。

（四）政府部门财务报告缺陷认定的定量标准

政府部门财务报告缺陷认定的定量标准是根据内部控制缺陷的数量维度来估计其严重程度。这里的数量维度有相对数和绝对数两种方式。由于内部控制缺陷等级是衡量其对内部控制目标的偏离程度，所以，通常用相对数来衡量财务报告内部控制缺陷严重程度，也就是用错报期望值或发现错报占某基数的一定比例来衡量财务信息内部控制缺陷严重程度。这与财务信息重要性就基本一致了。所以，通常是以财务信息重要性为基础来认定财务报告内部控制缺陷，内部控制缺陷导致的错报期望值或发现错报没有达到重要性水平的一定比例就认定为一般缺陷，超出这个比例的，再按超出程度，划分为重要缺陷和重大缺陷。例如，某单位规定，缺陷导致的误报金额低于重要性水平5%的为一般缺陷；缺陷导致的误报金额在重要性水平的5%~50%之间的，为重要缺陷；缺陷导致的误报金额接近甚至超过重要性水平的为重大缺陷（刘月升、郑石桥，2017）。

虽然用相对数衡量内部控制缺陷是主要方法，但是，在一些特殊情形下，可能还要考虑绝对数标准。例如，①如果审计事项的数额巨大，内部控制缺陷形成的错报金额已经很大，但是，从相对数来说，依然不具有重要性。在这种情形下，如果再不将该缺陷作为重大缺陷，就不符合常理，在这种情形下，就可以考虑以绝对数作为定量标准。②法律法规或考核要求对某些事项有明确的数额规定，达到这些规定数额时，就可以认定为重大缺陷，即使从相对数来看不具有重要性（刘月升、郑石桥，2017）。

四、结论和启示

政府部门财务报告审计制度是政府财务报告制度的重要内容，审计重要性是"如何审计"的核心要件之一。本节以经典审计理论为基础，以命题论证型取证模式为背景，分别阐释政府部门财务信息审计重要性和财务报告内部控制审计重要性，提出政府部门财务报告审计重要性的理论框架。

关于政府部门财务信息审计重要性，财务信息使用者对财务信息错报的最大容忍限度就是审计重要性，通常分为数量重要性和性质重要性。数量重要性也称为审计重要性水平，它包括客观重要性水平和估计重要性水平。由于客观重要性水平具有不知性，在审计工作中，主要是估计重要性水平在发挥作用。估计重要性水平包括财务报表整体层级和特定交易类别、账户余额和列报层级。审计重要性水平在审计的各个阶段都要使用，分别表现为计划重要性水平、实际执行重要性水平、评价重要性水平。审计重要性是判断审计目标实现程度的标准，对审计效率和审计风险有重要影响。在财务信息审计计划阶段，需要从两个层级来确定计划重要性水平，一是财务报表整体层面，二是交易、余额和列报层面。在财务信息审计实施阶段，需要确定实际执行重要性，并体现在审计方案中，它影响审计程序的性质、时间安排和范围；在财务信息审计评价阶段，要对重要性水平重新做一次评估，还要考虑性质重要性，将数量重要性和性质重要性判断体现在审计意见类型中。

关于政府部门财务报告内部控制审计重要性，其实质就是政府部门财务报告内部控制缺陷认定标准。政府部门财务报告内部控制缺陷就是保障政府部门财务报告中的财务信息真实性的内部控制失败或可能失败之处，是对真实性目标的偏差程度之衡量。通常将这些缺陷分为一般缺陷、重要缺陷和重大缺陷，并要制定认定标准。政府部门财务报告内部控制缺陷等级认定有三个逻辑步骤：一是对于发现的内部控制缺陷要判断其是否适用定性标准，如果适用，则按定性标准对其认定缺陷等级；二是对于不适用定性标准，而要适用定量标准的缺陷，则根据定量标准认定其缺陷等级；三是无论适用定性标准还是定量标准，都要考虑是否存在弥补该内部控制缺陷的控制措施。政府部门财务报告缺陷认定的定性标准是根据内部控制缺陷的性质来估计其严重程度，政府部门财务报告缺陷认定的定量标准是根据内部控制缺陷的数量维度来估计其严重程度，数量维度有相对数和绝对数两种方式。

本节的研究启示我们，政府部门财务报告审计重要性真的很重要。审计实践中，一些审计人员无视审计重要性是导致审计质量不高、审计效率低下的重要原因，因此，以科学的理论认知为基础，建构制度性的操作方法是最重要的环节。

参考文献

［1］房巧玲，田世宁.美国、澳大利亚政府综合财务报告审计实践的发展与比较［J］.会计之友，2018（10）：6-12.

［2］刘冠亚.我国政府财务报告审计制度研究［D］.北京：中国财政科学研究院，2018.

［3］周曙光，陈志斌.国家治理视域下政府财务报告审计的机制构建［J］.会计与经济研究，2019（11）：19-30.

［4］周曙光，陈志斌.政府财务报告审计与企业财务报表审计比较研究［J］.财务与会计，2020（3）：41-44.

［5］郑石桥.审计主题、审计取证模式和审计意见［J］.会计之友，2015（6）：125-133.

［6］郑石桥.审计理论研究：基础理论视角［M］.北京：中国人民大学出版社，2016.

［7］郑石桥.政府审计取证模式：理论框架和例证分析［J］.会计之友，2015（22）：123-128.

［8］郑石桥.基于审计主题的审计实施框架研究［J］.新疆财经大学学报，2018（3）：44-55.

［9］裴育，郑石桥.电子数据审计的技术属性和逻辑过程：一个理论分析框架［J］.江苏社会科学，2016（6）：37-44.

［10］郑石桥.电子数据审计分析的内容：一个理论框架［J］.财会通讯，2020（15）：1-8.

［11］中国注册会计师协会.审计（2020全国注册会计师统一考试辅导

教材）［M］.中国财政经济出版社，2020：12-14.

　　［12］郑石桥，张道潘.行为审计取证模式论：行为主题，取证模式和审计意见类型［J］.会计之友，2016（13）：119-124.

　　［13］李媛媛，郑石桥.内部控制鉴证取证模式：逻辑框架和例证分析［J］.会计之友，2017（22）：125-130.

　　［14］谢盛纹，重要性概念及其运用：过去与未来［J］.会计研究，2007（2）：11-17.

　　［15］Stout. W. D. *Planning Materiality in Audits of Nonprofit Organizations*［J］.Cpa Journal，2001（12）：47-48.

　　［16］Schaik.F. *Materiality in government auditing*［J］. International Journal on Governmental Financial Management，X（2）2-12.

　　［17］Sinason.D.H.*A Study of the Effects of Accountability and Engagement Risk on Auditor Materiality Decisions in Public Sector Audits*；［J］. Journal of Public Budgeting Accounting & Finangement.2000 12（1）1-21.

　　［18］Price，R.，Wallace.W.A.*An International Comparison of Materiality Guidance for Governments，Public Services and Charities*［J］.Financial Accountability & Management，2002，18（3）：261-289.

　　［19］Zhou.Y. *Government Audit Materiality（Part Two）；Conceptual and Practical Implications of a Qualitative Materiality Framework；Seven Case Studies and a Comparative Conceptual Work*［J］.International Journal of Economics and Finance Vol. 4，No. 2；*February* 2012，27：85-93.

　　［20］杨婧，郑石桥.上市公司内部控制缺陷认定标准的行业异质性研究［J］.当代财经，2017（3）：119-127.

　　［21］郑石桥.制度审计［M］.北京：中国人民大学出版社，2018.

　　［22］刘月升，郑石桥.内部控制缺陷认定标准：理论框架和例证分析［J］.会计之友，2017（20）：116-121.

　　［23］唐大鹏.公共部门内部控制的国际借鉴与制度创新［J］.财政研究，2014（5）：71-74.

第六章 政府部门财务报告审计风险、审计准则和审计结果及其应用

政府部门财务报告审计有不少的基础性问题需要理论阐释，"怎么审计"是最核心的基础性问题。本章聚焦"怎么审计"的三个问题：一是政府部门财务报告审计风险，二是政府部门财务报告审计准则，三是政府部门财务报告审计结果及其应用。根据这三个问题，本章的具体内容包括：政府部门财务报告审计风险：一个理论框架；政府部门财务报告审计准则，政府部门财务报告审计结果及其应用。

第一节 政府部门财务报告审计风险

政府财务报告制度是国家治理体系和治理能力现代化的重要内容，党的十八届三中全会提出要"建立权责发生制的政府综合财务报告制度"，国务院批转财政部《权责发生制政府综合财务报告制度改革方案》提出"在 2020 年前建立具有中国特色的权责发生制政府综合财务报告制度"。作为政府财务报告制度重要内容的政府部门财务报告审计制度的核心问题之一是如何建构控制审计风险的制度。由于政府部门财务报告审计涉及财务信息和财务报告内部控制两类审计主题，因此，其审计风险也包括财务信息审计风险和财务报告内部控制审计风险。从理论上厘清这两类审计风险是相关制度建构的基础。

现有文献中，不少文献以企业会计报表审计为背景，研究其财务信息审

计风险，但是，未发现有文献专门研究政府部门财务报告中的财务信息审计风险。少量文献以企业内部控制为背景，研究内部控制审计风险模型，未发现有研究政府财务报告审计或内部控制审计的文献涉及政府部门财务报告内部控制审计风险，更没有专门文献研究这些问题。总体来说，关于政府部门财务信息审计风险和财务报告内部控制审计风险的相关研究非常缺乏，现有研究不深入也不系统。本节的贡献在于以经典审计理论为基础，分别阐释政府部门财务信息审计风险和财务报告内部控制审计风险，提出各自的理论框架，以深化对政府部门财务报告审计风险的认知，并为优化相关制度建构提供理论支撑。

一、文献综述

政府部门财务报告审计涉及财务信息和财务报告内部控制两类审计主题，因此，审计风险也包括财务信息审计风险和财务报告内部控制审计风险。

关于财务信息审计风险，不少文献以企业会计报表审计为背景，研究审计风险相关问题，主要涉及审计风险的概念、审计风险模型、审计风险评估、审计风险的产生原因及其防范、审计风险对审计行为的影响等（戴佳君、张奇峰，2009）。未发现有文献专门研究政府部门财务报告审计风险。有的文献指出，政府财务报告审计要采用风险导向审计模式，因此，也需要进行风险评估和风险应对（陆晓晖，2016；洪学智，2016；刘冠亚，2018；房巧玲、田世宁，2018；周曙光、陈志斌，2019）。还有的文献发现，公共部门审计风险会影响外部审计费用（Redmayne，Bradbury&Cahan，2011）。

关于财务报告内部控制审计风险，公认的审计取证模式仍然是风险导向，基于此，少量文献以企业财务报告内部控制审计为背景，提出了内部控制审计风险模型。Akresh（2010）认为，财务报告内部控制是财务报告的生成过程，因此，财务报告内部控制审计是对财务报告生成过程的审计，而财务报表审计则是对这个内部控制过程的产出——会计报表之审计。因此，财务报告内部控制审计与会计报表审计的审计风险模型应该不同。财务报告内部控制审计风险是审计人员未能发现内部控制所存在的重大缺陷，这种风险可以分解为固有风险、控制设计和执行风险、控制运行效果风险。一些文献借鉴 Akresh 的模型，也提出了类型的内部控制审计风险模型（雷英、吴建友，2011；王杏芬，2011）。李媛媛、郑石桥（2017）提出，内部控制审计风险由固有风险、制度失败风险和制度测试风险组成。未发现有文献专门研究政府部门财务报告内部控制审计风险，也未发现有研究政府财务报告审计或内部控制审计的文献涉及此问题。

上述文献综述表明，关于政府部门财务信息审计风险和财务报告内部控制审计风险的相关研究非常缺乏，现有的研究不深入也不系统。总体来说，二者都缺乏一个系统化的理论框架。本节拟致力于此。

二、政府部门财务报告中的财务信息审计风险的理论框架

本节的目的是以经典审计理论为基础，提出一个关于政府部门财务报告审计风险的理论框架。由于政府部门财务报告审计涉及财务信息和财务报告内部控制两类审计主题，因此，审计风险的理论框架也需要分别建构。为此，本节将分别阐释财务信息审计风险和财务报告内部控制审计风险的理论框架。这里先讨论财务信息审计风险的理论框架，主要内容包括：什么是财务信息审计风险；财务信息审计风险是如何产生的；如何控制财务信息审计风险。上述内容的讨论都以命题论证型取证模式为背景。

（一）什么是财务信息审计风险

财务信息审计风险就是与财务信息审计相关的风险，认知财务信息审计风险当然离不开对风险的认知，所以，首先讨论风险的本质，然后介绍和评述财务信息审计风险的主要观点。

1. 风险的本质：既定目标未能达成而可能带来的损失

根据现有文献，关于风险有四种观点：一是认为风险是损失性的可能性；二是认为风险是损失的不确定性；三是认为风险是实际结果与预期结果的偏离；四是认为风险是实际结果偏离预期结果的概率（刘钧，2008）。上述

四种观点，前面两种观点可以归纳为损失论，后者可以归纳为目标偏离论。损失论强调风险会带来损失，一种观点强调损失的可能性，另一种观点强调损失的不确定性，事实上，可能性本来就具有不确定性，二者并无实质性差异。目标偏离论强调风险是目标的偏离，一种观点只强调偏离，另一种观点强调偏离的概率，偏离当然不是绝对的，是以一定的概率发生的，所以，目标偏离论的两种观点并无实质性差异。

问题的关键是损失论与目标偏离论是否兼容呢？我们认为，二者具有兼容性，目标偏离论强调了风险的原因，而损失论强调了风险的结果。正是因为目标偏离了，才会有损失，如果目标达成了，损失也就不会产生。所以，损失论和目标偏离论是异曲同工的。既然如此，就需要从目标和损失两个维度来认知风险。首先，风险表现为既定的目标没有达成，如果达成了目标，也就不会有风险；其次，正是因为既定的目标没有达成，与此目标相关的特定主体可能会发生损失。

2. 财务信息审计风险主要观点之一：不当意见论

目前，关于财务信息审计风险的本质，有不同的认识，主要的观点有两种，一是不当意见论，二是损失可能论（朱小平、叶友，2003）。我们先介绍不当意见论。

不当意见论认为，审计风险是指审计人员对存有重大错报的财务报表进行审计后认为该重大错报并不存在，从而发表与事实不符的审计意见的可能性。或者表述为，审计风险是指当会计报表存在重大错报时，审计人员针对会计报表发表不恰当审计意见的可能性。

本节认为，不当意见论有两个缺陷：一是对审计风险的类型考虑不周全，二是对审计主体类型考虑不周全。

关于对审计风险的类型考虑不周全，从逻辑上来分析，审计意见有多种类型。表1描述了审计意见的四种情形：当财务信息真实，而审计意见也确定为真实时，审计意见正确；当财务信息不真实，而审计意见也确定为不真实时，审计意见同样正确；当财务信息不真实，而审计意见认为财务信息真实，这就发生误受险（β风险），审计意见错误；当财务信息真实，而审计意见认为财务信息不真实，就发生误拒险（α风险），审计意见同样错误。

表1 审计意见的四种情形

项　目		财务信息是否真实	
		真实	不真实
审计意见表明财务信息是否真实	真实	正确	误受险（β 风险）
	不真实	误拒险（α 风险）	正确

注：α 风险：客观上是正确的东西判断为错误的并给予否定；

　　β 风险：客观上是错误的东西判断为正确的而加以肯定。

上述四种审计意见中，不当审计意见包括误受险（β 风险）和误拒险（α 风险），它们都属于审计风险（徐政旦、胡春元，1999；谢荣，2003）。所以，《蒙哥马利审计学》指出，审计风险包括两个方面：一是审计人员认为是真实的财务报表，但实际上是错误的；二是审计人员认为是错误的财务报表，但实际上是真实的（杰里·D·沙利文等，1989）。

不当意见论只是关注到误受险（β 风险），而没有考虑误拒险（α 风险），这是其逻辑上的缺陷。也许有人会认为，误拒险（α 风险）只是理论逻辑上的推导，实际审计生活中不可能出现这种类型的审计意见。从财务报表作为一个整体来说，最终的审计意见需要与审计客体沟通，所以，作为最终发表的审计意见不会出现这种情形。但是，在审计取证过程中，由于样本规模不当或抽样方法不当，误拒险（α 风险）完全可能发生，这种审计风险发生之后，无非是增加样本量或改变抽样方法等，这些都会降低审计效率。另外，这种审计风险发生之后，还会损害审计人员的声誉，这也是重要的不利影响（徐政旦、胡春元，1999）。

关于对审计主体类型考虑不周全，根据本节前面对风险本质的分析，风险是既定目标未能达成而可能带来的损失，从文字表述来看，不当意见论只是关注到审计目标没有达成。一般来说，财务信息审计目标主要是鉴证财务信息的真实性，财务信息不真实，而审计意见认为其真实，发表了错误的审计意见，当然没有达成其审计目标，这无疑是审计目标没有达成。然而，审计职业界正是因为审计风险给职业界带来了重大损失，才开始重视审计风险。所以，不当意见论当然不能不考虑不当审计意见带来的损失，但是，为什么不当意见论没有强调不当意见论带来的损失呢？其原因是，注册会计师对其审计意见承担法律责任已经是不争之事实，发表了不恰当的审计意见，当然会承担责任，而承担责任的后果就是带来损失。所以，对于注册会计师行业来说，不当意见带来损失是显而易见的事实，无须在审计风险概念中强调。但是，当我们将注册会计师背景的审计风险概念应用到政府审计或内部审计时，就会发现这个概念有缺陷，因为在政府审计或内部审计，发表错误的审计意见并不一定有法律责任，从而也不一定有赔偿责任。

3. 财务信息审计风险主要观点之二：损失可能论

损失可能论认为，审计风险是指由于财务信息审计给审计主体带来损失的可能性，这是学术界对审计风险的主流观点。具体又有多种表述方式：谢志华（1990，2000）认为，审计风险是指在审计业务过程中，由于各种难以或无法预料，或者无法控制的审计缺陷，使审计结论与实际状况相偏离，以至审计组织将蒙受丧失审计信誉、承担审计责任的损失的可能性；谢荣（2003）认为，审计风险是指审计人员经过对企业的财务报表进行审查后、对财务报表的真实性发表了不恰当的审计意见而可能导致的行政责任、民事责任和刑事责任风险；秦荣生（2005）认为，审计风险是指审计客体会计报表存在重大错报或漏报，而审计人员审计后发表不恰当审计意见的可能性；吴联生（1995）认为，审计风险是指在审计活动中由于各方面因素的影响而造成损失的可能性；阎金锷、刘力云（1998）认为，审计风险是指审计主体遭受损失或不利的可能性；徐政旦、胡春元（1999）认为，审计风险不仅包括审计过程的缺陷导致审计结果与实际不相符而产生损失或责任的风险，而且包括经营失败可能导致公司无力偿债或倒闭而可能对审计人员或审计机构产生影响的营业风险。

从损失可能论的不同表述中，可以看出，这种观点的显著特点是具有广泛的适用性，并不局限于民间审计从事的财务信息审计。各种审计主体从事的财务信息审计的审计风险都适用这个概念。但是，从具体内容来说，损失可能论又有两种类型：一类观点强调不恰当的审计意见与损失的关系，认为这种损失是由不当审计意见引致的（谢志华，1990；谢荣，2003；秦荣生，2005）；另一类观点只强调财务信息审计可能带来的损失，并不强调这种损失是由不当审计意见引致的（吴联生，1995；阎金锷、刘力云，1998；徐政旦、胡春元1999），前者可以称为狭义审计风险论，后者称为广义审计风险论（胡春元，1998；胡春元，2001）。

无论何种类型的损失可能论，都符合风险的本质，同时关注了结果及其原因，既强调了审计风险的结果是损失，又从一定的角度强调了这种损失的原因。区别在于，狭义审计风险论强调损失的原因是源于审计失败（也就是发表了错误的审计意见），广义审计风险论强调的原因更加广泛，即使没有审计失败，也可能有损失。看来，狭义审计风险论和广义审计风险论的区别在于对审计风险产生的原因有不同的认识。那么，二者谁更有道理呢？问题的关键在于对于审计主体来说，审计失败与审计风险究竟是什么关系。首先，审计失败是否一定会招致损失呢？其次，没有审计失败，是否也会有损失呢？下面，我们来具体分析这两个问题。

审计失败是否一定会招致损失呢？答案似乎很简单，审计失败一定会招致损失。然而，现实生活中的一些审计现象，使问题变得复杂。例如，一些政府审计机关，对会计报表进行审计，发表了错误的审计意见，并没有人追究这些审计机关的责任。这就说明，即使存在审计失败，审计主体也并一定会有损失。笔者认为，事实上，这些审计主体也有损失，只是这些损失与一般意义上的经济损失不同而已，对于政府审计机关来说，目前的主要损失体现在审计人员的声誉方面，同时，也可能影响审计机关的主管者对审计机关的看法，进而影响审计人员在组织中的地位，从而也可能发生经济上的得失。所以，总体来说，审计失败一定会招致损失，只是损失的形式多样。

没有审计失败，是否会招致损失呢？有一种观点认为，由于"深口袋"政策，即使没有审计失败，审计人员也可能招致损失。审计人员虽然为审计客体提供了正确的审计意见，但由于审计客体关系方面的原因而受到伤害蒙受损失（胡春元，2001）。无过错，无责任，这是基本的法律原则，审计人员出具了正确的审计意见，没有审计失败，而要承担责任，这似乎是违背了基本的法律原则。事实真的如此吗？我们认为，问题并不如此简单，关键在于对审计失败的认识不同。

由于财务信息审计充满职业判断，在审计过程中的许多决策或选择并没有明确的规定，需要审计人员根据其职业判断来决定，而这些决策或选择直接影响审计成败。更为重要的是，同样的审计事项，不同的审计人员可能出现不同的选择。在许多情形下，难以评价何种决策或选择是正确的或错误的。正是由于审计过程的职业判断性，使得审计失败的评价也会出现不同的评判：审计人员认为没有审计失败，甚至审计职业界都认为没有审计失败，利益相关者和司法界可能认为存在审计失败，认为审计人员有过错，既然有过错，就应该承担责任。所以，从本质上来说，审计人员的损失还是因为利益相关者和司法界认定的审计失败而导致的，虽然这种审计失败并不为审计人员所认可。如果利益相关者和司法界认定的审计失败也作为审计失败，则广义审计风险论和狭义审计风险论就具有一致性。

（二）财务信息审计风险是如何产生的

根据本节前面的分析，审计风险源于审计失败，而审计失败包括两种：一是审计人员认同的审计失败，本节称为狭义的审计失败；二是审计人员甚至审计职业都不认同，但是利益相关者和司法界认定的审计失败，本节称为广义的审计失败。[①] 审计风险的产生，就是因为上述两种审计失败。然而，上述两种类型的审计失败为什么会发生呢？

1. 狭义审计失败的原因

审计风险正式成为财务信息审计的核心构件始于风险导向审计，所以，我们分析狭义审计失败的原因也就主要基于风险导向审计（以命题论证型取证模式为背景）。

风险导向审计的基本思想体现于审计风险模型，传统风险导向审计的审计风险模型是美国注册会计师协会 1983 年发布的第 47 号审计准则公告《审计业务中的审计风险和重要性》中确定的，表达式为：审计风险 = 固有风险 × 控制风险 × 检查风险；现代风险导向审计的审计风险模型是国际审计与鉴证准则委员会 2003 年颁布的国际审计准则中确定的，表达式为：审计风险 =

---

① 从严格意义来说，审计舞弊也是审计失败。由于审计风险是非故意行为，而审计舞弊是故意行为，所以，本节界定的审计失败不包括审计舞弊。

重大错报风险 × 检查风险。这两种审计风险模型都可能导致审计失败。

我们先来分析传统风险导向审计。根据审计风险模型，传统风险导向审计模型可能在三个方面失败：

第一，确定了不恰当的可接受审计风险。一般来说，可接受审计风险越低，审计效率越低，而可接受的审计风险越高，则审计效率越高。审计人员基于提高审计效率的考虑，总是想在将审计风险控制在可接受范围的情形下，提高审计效率。在这种倾向下，如果审计人员对审计客体的相关情况了解不到位，完全有可能确定超出审计客体应该有的可接受审计风险，从而导致过高的检查风险，进而导致审计失败。

第二，风险评估不恰当。在传统风险导向审计模型中，固有风险和控制风险分别评估。由于固有风险评估较为复杂，一些审计人员直接将固有风险评定为高等级，在此基础上，将风险评估的重点放在控制风险评估。这种做法的结果是审计人员将风险评估聚焦在审计客体内部，聚焦在财务报表相关的内部控制，而在许多情况下，会计信息错报并不是财务报告内部控制存在缺陷，并且管理层会凌驾内部控制。也就是说，内部控制对员工舞弊也许有作用，对管理层舞弊的作用是非常有限的。同时，审计客体在会计信息上舞弊，可能是源于外部原因导致的经营失败，会计信息错报的重要路径是经营失败导致会计信息舞弊的动机，而财务报告内部控制对这种动机驱动下的舞弊的抑制作用有限。所以，聚焦控制风险评估，可能导致对会计信息错报风险的错误认知，进而导致检查风险不当，从而发生审计失败。

第三，即使审计人员在可接受审计风险、固有风险和控制风险评估方面没有不当，进而恰当地确定了检查风险，而检查风险是需要通过审计程序来实施的。审计程序通过其性质、时间和范围实现与检查风险的匹配。如果匹配不当，其结果就是实施的审计程序并不能将检查风险降低到计划的水平，从而终极审计风险也就超出了可接受审计风险，这也是审计失败。

现代风险导向审计改变了审计风险模型，将固有风险和控制风险合并评估，较大程度解决了传统风险导向审计下的风险评估缺陷，但是，也带来了新的问题。在2005年上海国家会计学院举办的现代风险导向审计论坛上，Turley教授直言不讳："将风险（因素）与财务报表数字联系起来……审计人员评估风险的专门技术以及培训与人员配备问题……这些问题提供了未来实务研究的对象"（王大力，2005），将风险因素与具体认定层次的重大错报联系起来，需要很大程度的职业判断（顾晓安，2006）。同时，在现代风险导向审计下，可接受审计风险不恰当、审计程序与检查风险不匹配，这些审计失败同样可能发生。

接下来分析上述三方面的失败为什么会发生？原因主要有三个方面：社会经济等审计环境方面的原因、审计客体和审计内容方面的原因、审计主体和审计方法方面的原因。事实也正是如此，从社会经济环境来说，社会变得越来越复杂、动态、信息化，这一方面会影响审计客体的业务营运方式方法及经营成败；另一方面，作为审计环境因素，会影响审计客体及利益相关者对审计的期望。从审计客体和审计内容来说，审计客体规模越来越大，经营的业务越来越多元化、复杂化、动态化，同时，财务信息涉及的内容也越来越广泛。例如，持续经营问题、违反法律行为、环境问题、信息系统等逐步进入财务信息审计的内容。就审计主体和审计方法来说，随着审计环境及审计客体等方面的变化，需要新的审计技术方法，进而也需要审计人员的职业素质和职业操守随之做出相应的改变。如果不能适应这些变化，就可能出现执业不当。总之，上述三方面的原因，都可能导致审计失败。

2. 广义审计失败的原因

广义审计失败当然包括狭义审计失败，但是，它扩展了审计失败，将审计人员甚至审计职业界不认可而利益相关者和司法界认定的审计失败也作为审计失败。本节从后者意义上来分析广义审计失败的原因。

广义审计失败的产生有两个原因：第一，审计客体的利益相关者遭受损失，进而产生法律诉讼，在"深口袋"政策下，审计人员成为被告或被告之一。出现这种情形，一般是审计客体陷入了经营困境，利益相关者的利益受到了损害，而审计客体本身可能难以满足利益相关者的利益要求。在这种背景下，审计人员也可能成为利益相关者索取权益的"深口袋"。第二，司法界对审计职业判断有不同认识。审计人员陷入诉讼之后，如果能证明审计人员没有过错，根据无过错就无责任原则，审计人员也就没有损失。然而，问题的关键在于审计人员是否有过错，司法界有自己的认识，而且这种认识可能与审计人员甚至审计职业界的认识不同，审计人员甚至审计职业界认为无过错之处，司法界可能认为有过错，这就使得审计人员蒙受损失。正是从这个意义上，有一种观点认为，仅仅因为从事审计职业，都可能带来风险，这种风险称为审计职业风险（徐政旦、胡春元，1999）。

（三）如何控制财务信息审计风险

根据本节前面的分析，审计风险源于狭义审计失败和广义审计失败，既然如此，控制审计风险也需要从这两个角度来实施。

1. 狭义审计失败的控制

根据本节前面的分析，狭义审计失败发生在三个领域：确定不恰当的可接受审计风险、不恰当的风险评估、审计程序与检查风险的不匹配，而这些失败发生的根源是审计环境、审计客体和审计主体。就审计人员角度的审计风险防范来说，审计人员对审计环境和审计客体方面的原因是没有太多控制力的，主要方式是加强沟通，避免误会。审计机构控制审计风险的主要着力点应该是审计主体方面，在审计机构内部采取一些措施，避免审计过错，恰当地应用审计准则，主要方法有以下几个方面：

第一，审计人员业务素质。审计人员业务素质不高是审计过错的主要原因，要恰当地应用审计准则，必须正确地理解审计准则，并能根据审计客体的具体情况，恰当地做出审计决策或选择，这些都需要审计人员的业务素质为支撑。也正是如此，各类审计准则对审计人员的业务素质都非常重视，除了职业资格准入以外，还特别强调后续教育。

第二，审计职业操守。审计人员业务素质为恰当地应用审计准则提供了基础性条件，但是，如果审计人员缺乏应有的职业操守，再好的业务素质也难以发挥作用，有时甚至走向相反方向。审计人员的独立性、应有的职业谨慎、勤勉尽责等职业操守是审计人员恰当地应用审计准则的前提条件。也正是因为如此，各界都非常重视审计职业操守，颁布专门的职业道德准则，对审计职业操守予以规范。

第三，质量控制。审计机构除了强调审计业务素质和职业操守外，还要加强质量控制，以预防和检查审计人员对审计准则的不恰当应用。同时，由于各层级的审计人员都可能不恰当地应用审计准则，所以，审计质量控制一般需要分层级进行。正因为如此，各类审计职业组织都非常重视审计质量控制，建立了独立的质量控制准则。

2. 广义审计失败的控制

根据本节前面的分析，广义审计失败是审计人员陷入司法诉讼后，司法界对审计失败的认识与审计人员甚至审计职业不同。既然如此，广义审计失败的控制应该从两方面来进行，一是避免陷入司法诉讼，二是缩小对审计失败的认识差距。

关于避免陷入司法诉讼，主要的措施是慎重选择审计客体，避免与不诚实或法律诉讼风险较大的审计客体发生业务关系。一般来说，如果审计客体本身不损害利益相关者的利益，不发生法律诉讼，审计人员陷入司法诉讼的可能性也就小。如果审计客体的业务营运失败，甚至违法营运，进而财务失败，在这种情形下，审计客体的利益相关者很可能蒙受损失，而这些利益相关者挽回或降低损失的重要路径就是对审计人员实行"深口袋"政策，如果审计人员不与这类审计客体打交道，也就从根本上避免了"深口袋"政策。

关于缩小对审计失败的认识差距，主要是加强沟通，避免相关各方对审计的不恰当理解。主要的沟通对象有以下三个方面：一是在初步业务活动中与审计客体沟通，让审计客体正确地理解财务信息审计，避免误会；二是与利益相关者沟通，避免他们对财务信息审计有不当的期望；三是与司法界沟通，让他们理解审计过程的特征，避免他们对审计过错的不恰当认定。当然，这种沟通，除了陷入诉讼的审计人员外，审计职业界有计划地与司法界进行沟通，可能是更为有效的路径。

三、政府部门财务报告内部控制审计风险的理论框架

以上讨论了政府部门财务报告中的财务信息审计风险的理论框架，接下来，我们讨论政府部门财务报告内部控制审计风险的理论框架，主要内容包括：什么是财务报告内部控制审计风险；财务报告内部控制审计风险是如何

产生的；如何控制财务报告内部控制审计风险。上述内容的讨论都是以命题论证型取证模式为背景。

（一）什么是财务报告内部控制审计风险

本节前面介绍过，关于财务信息审计风险的本质，有不当意见论和损失可能论这两种观点，它们同样适用于财务报告内部控制审计风险。根据不同意见论，财务报告内部控制审计风险是指审计人员对存有重大缺陷的财务报告内部控制进行审计后认为该重大缺陷并不存在，从而发表与事实不符的审计意见的可能性；根据损失可能论，财务报告内部控制审计风险是指财务报告内部控制审计给审计主体带来损失的可能性。一般来说，对于财务报告内部控制审计来说，发表不当意见是带来损失的前提，如果没有不当意见，则通常难以给审计主体带来损失。所以，在财务报告内部控制审计中，从某种意义上来说，不当意见论是损失可能论的基础，要控制审计风险，关键在于控制不当意见。因此，本节后续内容中，主要从不当意见论的角度来阐释财务报告内部控制审计风险的产生和防范。

（二）财务报告内部控制审计风险是如何产生的

财务报告内部控制审计风险的产生，需要从其风险模型来分析，通常认为，内部控制审计风险模型如公式（a）所示。

$$ICAR = IR \times IFR \times IDR \quad （a）$$

在公式（a）中，ICAR（internal control audit risk）是内部控制审计风险，也就是发表不当审计意见的可能性；IR（Inherent Risk）表示固有风险，也就是在没有内部控制的情形下，控制目标不能达成的可能性；IFR（institution failure risk）表示内部控制失败的可能性，也就是内部控制不能达成其控制目标的可能性，包括内部控制设计失败和内部控制执行失败；IDR（institution detection risk）表示内部控制测试风险，是指审计人员不能发现已经存在的内部控制重大缺陷的可能性。公式（a）要在两个层面来应用，一是内部控制整体层面，这个层面的内部控制审计风险评估主要用于审计总体计划或审计策略的制定；二是内部控制审计标的层面，以每个审计标的为对象进行风险评估，这个层面的风险评估主要用于针对审计标的的审计方案或具体审计计划的制定（李媛媛、郑石桥，2017；郑石桥，2018）。

基于公式（a），财务报告内部控制审计风险的产生原因有以下三种可能：

（1）确定了过高的可接受财务报告内部控制审计风险（ICAR）。任何审计项目都不可能消除审计风险，因此，必须接受一定程度的审计风险。所以，审计人员要在了解审计客体及相关情况的基础，确定可接受的审计风险。如果这个风险水平确定较高，在其他因素不变的情形下，可以提高内部控制测试风险（IDR），从而降低内部控制测试工作量，进而提高审计工作效率，但是，却增加了发表错误审计意见的可能性。

（2）风险评估不恰当。公式（a）中的固有风险（IR）和内部控制失败风险（IFR）都是审计人员无法控制的，但是，审计人员需要对这些风险进行评估。从目前的状况来看，这种风险评估并无程序化的操作办法，主观成分较大，因此，审计人员有可能高估或低估固有风险（IR）和内部控制失败风险（IFR）。如果高估这两种风险，虽然不会导致不当审计意见，但会降低审计工作效率；如果低估这两种风险，则会增加内部控制测试风险，从而增加了发表错误审计意见的可能性。

（3）审计方案设置不当。即使恰当地确定了可接受审计风险，也恰当地评估了固有风险（IR）和内部控制失败风险（IFR），从而恰当地确定了内部控制测试风险（IDR）。而内部控制测试风险是需要通过审计程序来实施的。审计程序通过其性质、时间和范围实现与内部控制测试风险的匹配，这种匹配主要体现在审计方案中。所以，如果审计方案设计不当，其结果就是所实施的审计程序的性质、时间和范围并不能将内部控制测试风险降低到计划要求的水平，从而最终的内部控制审计风险也就超出了可接受的内部控制审计风险。

（三）如何防范财务报告内部控制审计风险

研究表明，审计风险因素来源于审计主体、审计客体和审计环境。对于审计客体和审计环境方面的原因，审计机构难以有所作为，因此，本节主要从审计机构的角度来阐释财务报告内部控制审计风险的防范。通常来说，审计机构主要是通过控制其过错的方式来控制其审计风险，而控制审计过错的主要方法有以下几个方面：

（1）提高审计人员业务素质。审计过错主要是对相关审计规范的应用不当，而准确地理解审计范围并能根据审计客体的具体情况来应用审计规范是避免审计过错的关键，审计人员的专业素养是其正确理解和恰当应用审计规范的基础，因此，提高审计人员的业务素养是避免审计过错的重要举措。

（2）坚守审计职业操守。审计人员的业务素养对于正确地理解和应用审计规范固然重要，但如果缺乏应有的职业操守，审计人员的业务素养难以发挥作用，甚至还可能成为审计人员舞弊的技术手段。所以，强化审计人员的职业操守，使得审计人员从理念上坚守客观公正，是基于业务素养来正确地理解和应用审计规范的前提。

（3）强化审计质量控制。审计机构除了强调审计业务素质和职业操守外，还要加强质量控制，以预防和检查审计人员对审计准则的不恰当应用。由于各层级的审计人员都可能存在不恰当地应用审计规范的情形，所以审计质量控制一般需要分层级进行。

四、结论和启示

政府财务报告制度是国家治理体系和治理能力现代化的重要内容，建构控制审计风险的制度安排是政府财务报告审计制度建构的重要内容。本节以经典审计理论为基础，分别阐释政府部门财务信息审计风险和财务报告内部控制审计风险，进而提出各自的理论框架。

关于政府部门财务信息审计风险，本节阐释了三个问题：关于什么是财务信息审计风险，财务信息审计风险是如何产生的，如何控制财务信息审计风险。关于什么是财务信息审计风险的结论：财务信息审计风险的本质有不当意见论和损失可能论这两种主流观点。不当意见论认为，审计风险是审计人员发表了错误的审计意见，包括误受险和误拒险；损失可能论认为，审计风险是审计失败招致损失的可能性，这里的审计失败既包括审计职业界认同的审计失败，也包括利益相关者和司法界认定的审计失败。由于民间审计要对其审计意见承担责任，所以，对于民间审计来说，不当意见论和损失可能论具有一致性。关于财务信息审计风险原因有如下结论：财务信息审计风险源于狭义审计失败和广义审计失败。狭义审计失败源于确定不恰当的可接受审计风险、不恰当的风险评估、审计程序与检查风险的不匹配，而上述三方面的失败又源于审计环境、审计客体和审计主体；广义审计失败源于司法界与审计界对审计过错的认识不同。关于控制财务信息审计风险有如下结论：控制审计风险主要是控制审计失败，需要从狭义审计失败和广义审计失败两个角度来实施。控制狭义审计失败的措施主要包括审计人员业务素质、审计职业操守和质量控制；控制广义审计失败的措施，一是慎重选择被审计单位，二是加强与相关各方的沟通，避免他们对审计的不恰当理解。

关于政府部门财务报告内部控制审计风险，本节阐释了三个问题：关于什么是财务报告内部控制审计风险，财务报告内部控制审计风险是如何产生的，如何控制财务报告内部控制审计风险。关于财务报告内部控制审计风险的本质，根据不同意见论，财务报告内部控制审计风险是指审计人员对存有重大缺陷的财务报告内部控制进行审计后认为该重大缺陷并不存在，从而发表与事实不符的审计意见的可能性；根据损失可能论，财务报告内部控制审计风险是指财务报告内部控制审计给审计主体带来损失的可能性。财务报告内部控制审计风险的产生原因有三个方面：一是确定了过高的可接受财务报告内部控制审计风险，二是风险评估不恰当，三是审计程序的性质、时间和范围并不能将内部控制测试风险降低至计划要求的水平。防范财务报告内部控制审计风险主要是控制审计过错，主要方法包括提高审计人员业务素质、坚守审计职业操守和强化审计质量控制。

本节的研究启示我们，政府财务报告审计风险是一个复杂系统，内容丰富，要科学地采用风险导向审计模式和命题论证型取证模式，有效地将审计风险控制在可接受的范围内，必须以系统思维来建构相关制度，而这些制度建构又必须基于对相关问题的科学认知，理论自信是制度自信的基础。

第二节　政府部门财务报告审计准则

政府财务报告制度是治国理政的基础，党和国家高度重视政府财务报告制度，党的十八届三中全会提出要"建立权责发生制的政府综合财务报告制度"，国务院批转财政部《权责发生制政府综合财务报告制度改革方案》提出"在 2020 年前建立具有中国特色的权责发生制政府综合财务报告制度"。政府部门财务报告审计制度是政府财务报告制度的重要内容，政府部门财务报告审计准则是对政府部门财务报告审计各主要事项的规范，是政府部门财务报告审计制度建构的核心内容，而从理论上厘清政府部门财务报告审计准则的相关问题，则是相关准则建构的基础。

现有文献中，未发现有文献专门研究政府部门财务审计准则，但是不少研究政府财务报告审计或公共部门财务审计的文献涉及到政府财务审计准则。主要涉及是否需要单独制定政府财务审计准则、谁来制定政府财务审计准则、如何制定政府财务审计准则这些问题。但是总体来说，现有理论成果尚缺乏深入和系统研究，关于政府部门财务报告审计准则，仍缺乏一个系统的理论框架。本节的贡献在于以经典审计理论为基础，阐释政府部门财务审计准则的各主要问题，提出一个关于政府部门财务报告审计准则的理论框架，以深化对政府部门财务报告审计准则的认知，并为优化相关制度建构提供理论支撑。

一、文献综述

现有文献中，未发现有文献专门研究政府部门财务审计准则，但是，不少研究政府财务审计或公共部门财务审计的文献涉及政府财务审计准则。归纳起来，主要涉及三方面的问题：是否需要单独制定政府财务审计准则、谁来制定政府财务审计准则、如何制定政府财务审计准则。

关于是否需要单独制定政府财务审计准则，其实质是厘清政府财务审计准则与民间审计组织制定的财务审计准则的关系。一些文献介绍了国外的情况，总体来说，国外的政府财务报告审计，要么直接采用民间审计组织发布的财务审计准则，即使单独制定政府财务审计准则，也是在民间审计准则的基础上做些必要的调整。"英国公共部门审计按照适用于企业的一般审计准则执行，但鉴于公共部门与企业在运行环境、执行的会计准则、财务报告编制程序与内容等方面的差异，英国财务报告委员会针对公共部门的一些特殊事项，专门制定了一套公共部门审计实务说明"（财政部会计司联合研究组，2016）；"澳大利亚政府审计工作同样会使用审计与认证准则委员会制定的审计准则以及会计职业道德准则委员会制定的关于审计师职业道德的准则"（房巧玲、田世宁，2018）；"英国审计署在实施整体报告审计过程中遵循的审计准则也是适用于私营部门的国际审计准则（ISA）"（李宗彦、郝书辰，2018），"澳大利亚政府财务报告审计准则通过审核、采纳澳大利亚私营部门审计准则的方式制定"（李宗彦、郝书辰，2018）；"美国财务审计准则全面吸收借鉴了美国注册公共会计师协会（AICPA）审计准则（SAS），并在此基础上提出了政府财务审计及其报告应遵循的补充要求"（刘冠亚，2018）；"美国政府部门政府财务报告审计由监察长选聘的会计师事务所实施""会计师事务所主要依据美国审计署颁布的《一般公认政府审计准则》开展政府财务报告审计工作"（周曙光、陈志斌，2019）；"在审计准则方面，加拿大并没有专门制定政府审计准则，无论是审计机关还是会计师事务所实施政府财务报表审计工作，都需要遵循加拿大注册会计师协会发布的审计准则"（周曙光、陈志斌，2019）；"在审计准则方面，澳大利亚审计署没有单独制定政府财务报告审计及认证业务准则，而是在开展政府财务报告审计工作时，遵循澳大利亚审计与认证准则委员会制定的审计、审阅及其他服务准则，与一般企业审计适用同样的审计准则"（周曙光、陈志斌，2019）；"美国专门制定了适合公共部门的政府审计准则，政府审计机关和会计师事务所均需要按照《政府审计准则》来开展政府财务报告审计工作；英国虽然在政府财务报告审计时执行适用于企业的一般审计准则，但是考虑到政府财务报告审计的特殊性，专门制定了公共部门审计实务说明；加拿大、澳大利亚两国比较相似，政府财务报告审计工作遵循与一般企业审计适用同样的审计准则"（周曙光、陈志斌，2019）；"由于政府财务报告审计与注册会计师财务报表审计在审计理念、审计方法、审计目标、审计报告等方面具有一定的可类比性，政府财务报告审计规则在内容或者体例上，不同程度地借鉴了注册会计师审计准则"（陆晓晖，2020）；"美国公认政府审计准则参照了美国注册会计师协会的审计准则，英国政府财务报告审计以国际审计与鉴证准则理事会发布的国际审计准则为基础制定，澳大利亚政府审计准则采用了澳大利亚审计与认证准则委员会制定的审计、审阅及其他相关服务准则，新西兰的政府财务报告审计准则包含了由新西兰审计与保证准则委员会发布的职业道德准则和国际审计准则"（陆晓晖，2020）。

关于政府财务审计准则与民间审计组织制定的财务审计准则的关系，还有一些文献提出了自己的观点，郑石桥、李媛媛（2017）认为，基本原则是"公共部门审计准则优先，注册会计师审计准则补缺"；周曙光、陈志斌（2019）认为，"在中国，政府部门与企业在基本目标、机构设置、运行特征等方面具有根本差异""需要结合政府财务报告审计的特征，制定专门的《政府财务报告审计准则》"。

关于谁来制定政府财务审计准则，有少量文献涉及这个问题，形成两种观点：一种观点主张政府审计机关主导政府财务审计准则的制定，"国家审计主导政府财务报告审计，首先体现在确定审计规则的主导权上"（陆晓晖，2020）；"政府财务报告审计属于政府审计的范畴，因此在制定政府财务报告审计标准体系过程中，应当以《审计法》《国家审计准则》为基础，同时参考《注册会计师审计准则》的有益经验"（周曙光、陈志斌，2020）。另一种观点主张由政府财政部门来主导政府财务审计准则的制定，"采取财政部主导、审计署参与的审计准则制定模式，即由财政部主导《政府财务报告审计准则》的制定工作，审计署作为政府审计工作的主管部门，参与《政府财务报告审计准则》的制定"（周曙光、陈志斌，2019）。

关于如何制定政府财务审计准则，有少量文献涉及这个问题，包括准则模式和制定方法。关于政府财务审计准则模式，郑石桥（2015）讨论了政府审计准则目标模式、政府审计准则框架模式、政府审计准则导向模式、政府审计准则结构模式和政府审计准则来源模式；刘冠亚（2018）认为，政府财务报告审计规范体系由政府财务报告审计基本准则和政府财务报告审计具体准则两个层级构成，政府财务报告审计基本准则包括总则、政府财务报告审计主要目标、一般准则和流程准则四部分内容。政府财务报告审计具体准则包括七个方面的内容：一是政府财务报告审计目标和审计工作基本要求，二是政府财务报告审计的质量控制准则，三是政府财务报告审计内容重点类准则，四是政府财务报告审计组织管理类准则，五是政府财务报告审计技术方法类准则，六是政府财务报告审计文书类准则，七是政府财务报告审计法律责任类准则。关于政府财务审计准则的制定方法，财政部会计司联合研究组（2016）认为，"考虑到注册会计师审计准则的通用性以及公共部门审计准则制定的成本和效率，建议在我国现行注册会计师审计准则体系的基础上，针对公共部门审计的特殊目的、要求和事项进行增补"；尹启华（2017）认为，"构建新的政府财务报告审计规范可从现有的审计规范体系入手"。

上述文献显示，政府财务报告审计准则已经有了一定的研究基础，但是总体来说，这些研究成果尚缺乏深入和系统研究。关于政府部门财务报告审计准则，仍缺乏一个系统的理论框架。本节拟致力于此。

二、理论框架

本节的目的是以经典审计理论为基础，提出一个政府部门财务报告审计准则的理论框架。为此，需要阐释政府部门财务报告审计准则的各个主要问题，主要包括：是否需要单独制定政府部门财务报告审计准则；谁来制定政府部门财务报告审计准则；如何制定政府部门财务报告审计准则。

（一）是否需要单独制定政府部门财务报告审计准则

是否需要单独制定政府部门财务报告审计准则涉及到两个问题：一是政府部门财务报告审计准则适用范围，二是政府部门财务报告审计准则与民间审计组织制定的财务审计准则的关系。

1.关于政府部门财务报告审计准则适用范围

政府部门财务报告审计准则是对政府部门财务报告审计各主要事项

的规范，其适用范围需要从审计主体和审计客体两个维度来考察，基本情况见表2。

表2 政府部门财务报告审计准则适用范围

项　目		审计客体	
		政府部门	企业
审计主体	政府审计机关	★	☆
	民间审计机构	★	☆
	政府部门内部审计机构	★	☆

注：★表示适用政府部门财务报告审计准则，☆表示不适用政府部门财务报告审计准则。

表2中，从审计客体来说，包括政府部门（这里主要指本级部门预算单位，包括行政单位、事业单位和社会团体）和企业。政府部门财务报告的会计主体是政府部门，并不包括企业，所以政府部门财务报告审计准则只适用于政府部门，不适用于企业。

表2中，从审计主体来说，无论何种审计主体对政府部门的财务报告进行审计，都应该适用政府部门财务报告审计准则，并不只是政府审计机关才适用这种准则。适用范围如此选择的原因如下：

（1）如果对政府部门财务报告审计，不同的审计主体采用不同的审计准则。即政府审计机关采用政府审计组织制定的政府审计准则，内部审计机构采用内部审计组织制定的内部审计准则，而民间审计机构采用民间审计组织制定的审计准则。因此意味着一个政府部门的财务报告审计，究竟执行何种准则，是决定于由何种审计机构来审计。如果审计准则的适用呈现混乱状态，不同审计组织制定的财务报告审计准则未能协调一致，则审计结果也可能呈现混乱状态。

（2）不同审计机构的法律地位及法律责任不同，审计委托人对审计机构的授权也存在差异。因此，不同审计机构实施的政府部门财务报告审计确实可能存在一些差异，但是从根本上来说，政府部门财务报告审计的核心技术问题是获取审计证据，发现政府部门财务报告中存在的错报或对政府部门财务报告的真实性形成结论。因此，无论何种审计机构来对政府部门财务报告进行审计，上述核心技术问题应该没有变化。既然如此，作为规范政府部门财务报告审计技术的审计准则，也就应该实质上趋同，因此无论何种审计主体实施政府部门财务报告审计，其核心技术应该趋同。

本节前面的文献综述指出，"美国政府部门政府财务报告审计由监察长选聘的会计师事务所实施""会计师事务所主要依据美国审计署颁布的《一般公认政府审计准则》开展政府财务报告审计工作"（周曙光、陈志斌，2019）；"美国专门制定了适合公共部门的政府审计准则，政府审计机关和会计师事务所均需要按照《政府审计准则》来开展政府财务报告审计工作"（周曙光、陈志斌，2019），上述美国联邦政府部门财务报告审计实务中的做法表明，不同的审计主体在实施政府财务报告审计工作时，都采用《政府审计准则》。

综合上述分析，可以得出的结论是，政府部门财务报告审计准则适用范围是各类审计主体，无论由何种审计机构来实施政府部门财务报告审计，都应该采用政府部门财务报告审计准则。

2. 政府部门财务报告审计准则与民间审计组织制定的财务审计准则的关系

虽然各审计主体都应该采用政府部门财务报告审计准则，那么是否能直接将民间审计组织制定的财务审计准则应用到政府部门财务报告审计中呢？通常来说，民间审计机构是企业的外部审计机构，资本市场的所有企业都需要民间审计机构的服务，因此民间审计机构的财务审计准则主要是以企业会计报表审计为背景来制定的。那么，这些财务审计准则是否适用于政府部门财务报告审计呢？本节在前面的文献综述已予发以指出，总体来说，国外的政府财务报告审计准则有两种情形：

一是直接采用民间审计组织颁布的财务审计准则。例如，"澳大利亚政府审计工作同样会使用审计与认证准则委员会制定的审计准则以及会计职业道德准则委员会制定的关于审计师职业道德的准则"（房巧玲、田世宁，2018）；"在审计准则方面，澳大利亚审计署没有单独制定政府财务报告审计及认证业务准则，而是在开展政府财务报告审计工作时，遵循澳大利亚审计与认证准则委员会制定的审计、审阅及其他服务准则，与一般企业审计适用同样的审计准则"（周曙光、陈志斌，2019）；"在审计准则方面，加拿大并没有专门制定政府审计准则，无论是审计机关还是会计师事务所实施政府财务报表审计工作，都需要遵循加拿大注册会计师协会发布的审计准则"（周曙光、陈志斌，2019）。

二是在民间审计准则的基础上做些必要的调整以建立单独的政府财务审计准则。例如，"英国公共部门审计按照适用于企业的一般审计准则执行，但鉴于公共部门与企业在运行环境、执行的会计准则、财务报告编制程序与内容等方面的差异，英国财务报告委员会针对公共部门的一些特殊事项，专门制定了一套公共部门审计实务说明"（财政部会计司联合研究组，2016）；"美国财务审计准则全面吸收借鉴了美国注册公共会计师协会（AICPA）审计准则（SAS），并在此基础上提出了政府财务审计及其报告应遵循的补充要求"（刘冠亚，2018）。

那么，中国应该如何处理呢？周曙光、陈志斌（2019）认为，"在中国，政府部门与企业在基本目标、机构设置、运行特征等方面具有根本差异""需要结合政府财务报告审计的特征，制定专门的《政府财务报告审计准则》"。本节认为，不能夸大政府部门财务审计与企业财务审计差距，但是又必须正视他们之间的差距。因此，"在民间审计准则的基础上做些必要的调整以建立单独的政府财务审计准则"是合适的选择。其理由有两个方面：

（1）无论是政府部门的财务审计，还是企业会计报表审计，从核心技术来说，都是获取审计证据以发现财务信息中存在的错报或对财务信息的真实性形成结论。无论是基于纸质审计载体，还是基于电子数据审计载体，审计取证的基本模式都是风险导向审计，而民间审计机构在财务审计方面积累了丰富的经验或教训，很多的经验教训都体现在民间审计组织颁布的财务审计准则中。既然二者核心技术相同，并且民间审计颁布的财务审计准则体现了许多的经验教训，那么制定政府部门财务报告准则就应该借鉴民间审计组织的财务审计准则。

（2）政府部门在基本目标、机构设置、业务营运、激励机制及外部环境等方面与企业有很大的差异，因此财务信息错报的风险驱动因素及控制机制也有自己的特征，而政府部门的财务信息错报风险评估相应地也有自己的特征，这些特征也会影响审计人员对错报风险的应对。所以，政府部门财务报告审计的风险评估及风险应对都会有自己的特征，同时，政府部门财务报告审计结果的应用也有自己的特征。总体来说，在总体趋同的情形下，政府部门财务报告审计在许多方面有自己的特征。既然如此，政府部门财务报告审计准则就应该体现这些特征，进而需要对民间审计组织颁布的财务审计准则进行调整。

（二）谁来制定政府部门财务报告审计准则

既然需要"在民间审计准则的基础上做些必要的调整以建立单独的政府财务审计准则"，那么谁来制定政府部门财务报告审计准则？这涉及到两个主要问题：一是政府部门财务报告审计的审计管辖权，二是审计管辖权与审计准则制定权的关系。

1.政府部门财务报告审计的审计管辖权

根据经典审计理论，审计源于资源类委托代理关系，那么，政府部门财务报告审计源于何种资源类委托代理关系呢？很显然，政府部门财务报告审计会源于某种国有资源委托代理关系，这里的国有资源包括国有资金、国有资产和资源性国有资产。不同国家的经济结构不同，其国有资源委托代理关系也不同。中国是社会主义国家，根据《中华人民共和国宪法》《中华人民共和国预算法》《中华人民共和国土地管理法》《中华人民共和国企业国有资产法》等相关法律，国有资源委托代理关系的基本情况如图1所示。

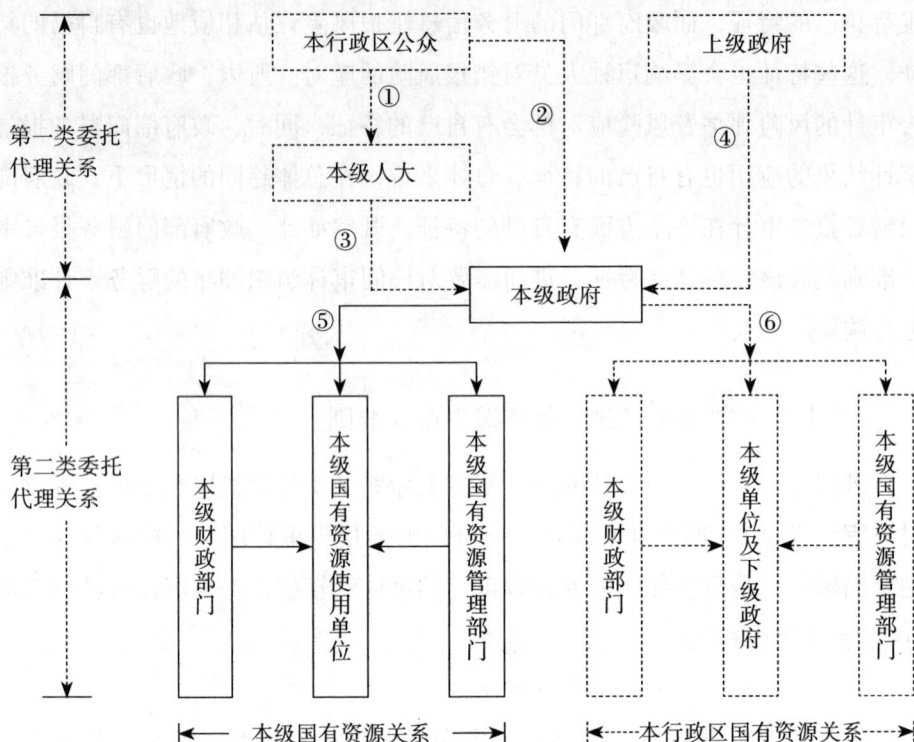

图1 国有资源委托代理关系

图1中有两类资源委托代理关系，一是本级政府作为代理人，本行政区公众、本级人大、上级政府作为委托人（标识为①②③④）；二是本级政府作为委托人，本级国有单位作为代理人（标识为⑤），或者是本行政区国有单位作为代理人（标识为⑥）。政府部门财务报告是以权责发生制为基础，是反映政府部门（单位）的财务状况、运行情况等信息的财务报告，所以体现的是本级政府作为委托人，本级国有单位作为代理人的本级国有资源关系（标识为⑤，用实线表示）。严格地说来，这里的国有单位还要划分为本级部门预算单位和国有企业，政府部门财务报告的会计主体只包括本级部门预算单位，不包括国有企业。所以，政府部门财务报告体现的是本级政府与本级部门预算单位之间的资源类委托代理关系，政府部门财务报告审计依赖的也是这种资源类委托代理关系，其审计客体是本级部门预算单位。[1]

----

[1] 关于政府部门财务报告审计客体，请参阅本书第三章第二节政府部门财务报告审计客体。

那么，本级部门预算单位的审计管辖权属于何种审计主体呢？很显然，本级部门预算单位管理层或治理层可以授权本单位的内部审计机构对各内部单位进行审计，这不需要再讨论。那么，外部审计机构中，审计管辖权是属于政府审计机关还是民间审计机构呢？《中华人民共和国注册会计师法》第十四条规定，注册会计师承办下列审计业务："（一）审查企业会计报表，出具审计报告；（二）验证企业资本，出具验资报告；（三）办理企业合并、分立、清算事宜中的审计业务，出具有关的报告；（四）法律、行政法规规定的其他审计业务。"从这些规定来看，并未明确规定部门预算单位是注册会计师的审计管辖范围（当然，这并不排除民间审计机构以审计业务外包的方式实施对部门预算单位的审计）。《中华人民共和国审计法》第十九条规定，"审计机关对国家的事业组织和使用财政资金的其他事业组织的财务收支，进行审计监督"，第二十三条规定，"审计机关对政府部门管理的和其他单位受政府委托管理的社会保障基金、社会捐赠资金以及其他有关基金、资金的财务收支，进行审计监督"，从这些规定来看，部门预算单位是政府审计机关的审计管辖范围。《中华人民共和国审计法》的规定是以国有资源委托代理关系为基础，凡是国有单位资源委托代理关系中的代理人，都属于政府审计机关的审计范围（郑石桥、宋海荣，2016）。

2. 审计管辖权与审计准则制定权的关系

审计准则是规范审计行为的技术规范，既是实践经验的总结，也是失败教训的总结，因此审计准则的制定要以具体的审计实践活动为基础。没有审计实践，就没有制定审计准则的基础。所以审计准则制定权应该以审计管辖权为基础，没有审计管辖权，也就没有审计准则制定权，政府部门财务报告审计准则制定权应该属于对政府部门财务报告审计有管辖权的审计机构。

根据本节前面的分析，政府审计机关和内部审计都对部门预算单位都有审计管辖权，那么由谁来制定呢？从某种意义上来说，内部审计是本单位自己设立的审计机构，所以其审计技术规范主要应该由其自己来制定，外部机构通常不宜参与。但是，就政府部门财务报告审计来说，无论何种审计机构实施这种审计，其核心技术相同，并且部门预算单位（也就是政府部门）的内部审计非常重要的职责之一是就是作为政府审计机关对该部门开展审计工作的基础。所以，这些单位的内部审计机构，如果执行与政府审计机关相同的财务报告审计准则，则更有利于其作为政府审计的基础。基于这些原因，部门预算单位的内部审计也应该执行政府审计机关相同的财务报告审计准则，很显然，这种准则的制定权应该属于政府审计机关，而不应该属于内部审计机构。

虽然政府部门财务报告审计准则制定权属于政府审计机关，但是政府审计机关有多个层级，同一层级的地方政府审计机关还有许多，那么由哪级政府审计机关来制定审计准则呢？很显然，应该由最高审计机关来制定这种准则，从资源类委托代理关系来说，最高审计机关可以对各级政府部门进行审计；从技术角度来说，最高审计机关更有可能总结各级政府审计机关的成功经验和失败教训。因此，由最高审计机关主持制定政府部门财务报告审计准则最为合适。

虽然由最高审计机关来制定政府部门财务报告审计准则，但是，最高审计机关要吸收多方主体共同参与审计准则的制定，例如，民间审计组织、内部审计组织、地方政府审计机关和政府部门财务报告使用者，还要听取各级政府、各级人大、社会公众及学术界的意见，这样制定出来的政府部门财务报告审计准则才能基于广泛的审计实践和理论逻辑，兼顾各方利益相关者的需求。

（三）如何制定政府部门财务报告审计准则

由最高审计机关来制定政府部门财务报告审计准则，那么如何制定呢？这主要涉及两个问题，一是政府部门财务报告审计准则模式，二是政府部门财务报告审计准则的制定过程。

1. 政府部门财务报告审计准则模式

政府部门财务报告审计准则模式包括目标模式、框架模式、导向模式和结构模式等（郑石桥，2015）。我们分别对这些模式各做一简要讨论。

（1）政府部门财务报告审计准则目标模式。关于审计准则的目标模式，有审计质量观和审计责任观。审计质量观认为，制定审计准则的目标是保障审计质量，保障路径有两个：一是规范路径，主要是通过规范审计行为、防止审计失败来保障审计质量；二是沟通路径，就是让社会公众知道审计是有质量要求的，从而增加大家对审计的信任，所以审计准则将审计的可信性提供给了社会公众。审计责任观认为，审计准则是用来界定责任的，是确定审计人员是否存在过错的标准。如果遵守了审计准则，就没有过错，从而也就没有责任；如果没有遵守审计准则，审计人员就有过错，从而也就应该承担责任（郑石桥，2015）。就政府部门财务报告审计准则来说，笔者认为，应该是审计质量观为主，兼顾审计责任观。主要原因是，政府审计机关、内部审计机构和民间审计机构都采用政府部门财务报告审计准则。民间审计机构具有盈利性，明确地承担法律责任，政府审计机关和内部审计机构不具有盈利性，其法律责任与民间审计不可同日而语，因此民间审计机构可能偏好审计责任观，而政府审计机关和内部审计机构更多地偏好审计质量观。总体来说，应该是以审计质量观为主，兼顾审计责任观。

（2）政府部门财务报告审计准则框架模式。关于审计准则的框架模式，有分立模式和单一模式两种。分立模式是按需要规范的事项分别来建立审计准则，每个需要规范的事项单独形成审计准则，在这种情形下，需要一个有逻辑结构的审计准则编号系统。单一模式是将所有需要规范的事项按一定的逻辑结构组合起来，形成一个整体的审计准则（郑石桥，2015）。就政府部门财务报告审计准则来说，笔者认为，应该选择单一模式，也就是将政府部门财务报告审计所有需要规范的事项按一定的逻辑结构组合起来，按这个逻辑结构建构一个整体性的审计准则，这样便于准则的使用，也能确保对各事项的规范与相互衔接和协调。

（3）政府部门财务报告审计准则导向模式。关于审计准则的导向，有规则导向模式和原则导向模式两种选择。规则导向模式下，强调审计准则要确定审计行为的具体规则，因此要求审计准则要非常具体；原则导向模式下，强调审计准则作为审计行为的原则，要求审计准则是原则性的规范，并不要求非常具体的规定（郑石桥，2015）。就政府部门财务报告审计准则来说，笔者认为，应该选择规则导向模式，因为政府审计机关和内部审计人员对财务报告审计都缺乏经验，民间审计机构虽然熟悉企业会计报表审计，但是对政府部门财务报告审计，也缺乏直接经验。因此，各类审计主体都需要指南性的准则来指导和规范，规则导向模式是恰当的选择。

（4）政府部门财务报告审计准则结构模式。审计准则结构模式是指审计准则的内容按何种方式来组织，通常来说，审计业务准则包括一般准则、现场准则和报告准则三部分。对于现场准则和报告准则这两部分内容，有两种组织方式：一是业务类型模式，就是按不同的审计业务类型来分别制定现场准则和报告准则；二是综合模式，就是不区分审计业务类型，而是将各类业务类型结合起来制定现场准则和报告准则（郑石桥，2015）。就政府部门财务报告审计准则来说，笔者认为，应该选择业务类型模式，分别就政府部门财务报告中的财务信息审计和财务报告内部控制审计及整合审计制定现场准则和报告准则。在此基础上，还应该就整合审计方式下的现场准则和报告准则提出要求，按业务类型模式来制定现场准则和报告准则，便于审计准则的使用。

2. 政府部门财务报告审计准则的制定过程

各类审计准则的制定都要总结实践经验和教训，都要基于现有的理论研究，都要听取各方的意见，所以审计准则的制定过程基本相同，通常包括以下五个步骤：

（1）选定项目。政府财务审计准则制定机构提出政府部门财务报告审计准则备选项目，经专家咨询论证，征求有关方面意见后，审批立项。

（2）拟定初稿。政府财务审计准则制定机构根据确定的项目，组织力量，进行调查研究，起草初稿，政府财务审计准则制定机构征询专家和有关方面意见并修改后，提交征求意见稿。

（3）征求意见。政府财务审计准则制定机构发布征求意见稿，广泛征求各有关部门、单位的意见。

（4）修改定稿。政府财务审计准则制定机构根据各方面意见修改征求意见稿，并征询专家及有关方面意见后定稿。

（5）准则发布。经过适当的审批程序后，政府财务审计准则制定机构发布政府财务审计准则（崔振龙，2000；陈波，2005）。

三、结论和启示

政府部门财务报告审计准则是政府部门财务报告审计制度建构的核心内容，本节以经典审计理论为基础，提出一个关于政府部门财务报告审计准则的理论框架。

关于是否需要单独制定政府部门财务报告审计准则，首先，政府部门财务报告审计准则适用范围是各类审计主体，无论由何种审计机构来实施政府部门财务报告审计，都应该采用政府部门财务报告审计准则；其次，政府部门财务报告审计准则与民间审计组织制定的财务审计准则的核心技术趋同，应该在民间审计准则的基础上进行必要的调整以建立单独的政府财务审计准则。

关于谁来制定政府部门财务报告审计准则，首先，政府审计机关和政府部门的内部审计机构对政府部门这种审计客体都具有审计管辖权；其次，审计准则制定权要以审计管辖权为基础，政府部门财务报告审计准则应该由最高审计机关来制定，召集民间审计组织、内部审计组织、地方政府审计机关和政府部门财务报告使用者参与，还要听取各级政府、各级人大、社会公众及学术界的意见。

关于如何制定政府部门财务报告审计准则，首先，要确定选择各类审计准则模式。对政府部门财务报告审计准则来说，目标模式应该是以审计质量观为主，兼顾审计责任观，框架模式应该选择单一模式，导向模式应该选择规则导向模式，结构模式应该选择业务类型模式；其次，准则制定过程。包括选定项目、拟定初稿、征求意见、修改定稿和准则发布五个步骤。

本节的研究启示我们，政府部门财务报告审计准则具有丰富的理论问题，对于这些问题的不同认知，将导致审计准则的不同选择。因此，审计准则的制定要以科学的理论认知为基础，在理论自信的基础上，建构具有自信的审计准则。

第三节　政府部门财务报告审计结果及其应用

审计结果是审计过程的直接产出，审计结果的应用是使用审计结果以实现审计终极目标的重要环节。因此，如何建构政府部门财务报告审计结果及其应用的相关制度是政府部门财务报告审计能否实现其终极目标的关键环节。理论自信是制度自信的基础，从理论上厘清政府部门财务报告审计结果及其应用是相关制度建构的前提。

现有文献中，未发现有文献专门研究政府部门财务报告审计结果及其应用，一些文献涉及这些相关问题，总体来说，现有文献尚缺乏深入和系统，研究没有形成系统化的理论框架。本节的贡献在于以经典审计理论为基础，阐释政府部门财务报告审计结果及其应用的相关问题，提出一个关于政府部门财务报告审计结果及其应用的理论框架，以深化对政府部门财务报告审计结果及其应用的认知，并为优化相关制度建构提供理论支撑。

一、文献综述

未发现有文献专门研究政府部门财务报告审计结果及其应用，一些文献涉及相关问题。关于政府部门财务报告审计结果，多数文献认为，政府部门财务报告审计结果的主要载体是审计报告，管理建议书也是重要的审计载体（戚艳霞，2015；李宗彦、郝书辰，2018；房巧玲、田世宁，2018；周曙光、陈志斌，2019）。

关于政府部门财务报告审计结果应用，一些文献提出了自己的观点。例如，陆晓晖（2016）提出，"政府财务报告审计可以成为国家审计加强监督、强化问责、保障经济安全的重要途径"；周曙光、陈志斌（2019）提出，"对于政府部门财务报告审计"，政府各部门要通过"各自的官网进行披露"，"作为审计委托人的各级人大，可以根据审计结果了解政府公共受托责任履行情况，进而客观评价政府履职行权的绩效；对于社会公众而言，政府财务报告与审计报告是社会公众观察政府的一个窗口，社会公众借助审计报告可以更好地实现其参与监督政府的治理诉求"；周曙光、陈志斌（2020）提出，

"由于公共受托责任的复杂性，政府财务报告审计报告的使用者更为广泛，主要包括立法机关、纪检监察机关、上级政府、政府主管部门、政府债券投资者、信用评估机构、社会公众以及其他报告使用者等"。

关于政府部门财务报告审计结果应用，还有一些文献介绍了国外的情况。例如，"为了更好的支持政府财务管理改革，美国联邦审计署除了在联邦政府财务报告反映审计发现的问题和提出建议之外，还对政府财务管理中的重点和难点问题进行前瞻性和详细地研究，发布了一系列的指南和研究报告，为政府财务管理信息的完善提供理论支持"（戚艳霞，2015）；美国行政与预算管理局发布的第 A–50 号公告，要求"被审计单位也应以书面形式回应是否同意整改建议书的意见，如同意还应附上具体整改计划和措施，不同意则要说明理由""审计整改人员要确保审计整改工作的实施落实到位，及时报告单位负责人，并且处理管理人员意见和审计建议不一致的情况""监察长负责审核对审计报告的回应，并且向审计整改人员报告与被审计单位的重大分歧"（房巧玲、田世宁，2018）；澳大利亚联邦审计署要求"出具期中和期末管理建议书，作为内部管理意见提交至被审计单位，被审计单位同样要以书面形式将本单位执行审计建议的计划和具体措施形成文件提交审计署"（房巧玲、田世宁，2018）；"美国联邦政府审计署出具的审计报告，交由总统和国会议长审议，审议通过后，与合并财务报告一同对社会公众公开披露"（潘俊、沈嘉诚、徐颖，2018）。

上述文献表明，政府部门财务报告审计结果及其应用已经有一定的研究基础，但是现有相关文献尚缺乏深入和系统研究，没有形成系统化的理论框架。本节拟致力于此。

二、理论框架

本节的目的是以经典审计理论为基础，提出一个关于政府部门财务报告审计结果及其应用的理论框架。为此，首先勾画政府部门财务报告审计结果体系，在此基础上，分别讨论不同类型的审计结果及其应用，最后是审计整改计划、整改报告和移送问题处理情况反馈。

（一）政府部门财务报告审计结果体系的总体框架

政府部门财务报告审计结果是政府部门财务报告审计过程的直接产出，由于审计结果载体、审计主题、审计业务的保证程度及会计期间不同，政府部门财务报告审计结果也呈现多样化，基本情况见表3。

表3　政府部门财务报告审计结果体系

项　目			会计期间	
			年度报告	中期报告
审计结果载体	财务信息审计报告	合理保证	★	★
		有限保证	★	★
	内部控制审计报告	合理保证	★	★
		有限保证	★	★
	整合审计报告	合理保证	★	★
		有限保证	★	★
	管理建议书		★	★

注：★表示有这种情形

从审计结果的载体来说，政府部门财务报告审计结果体现为审计报告和管理建议书，而审计报告又因为审计业务类型及业务基础不同，从而有多种类型。从会计期间来说，政府部门财务报告审计结果分为年度报告审计结果和中期报告审计结果；从审计业务类型来说，政府部门财务报告审计分为财务信息报告审计和内部控制审计，因此相应的审计报告也分为财务信息报告审计报告和内部控制审计报告，如果财务信息报告审计和内部控制审计整合实施，还可以出具整合审计报告。财务信息报告审计、内部控制审计及整合审计，都可能选择合理保证或有限保证，因此各类审计业务及整合审计的审计报告也相应地分为合理保证审计报告和有限保证审计报告。事实上，管理建议书也具有多种情形，年度报告审计和中期报告审计、合理保证审计业务和有限保证审计业务财务信息报告审计、内部控制审计及整合审计中都可能有管理建议书。总体来说，政府部门财务报告审计结果是一个家族，有多个成员。下面，我们来具体分析每类审计结果及其应用。

（二）政府部门财务报告中的财务信息审计报告及其应用

政府部门财务报告中的财务信息审计报告承载的是关于政府部门财务报告中的财务信息的审计结果，在不同的保证程度下，审计结果的内容不同。在合理保证情形下，财务信息审计报告承载的是审计意见，也就是关于政府部门财务报告中的财务信息真实性的整体意见，通常分为无保留意见、保留意见、否定意见和无法发表意见。这些审计意见是以审计证据为基础，以审计重要性为基础，由审计人员对财务信息真实性做出的整体性判断。为了达到合理保证程度，审计取证通常采取命题论证型取证模式；在有限保证情形下，财务信息审计报告承载的是审计发现，也就是报告审计过程中发现的财务信息错报，并不对财务信息真实性做整体性判断。无论是合理保证业务，还是有限保证业务，审计报告都有两种情形：一是简式审计报告，二是详式审计报告。前者要按标准格式简要地报告审计过程及审计结果，后者则要详细地报告审计过程和审计结果。为了便于审计结果的使用，在详式审计报告方式下，审计机构还需要另行出具审计结果报告，对详式审计报告进行简化，重点报告审计发现和审计建议。

政府部门财务报告中的财务信息审计报告的应用包括以下几个方面：第一，本级政府部门作为政府部门财务报告责任主体，当然最为关注审计结果，所以审计机构通常要将财务信息审计报告提交作为审计客体的本级政府部门；第二，本级政府作为本级政府部门的委托人，当然关注审计结果，并且在相关决策中也可能应用这些审计结果，所以审计机构要将财务信息审计报告报送本级政府；第三，本级人大作为本级政府的委托人，也关注本级政府各部门，同时本级部门预算也是经过本级人大审议批准的，所以，本级人大也会关注政府部门财务报告中的财务信息审计结果。因此，审计机构要将审计结果报告本级人大；同理，本行政区公众作为本级人大、本级政府的委托人，也可能关注财务信息审计结果，因此审计机构要以适当的方式向公众披露审计结果；第四，本级政府财政部门代表本级政府具体履行财政管理职能，也会关注财务信息审计结果，因此审计机构要将审计结果提交本级政府财政部门；第五，如果某些部门预算单位作为独立的法人单位走向了资本市场或货币市场，投资者、债权人及其他利益相关者也会关注财务信息审计结果，因此，审计机构也应该将财务信息审计结果以适当的方式披露给这些利益相关者；第六，如果财务信息审计过程中发现了财务信息操纵，对于责任人和责任单位，审计机构要根据授权情况做出不同的处理，凡是能直接处理处罚的，审计机构要对责任人和责任单位做出审计处理处罚决定，出具审计处理处罚决定书；需要移送其他机构的，审计机构做出移送决定，出具审计移送决定书。

（三）政府部门财务报告内部控制审计报告及其应用

政府部门财务报告内部控制审计报告承载的是关于政府部门财务报告内部控制的审计结果，不同的保证程度下，审计结果的内容不同。在合理保证业务下，内部控制审计报告承载的是内部控制审计意见，也就是对政府部门财务报告内部控制整体有效性的结论，通常分为整体有效、整体无效和无法发表意见三种情形。整体有效表明财务报告内部控制不存在重大缺陷；整体无效表明财务报告内部控制存在重大缺陷；无法发表意见是无法对财务报告整体是否有效形成结论，其实质是无法判断财务报告内部控制是否存在重大缺陷。主要原因是审计范围受到限制，无法获取证据来证明重大缺陷是否存在。一般情况，在合理保证业务下，通常要采取命题论证型取证模式，以获取恰当的审计证据来形成审计结论。在有限保证业务下，内部控制审计报告承载的是内部控制审计中的审计发现，主要是报告审计过程中发现的内部控制缺陷，并不对财务报告内部控制整体有效性形成结论；在有限保证业务下，内部控制审计采取事实发现型取证模式，如果采取了命题论证型取证模式，只报告发现的内部控制缺陷，则不符合成本效益原则，一定程度上是浪费了审计资源。有限保证内部控制审计有一种特殊情形，就是发现了内部控制重大缺陷，在这种情形下，即使未对内部控制整体有效性形成结论，事实上也表明了内部控制整体无效。但是，由于采取，事实发现型取证模式，对于审计客体的财务报告内部控制是否还存在未发现的重大缺陷，并不能提供合理保证。所以总体来说，这种情形下的内部控制整体无效与合理保证业务下的整体无效仍然是有区别的。类似于财务信息审计报告，无论是合理保证业务，还是有限保证业务，内部控制审计报告都可能分为简式审计报告和详式审计报告，在采用详式审计报告的情形下，为便于内部控制审计结果的应用，一些审计机构还出具内部控制审计结果报告，重点报告审计结果。

政府部门财务报告内部控制审计报告的应用主要包括以下几个方面：第一，本级政府部门作为财务报告责任主体，当然有责任建立健全财务报告内部控制，所以应该最为关注财务报告内部控制审计结果，审计机构应该将内部控制审计报告提交本级政府部门；第二，本级政府作为本级政府部门的委托人，应该关注本级政府财务报告内部控制建立健全情况，因此审计机构要将内部控制审计报告报送本级政府；第三，本级财政部门作为代表本级政府具体履行财政管理职责的部门，应该关注本级各政府部门是否建立健全了财务报告内部控制制度，所以审计机构应该将内部控制审计报告提交本级财政部门；第四，本级人大作为本级政府的委托人，并且本级部门预算是经过本级人大审议批准的，因此本级人大也可能关注政府各部门的相关情况，并且审计机构要将内部控制审计报告报送本级人大，另外本行政区公众是本级人大和本级政府的委托人，也可能关注政府各部门的财务责任履行情况，从而关注政府各部门的财务报告内部控制情况。因此，审计机构要以适当的方式，将财务报告内部控制审计结果向社会披露；第五，如果本级政府部门中的一些单独法人单位在资本市场或货币市场有筹资行为，则投资者、债权人及其他利益相关者也会关注其财务报告内部控制状况，因此，审计机构要以适当的方式将财务报告内部控制审计结果披露给这些利益相关者；第六，如果发现财务报告内部控制存在缺陷，而缺陷已经造成较严重的负面后果，并且缺陷主要是由于相关人员不作为或乱作为而造成的，则要对责任者进行责任追究。凡是审计机构能直接追究责任的，做出审计处理处罚决定，出具审计处理处罚决定书，凡是需要移交其他机构的，做出审计移送决定，出具审计移送决定书。

（四）政府部门财务报告中的整合审计报告及其应用

政府部门财务报告中的财务信息审计和财务报告内部控制审计密切相关，因此通常要求以整合的方式来组织实施，在整合审计方式下，可以分别出具财务信息审计报告和内部控制审计报告，也可以将财务信息审计和内部控制审计合并出具整合审计报告，分别出具审计报告情形下的审计结果内容及其应用与本节前面所分析的情形基本一致，这里讨论整合审计报告的审计结果内容及其应用。

整合审计报告要承载两类审计结果：一是关于财务信息的审计结果，在合理保证业务模式下，这种审计结果体现为审计意见，通常分为无保留意见、保留意见、否定意见和无法发表意见，支持发表这类审计意见的是命题论证型取证模式；在有限保证业务模式下，审计结果体现为审计发现，也就是通过审计发现的财务信息错报，支持这种业务模式的是事实发现型取证模式。二是关于财务报告内部控制的审计结果，同样也区分为合理保证业务和有限保证业务。在合理保证业务模式下，审计结果体现为对内部控制整体有效性的审计意见，通常分为整体有效、整体无效和无法发表意见，支持发表这种意见的是命题论证型取证模式；在有限保证业务模式下，审计结果体现为审计发现，也就是通过审计发现的财务报告内部控制缺陷，支持这种业务模式的是事实发现型取证模式。通常来说，基于成本效益原则和保障审计质量的需要，在整合审计中，政府部门财务报告中的财务信息审计和财务报告内部控制审计要采取相同的保证程度，进而需要采取同类审计取证模式。整合审计报告也有简式审计报告和详式审计报告两种类型，当采用详式审计报告时，为了便于审计结果的应用，需要单独出具整合审计结果报告，重点报告审计结果。

政府部门财务报告整合审计报告的使用者包括作为审计客体的本级政府部门、作为委托人的本级政府、本级财政部门以及本级人大、本行政区公众、投资者、债权人及其他利益相关者。对于财务信息操纵及内部控制缺陷的责任者，同样也要进行责任追究，其使用情况及责任追究与分别出具报告的情形基本相同，这里不再赘述。

（五）政府部门财务报告审计中的管理建议书及其应用

管理建议书是审计人员就审计过程中发现的问题向审计客体及相关单位提出的改进建议。它与审计报告的关系有两种情形：一是当审计报告不对外公开，通常是详式审计报告的情形下，管理建议书作为审计报告的组成部分，不单独出具；二是当审计报告要对外公开，通常是简式审计报告的情形下，管理建议书不作为审计报告的组成部分，而是单独出具。

管理建议书的核心内容包括两部分。①发现的问题，就政府部门财务报告审计来说，一般包括五类：一是政府部门财务报告中的财务信息失真，二是政府部门财务报告内部控制缺陷，三是违纪违规行为，四是损失浪费行为，五是相关法律法规缺陷；②解决问题的建议，通常是在分析问题产生原因的基础上，提出针对性改进建议。

管理建议书作为重要的审计结果载体，由于涉及的问题不同，其使用者也不同。如果涉及的问题是审计客体本身能解决的，管理建议书通常与审计报告一并交给作为审计客体的本级政府部门，同时抄送本级政府；如果管理建议书所涉及的问题是作为审计客体的本级政府部门无法解决的（如发现相关法律法规存在缺陷，需要完善这些法律法规），则需要送交能解决问题的相关部门，同时抄送本级政府和本级人大。

（六）政府部门财务报告审计中的审计整改计划、整改报告和移送问题处理情况反馈

根据本节前面的分析，审计结果应用涉及到多个单位。许多情形下，从审计机构的角度来说，主要是提交或报告审计报告、管理建议书。那么，相关单位是否在应用这些审计结果，审计机构要进一步跟踪，以促进审计结果的真正应用。审计整改计划、整改报告和移送问题处理情况反馈是重要的手段。

审计整改计划是作为审计客体的本级政府部门对审计所发现问题的整顿和改进计划。对于审计报告中提到的问题、审计处理处罚决定中的决定、管理建议书中提到的问题及建议，要进行归纳整理，并形成整改事项清单。这些都要写入审计整改计划。对于需要整改的事项，要明确整改责任单位、责任人、整改办法、整改要求。对于确实难以整改的事项，要说清楚原因，并提出应对措施。通常来说，审计客体的审计整改计划要报送对其实施审计的本级审计机构，如果是通过业务外包的方式由民间审计机关实施的审计业务，也要报送给对这个审计业务进行外包的本级审计机构。

审计整改报告有两种情形：第一，审计客体的审计整改报告。这是审计客体对其整改情况的如实反映，通常要根据整改计划中的整改事项逐一报告每个事项的整改措施及整改结果。对于没有完成整改计划的事项，要说明原因及下一步的计划。审计客体的审计整改报告除了报送本级审计机构外，还要以适当的方式对外公开，如在本级审计机构指定的网站或审计客体本身的官方网站公告。第二，审计机构的审计整改报告。这又有两种具体情形：一是以每个审计客体为对象的审计整改报告，这通常是在审计客体的审计整改报告的基础上，结合审计机构自身的调整核实情况，形成审计机构关于各个审计客体的审计整改报告，这个审计整改报告通常是审计机构内部使用；二是汇总的审计整改报告，这通常是以一定的时间为周期，对这个时间范围的所有审计客体的审计整改情况归纳汇总而形成，汇总的审计整改报告通常报给本级政府和本级人大。

审计机构由于其获得的授权不同，对于发现问题的处理处罚权也不同。因此许多情形下，审计机构要将发现的问题移送至其他有权力的机构。这些机构对审计移送的问题实施相关的法定程序后，最终做出处理处罚或不追究责任的决定。由于这种问题是审计机构移送的，所以接受移送的这些机构有必要将这些问题的最终处理结果以书面方式反馈给审计机构，这样就形成了完整的审计结果链。

三、结论和启示

审计结果应用是政府部门财务报告审计能否实现其终极目标的关键环节。本节以经典审计理论为基础，提出一个关于政府部门财务报告审计结果及其应用的理论框架。

政府部门财务报告审计结果是政府部门财务报告审计过程的直接产出。从审计结果的载体来说，政府部门财务报告审计结果体现为审计报告和管理建议书，审计报告又因为审计业务类型及业务基础不同而有多种类型，管理建议书也具有多种情形，年度报告审计和中期报告审计中都可能有管理建议书。

政府部门财务报告中的财务信息审计报告承载的是关于政府部门财务报告中的财务信息的审计结果。在合理保证情形下，财务信息审计报告承载的是审计意见；在有限保证情形下，财务信息审计报告承载的是审计发现。政府部门财务报告中的财务信息审计报告的使用者包括本级政府部门、本级政府、本级人大、本行政区公众、本级政府财政部门、投资者、债权人及其他利益相关者，以及接受审计机构移送的权力机构。

政府部门财务报告内部控制审计报告承载的是关于政府部门财务报告内部控制的审计结果。在合理保证业务下，内部控制审计报告承载的是内部控制审计意见；在有限保证业务下，内部控制审计报告承载的是内部控制审计中的审计发现。政府部门财务报告内部控制审计报告使用者与财务信息审计报告的使用者基本相同。

整合审计报告要承载两类审计结果：一是关于财务信息的审计结果，二是关于财务报告内部控制的审计结果。其承载的审计结果与独立开展的这两类审计业务相同，审计结果的使用者也相同。

管理建议书的核心内容包括发现的问题和解决问题的建议。对于审计客体本身能解决的问题，管理建议书通常与审计报告一并交给本级政府部门；如果管理建议书所涉及的问题是审计客体无法解决的，则需要送交能解决问题的相关部门。

审计客体要制定审计整改计划，并提交整改报告。审计机构要编制审计整改报告，接受移送的机构要书面反馈移送问题处理情况。

本节的研究启示我们，政府部门财务报告审计结果及其应用既具有重要性，也呈现复杂性，因此需要在科学认知的基础上，才能建构科学的制度。审计实践中关于审计结果应用的各类问题，虽然有较多的原因，但是对审计结果及其应用缺乏深入系统的认知是其中的重要原因。本节的研究再次表明，理论自信是制度自信的基础。

参考文献

［1］戴佳君，张奇峰．审计风险研究综述［J］.上海立信会计学院学报，2009（6）：68-75.

［2］陆晓晖.我国注册会计师与政府财务报告审计的机遇和挑战［J］.财务与会计，2016（10）：65-66.

［3］洪学智.政府财务报告审计与公开机制建设探析［J］.财务与会计，2016（11）：26-27.

［4］刘冠亚.我国政府财务报告审计制度研究［D］.北京：中国财政科学研究院，2018.

［5］房巧玲，田世宁.美国、澳大利亚政府综合财务报告审计实践的发展与比较［J］.会计之友，2018（10）：6-12.

［6］周曙光，陈志斌.国家治理视域下政府财务报告审计的机制构建［J］.会计与经济研究，2019（11）：19-30.

［7］Redmayne，N.B.，Bradbury，M.E.，Cahan，S.F.The Association between Audit Committees and Audit Fees in the Public Sector［J］.International Journal of Auditing，2011，15（3）：301-15.

［8］Akresh，A.D.，A Risk Model to Opine on Internal Control［J］.Accounting Horizons，Vol.24，No.1，2010：65‐78.

［9］雷英，吴建友.内部控制审计风险模型研究［J］.审计研究，2011（1）：79-83.

［10］王杏芬.整合审计下内部控制审计风险模型构建［J］.财会通讯，2011（9）：96-97.

［11］李媛媛，郑石桥.内部控制鉴证取证模式：逻辑框架和例证分析［J］.会计之友，2017（22）：125-130.

［12］刘钧.风险管理概论［M］.北京：清华大学出版社，2008年.

［13］朱小平，叶友."审计风险"概念体系的比较与辨析［J］.审计与经济研究，2003（9）：11-15.

［14］徐政旦，胡春元.论民间审计风险［J］.审计研究资料，1999（1）：7-13.

［15］谢荣.论审计风险的产生原因、模式演变和控制措施［J］.审计研究，2003（4）：24-29.

［16］杰里·D·沙利文等.蒙哥马利审计学［M］.北京：中国商业出版

社，1989.

　　［17］谢志华.审计管理［M］.中国商业出版社，1990.

　　［18］谢志华.审计职业判断、审计风险与审计责任［J］.审计研究，2000（6）：42-47.

　　［19］秦荣生.审计风险探源：信息不对称［J］.审计研究，2005（5）：6-11.

　　［20］吴联生.社会审计风险及其责任关系分析［J］.审计研究，1995（5）：38-41.

　　［21］阎金锷，刘力云.审计风险及其应用的探讨［J］.财会通讯，1998（9）：3-7.

　　［22］胡春元.论审计风险［J］.当代经济科学，1998（3）：83-88.

　　［23］胡春元.风险基础审计［M］.大连：东北财经大学出版社，2001年.

　　［24］王大力.Turley：现代风险导向审计和审计准则的英国经验［Z］.中国会计师视野，http://www.esnai.com/career/PrintDoc.aspNewsID=19579 & uchecked=true，2005.

　　［25］顾晓安.基于业务循环的审计风险评估专家系统研究［J］.会计研究，2006（4）：23-29.

　　［26］郑石桥.制度审计［M］.北京：中国人民大学出版社，2018.

　　［27］财政部会计司联合研究组.公共部门注册会计师审计制度研究——基于政府财务报告审计的思考［J］.会计研究，2016（4）：3-8，95.

　　［28］李宗彦，郝书辰.权责发生制政府财务报告审计制度探讨——英、澳两国实践经验及启示［J］.审计研究，2018（1）：51-58.

　　［29］陆晓晖.国家审计主导政府财务报告审计研究［J］.中国内部审计，2020（1）：79-83.

　　［30］周曙光，陈志斌.政府财务报告审计与企业财务报表审计比较研究［J］.财务与会计，2020（3）：41-44.

　　［31］郑石桥，李媛媛.公共部门注册会计师审计的审计准则适用：理论框架和例证分析［J］.商业会计，2017（4）：20-24.

　　［32］郑石桥.政府审计准则模式：理论框架和例证分析［J］.会计之友，

2015（21）：125-130.

[33] 尹启华. 政府综合财务报告审计框架的构建研究 [J]. 南京审计大学学报, 2017（1）：95-101.

[34] 郑石桥, 宋海荣. 政府审计客体：理论框架和例证分析 [J]. 会计之友, 2015（16）：126-132.

[35] 崔振龙. 关于制定专业审计准则的几点建议 [J]. 中国审计信息与方法, 2000（9）：26-27.

[36] 陈波. 论独立审计准则制定的允当程序——理论分析与政策建议 [J]. 财会通讯, 2005（4）：78-80.

[37] 戚艳霞. 美国政府财务报告审计的特点、成效及对我国的启示——基于对 GAO1997—2013 财政年度审计报告的分析 [J]. 中国审计评论, 2015（2）：57-68.

[38] 陆晓晖. 对开展政府财务报告审计的几点思考 [N]. 中国审计报, 2016-11-30（05）.

[39] 潘俊, 沈嘉诚, 徐颖. 双体系下财务报告审计与预决算审计协调研究 [J]. 教育财会研究, 2018（10）：86-94.

下篇
政府综合财务报告审计基本理论

　　政府综合财务报告是反映政府整体财务状况、运行情况和财政中长期可持续性的财务报告，是治国理政的基础。党和国家高度重视政府综合财务报告制度的建立，党的十八届三中全会提出要"建立权责发生制的政府综合财务报告制度"，《中华人民共和国预算法》要求"各级政府财政部门应当按年度编制以权责发生制为基础的政府综合财务报告"，国务院批转财政部《权责发生制政府综合财务报告制度改革方案》提出"在 2020 年前建立具有中国特色的权责发生制政府综合财务报告制度"。政府综合财务报告审计制度是政府综合财务报告制度的重要成员，目前还在建构之中，许多的基本问题尚缺乏深入和系统地研究，理论研究的这种状况在一定程度会影响其制度建构和优化。本篇阐释政府综合财务报告审计的各基础性问题，提出一个关于政府综合财务报告审计的基本理论框架，具体内容及章节安排见表 1。

表 1　政府综合财务报告审计的基本理论

政府综合财务报告审计基本问题	具体内容	章节安排
什么是政府综合财务报告审计？	1. 政府综合财务报告审计本质	第七章第一节
为什么需要政府综合财务报告审计？	2. 政府综合财务报告审计需求	第七章第二节
政府综合财务报告审计究竟由谁来审计？	3. 政府综合财务报告审计主体	第八章第一节
政府综合财务报告审计究竟审计谁？	4. 政府综合财务报告审计客体	第八章第二节
政府综合财务报告审计究竟审计什么？	5. 政府综合财务报告审计内容	第九章第一节
希望通过政府综合财务报告审计得到什么？	6. 政府综合财务报告审计目标	第九章第二节
政府综合财务报告审计究竟怎么审计？	7. 政府综合财务报告审计取证模式	第十章第一节
政府综合财务报告审计有哪些审计结果？如何应用？	8. 政府综合财务报告审计结果及其应用	第十章第二节

第七章　政府综合财务报告审计本质和审计需求

政府综合财务报告审计有不少的基础性问题需要理论阐释，本章聚焦其中的两个问题：什么是政府综合财务报告审计？为什么需要政府综合财务报告审计？根据这两个问题，本章的具体内容包括：政府综合财务报告审计本质，政府综合财务报告审计需求。

第一节　政府综合财务报告审计本质

政府综合财务报告是反映政府整体财务状况、运行情况和财政中长期可持续性的财务报告，是政府治国理政的基础，各国政府都非常重视政府综合财务报告制度的建立。我国党和国家同样高度重视政府综合财务报告制度的建立，党的十八届三中全会提出要"建立权责发生制的政府综合财务报告制度"，《中华人民共和国预算法》要求"各级政府财政部门应当按年度编制以权责发生制为基础的政府综合财务报告"，国务院批转财政部《权责发生制政府综合财务报告制度改革方案》提出"在2020年前建立具有中国特色的权责发生制政府综合财务报告制度"。

政府综合财务报告审计制度是政府综合财务报告制度的重要成员，没有这个制度的建立，政府综合财务报告的信息真实性就失去保障机制。理论是制度建构的基础，没有科学的理论认知为基础，制度建构可能失之偏颇。在政府综合财务报告审计的诸多理论问题中，政府综合财务报告审计本质是最为基础的，对审计本质的不同认知，将导致不同的政府综合财务报告审计建构。

现有文献中的查账论和系统过程论对认知政府综合财务报告审计的本质有一定的启发，但是未发现有文献专门研究政府综合财务报告审计的本质。总体来说，尚缺乏一个系统化的理论框架来深入系统地阐释政府综合财务报告审计之本质。本节的贡献在于以经典审计理论为基础，从多个角度探究政府综合财务报告审计的本质，提出一个关于政府综合财务报告审计本质的理论框架，以深化对政府综合财务报告审计本质的认知，并为优化相关制度建构提供理论支撑。

一、文献综述

现有文献关于财务信息审计本质的观点主要有查账论和系统过程论。查账论起源最早、延续时间最长、影响力也最大。这种观点的核心要旨是审计就是对会计资料及财务报表的检查。简单地说，"审计就是查账"（Mautz & Sharaf，1961；王文彬，1981）。系统过程论源于 AAA（1972）发布的被誉为审计理论发展的第二座里程碑的《审计基本概念公告》（*A Statement of Basic Auditing Concepts*），认为"审计是客观收集和评价与经济活动及事项有关的认定的证据，以确定其认定与既定标准的相符程度，并将结果传递给利益关系人的系统过程"，不少的经典审计著作都采纳了这种观点（尚德尔，1992）。上述这两种观点对认知政府综合财务报告审计本质有较大的启发，但是政府综合财务报告毕竟是一类特殊的财务信息，所以政府综合财务报告审计应该还具有其个性本质。

未发现有文献专门研究政府综合财务报告审计之本质，现有文献通常认为，政府综合财务报告审计是对反映政府整体财务状况、运行情况和财政中长期可持续性的财务报告所进行的审计，政府综合财务报告审计可以理解为政府年报的审计。似乎认知了审计，也就认知了政府综合财务报告审计（戚艳霞，2015；唐大鹏等，2015；王祥君，2016；尹启华，2017；刘冠亚，2018；房巧玲、田世宁，2018）。对政府综合财务报告审计之本质的这种认知，最大的问题是，未能厘清政府综合财务报告审计的审计功能和审计类型，就审计功能来说，有鉴证、评价、责任追究、顾问等多种；就审计类型来说，至少有问题导向和结论导向两种类型。只是简单地认为政府综合财务报告审计就是对政府综合财务报告所实施的审计，并未厘清审计功能和审计类型，因此未能清晰地显现政府综合财务报告本质。

上述文献显示，现有文献对政府综合财务报告审计本质已经有一定的认知，但是尚缺乏一个系统化的理论框架来深入系统地阐释政府综合财务报告审计本质，本节所致力于此。

二、理论框架

审计本质阐释的核心问题是"什么是审计"，政府综合财务报告审计本质所要阐释的核心问题是"什么是政府综合财务报告审计"。本节的目的是以经典审计理论为基础，提出一个关于政府综合财务报告审计本质的理论框架。为此，需要有序地阐释以下问题：第一，认知一个事物的本质需要从内涵和外延两个角度来进行，内涵确定了事物的根本属性，而外延确定了事物的范围，政府综合财务报告审计本质的探究也应该如此；第二，事物的本质和特征可以通过与相关事物的比较来显现，可以通过对相关事物的辨析来深化对事物本质的认知，通过对政府综合财务报告审计相关概念的辨析，可以深化对政府综合财务报告审计本质的认知。基于以上分析，本节从三个角度来分析政府综合财务报告审计的本质：政府综合财务报告审计的内涵，政府综合财务报告审计的外延，政府综合财务报告审计相关概念辨析。

（一）政府综合财务报告审计的内涵

政府综合财务报告审计当然也是审计，因此也应该具有审计的共性本质，在共性本质的基础上，显现自己的个性本质，所以需要以审计一般的本质为基础来探究政府综合财务报告审计的本质。审计一般的本质也就是审计的共性本质，有多种观点，本节采用的观点是"审计是以系统方法从行为、信息和制度三个维度独立鉴证经管责任履行情况并将结果传达给利益相关者的制度安排"（郑石桥，2016）。基于审计一般的上述本质，本节提出政府综合财务报告审计本质如下：政府综合财务报告审计是以系统方法从政府综合财务报告所体现的政府整体性财务信息及相关制度这两个维度对本级政府国有资源经管责任履行情况实施的独立鉴证，推动责任评价和责任追究，并将审计结果传递给利益相关者的治理制度安排（郑石桥、甄馨，2020）。这个表述有六个核心内涵：政府综合财务报告审计是国有资源经管责任履行情况审计的组成部分；政府综合财务报告审计从政府综合财务报告所体现的政府整体性财务信息及相关制度这两个维度来开展；政府综合财务报告审计需要履行独立鉴证、评价和责任追究三大职能；政府综合财务报告审计采用系统方法；政府综合财务报告审计需要将审计结果传递给利益相关者；政府综合财务报告审计属于治理制度安排。下面，我们对上述六个方面的核心内容进行详细阐释。

（1）政府综合财务报告审计是国有资源经管责任履行情况审计的组成部分。国有资源属于全国人民所有，但是其管理和营运必须交付一定的责任主体来负责，全国人民与这些责任主体之间形成国有资源委托代理关系。不同国家的国有资源委托代理关系不同，根据我国的相关法法律（如《中华人民共和国宪法》《中华人民共和国预算法》《中华人民共和国土地管理法》《中华人民共和国企业国有资产法》等），国有资源委托代理关系的基本架构如图1所示。图1显示，国有资源委托代理关系有多种具体类型，但是总体上可以分为两类，第一类是本级政府作为代理人，①②③④都属于这种类型，第二类是本级政府作为委托人，⑤⑥属于这种类型。本级政府作为代理人要向其委托人（本行政区公众、本级人大、上级政府）报告其控制的国有资源营运情况，而本级政府自己又不亲自管理和使用其接受的国有资源，而是以委托人身份托付其代理人具体管理和使用。所以，本级政府可以从两个角度来报告其从委托人处所接受的国有资源管理和营运情况，一是本级国有资源管理和营运情况，二是本行政区国有资源管理和营运情况。从实质上来说，本级政府对其委托人承担了国有资源经管责任，这种责任可以从两个角度来观察，一是本级国有资源经管责任，二是本行政区国有资源经管责任，后者的区分在于是否包括下级政府，前者只包括本级单位，后者除了本级单位外，还包括下级政府。

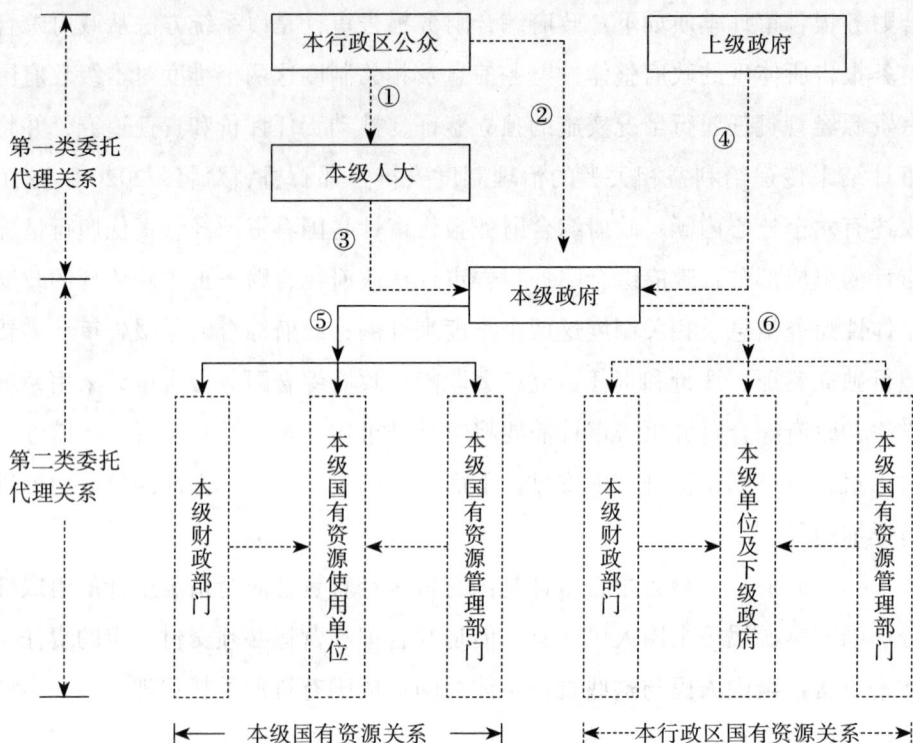

图1　国有资源委托代理关系

无论是本级国有资源经管责任，还是本行政区国有资源经管责任，都可以区分为财务责任和业务责任，前者是国有资源使用管理责任，后者是使用国有资源履行职责的责任。政府综合财务报告反映的是本级政府财务责任履行情况，对政府综合财务报告的审计，实质上是对本级政府国有资源经管责任履行情况的审计，只是这种审计聚焦在财务责任履行情况。

（2）政府综合财务报告审计从政府综合财务报告所体现的政府整体性财务信息及相关制度这两个维度来开展。本级政府对委托人承担的国有资源经管责任可以区分为财务责任和业务责任，而这两种责任的履行都必须做到最大善意，具体体现在四个维度：一是遵守相关法律法规，做到行为合规；二是如实地确认、计量、记录和报告相关信息，做到信息真实；三是有效地使用资源，以达到期望的目标，做到绩效达标；四是建立健全与上述三个维度的责任履行相关的各项制度，做到制度健全。政府综合财务报告审计不是对上述四个维度责任的全部审计，而是聚焦在财务责任中的信息真实性，是从政府综合财务报告所体现的政府整体性财务信息及相关制度这两个维度对本级政府国有资源经管责任履行情况的审计。

（3）政府综合财务报告审计需要履行独立鉴证、评价和责任追究三大职能。审计职能有多种，不同的审计业务所需要履行的审计职能不同，对政府综合财务报告审计来说，需要履行独立鉴证、评价和责任追究三大职能。其中，鉴证是审计机构采用系统方法弄清楚政府综合财务报告所反映的真实性，并就其真实性或是否发现问题形成结论；评价是在鉴证的基础上，对政府综合财务报告中的财务信息所表征的绩效与一定的标杆进行比较，并就比较结果形成结论，如财务信息是否达到目标预期、财务风险是否处于所要求的水平之内等；责任追究是指对政府综合财务报告的财务信息失真负有责任或财务绩效低下负有责任的责任单位或责任人所进行的处理处罚。对相关制度的审计也涉及到鉴证、评价及责任追究。上述三大职能中，鉴证是必须履行的职能，并且要求独立地履行，而评价和责任追究是可以履行的职能，并不是一定要履行的职能。同时，在评价和责任追究职能履行中，可以与其他机构合作，并不要求独立地履行这两大职能。

（4）政府综合财务报告审计采用系统方法。审计机构在独立履行各项职能或是与其他机构合作履行各项审计职能时，必须采用系统方法。这里的系统方法，其实质上科学的方法，也就是能有效地获取所需要的审计证据并实现审计目标的各种方式方法的组合，主要体现为审计准则。就政府综合财务报告审计来说，也必须有其适用的审计准则，并且这种审计准则所内含的审计取证模式、审计技术方法等必须是科学的、系统的。与系统方法相对立的是随意方法，也就是审计人员凭借自己的经验，随意地采取一些方法来获取一些审计证据，只关注是否存在违规或弄虚作假问题，并不形成结论。

（5）政府综合财务报告审计需要将审计结果传递给利益相关者。无论何种审计机构对政府综合财务报告进行审计，都不是为审计机构而审计，一定是服务于一定的利益相关者。这里的利益相关者，除了本级政府的委托人外（图1），还包括信赖本级政府综合财务报告中的财务信息做出相关决策的机构或个人。审计机构将政府综合财务报告审计结果以一定的方式传递给委托人，有利于委托人评价本级政府的国有资源经管责任履行情况并做出相关的决策，审计机构将政府综合财务报告审计结果传递给信赖这些信息做出决策的机构或个人，有利于其做出正确的决策。总体来说，审计机构为了实现政府综合财务报告审计的终极目标，必须以一定的系统方法将审计结果传递给利益相关者。

（6）政府综合财务报告审计属于治理制度安排。政府综合财务报告审计不是一种孤军奋战的制度安排，它是多种治理制度体系的组成部分。一方面，它属于政府综合财务报告制度的组成部分；另一方面，它属于国有资源治理制度体系的组成部分。此外，它还属于财政治理制度的组成部分。正因如此，政府综合财务报告制度必须与其所属的制度体系相协调，在制度设计及运行中要保持与相关制度的协同。

（二）政府综合财务报告审计的外延

以上分析了政府综合财务报告审计的内涵，为了更深入地探究政府综合财务报告审计的本质，下面，我们来分析政府综合财务报告审计的外延。政府综合财务报告审计本身是一个体系，可以从不同的角度来对这个体系进行分类，基本情况见表1。

表1　政府综合财务报告审计体系

项　目		报表范围及会计期间			
		本级政府综合财务报告		本行政区政府综合财务报告	
		年度报告	中期报告	年度报告	中期报告
保证程度	合理保证业务	★	★	★	★
	有限保证业务	★	★	★	★
业务基础	基于责任方认定业务	★	★	★	★
	直接报告业务	★	★	★	★
审计主体	上级政府审计机关	★	★	★	★
	本级政府审计机关	★	★	★	★
	民间审计机构	★	★	★	★
	内部审计机构	★	★	★	★

注：★表示有这种情形。

表1中对政府综合财务报告审计有五种分类方法：第一种，按政府综合财务报告包括的合并主体范围，政府综合财务报告审计分为本级政府综合财务报告审计和本行政区政府综合财务审计，前者的合并范围是本级各单位，后者的范围还包括下级政府。第二种，按会计期间，政府综合财务报告审计分为年报审计和中期报告审计，这里的中期报告包括月报、季报、半年报等。第三种，按审计的保证程度，政府综合财务报告审计分为合理保证审计和有限保证审计，前者要求对政府综合财务报告是否真实，从整体上发表意见，也称为结论导向审计，后者并不要求发表整体性意见，只要求报告审计所发现的问题，也称为问题导向审计。第四种，按审计的业务基础，政府综合财务报告审计分为基于责任方认定业务和直接报告业务两种类型。通常来说，政府综合财务报告的信息真实性审计属于基于责任方认定业务，而政府综合财务报告相关制度健全性的审计，则可能属于直接报告业务。第五种，不同的审计主体都可能涉及到政府综合财务报告审计，从而出现基于各类审计主体的政府综合财务报告审计。内部审计涉及到政府综合财务报告审计有两种情形：一是纳入范围内各会计主体的内部审计，对各会计主体的政府部门财务报告所进行的审计，这属于各会计主体所建立的财务信息内部治理机制，这种审计为政府综合财务报告奠定了一定的基础；二是财政部门的内部审计，对财政部门编制的政府综合财务报告所进行的审计，这属于财政部门所建立的财务信息内部治理机制。

（三）政府综合财务报告审计相关概念的辨析

以上从内涵和外延外两个角度分析了政府综合财务报告的本质。下面，我们辨析与政府综合财务报告审计相关的几个概念，以进一步深化对政府综合财务报告审计本质的认知。这些相关概念包括政府财务报告审计、政府部门财务报告审计、预算执行审计和决算草案审计。

政府财务报告审计是审计机构对政府财务报告所实施的各项审计功能，由于政府财务报告有多种类型，所以政府财务报告审计也区分为多种类型。通常来说，政府财务报告可以分为政府综合财务报告和政府部门财务报告，因此政府财务报告审计也可以分为政府综合财务报告审计和政府部门财务报告审计。所以，政府综合财务报告审计是政府财务报告审计的组成部分。政府部门财务报告审计是审计机构对政府部门财务报告所实施的各项审计功能，由于政府部门财务报告是政府各部门编制的财务报告，是政府财务报告的一种类型，所以政府部门财务报告审计也是政府财务报告审计的组成部分。基于上述分析，可以认为，政府综合财务报告审计和政府部门财务报告审计是对不同会计主体的财务报告的审计，二者是并行的审计业务。由于政府综合财务报告是合并报表，而政府部门财务报告各会计主体是合并范围，所以政府部门财务报告是政府综合财务报告的基础。正因如此，政府部门财务报告审计也就成为政府综合财务报告审计的基础，没有合并范围内各会计主体的会计报表审计，作为合并报表的政府综合财务报告的审计也就没有基础。所以，通常要在政府部门财务报告审计的基础上，才能实施政府综合财务报告审计。

预算执行审计中的预算是指本级人大审查和批准的年度财政预算和部门预算，预算执行审计也就是以此年度预算为依据，采用审计方法对财政部门及各预算执行部门和单位的财政财务收支是否符合年度预算及相关的法律法规所实施的监督活动，通常分为本级预算执行审计和部门预算执行审计（李金华，1998）。从实务操作角度来看，上述两种预算执行审计主要关注各预算主体的财政财务收支（纳入预算的也称为预算收支，如果是全口径预算，全部财政财务收支都是预算收支）是否符合相关的法律法规、是否符合预算，其实质就是财政财务收支合规审计。本级预算执行审计与本级政府综合财务报告审计有一定的关联，而部门预算执行审计与政府部门财务报告审计有一定的关系。关联的方式都是当违规的财政财务收支发生后，为了掩盖这种违规行为，可能会在财务信息上造假，当虚假的财务信息达到一定的程度后，可能会影响财务报告的真实性。所以，政府部门财务报告审计和政府综合财务报告审计都必须对违规财政财务收支行为保持关注。

决算审计是对人大审查批准决算之前的决算草案所实施的审计，所以也称为决算草案审计（李金华，1998）。《中华人民共和国预算法》和《中华人民共和国审计法》都对决算草案审计有规定。《中华人民共和国预算法》第七十七条规定，"县级以上地方各级政府财政部门编制本级决算草案，经本级政府审计部门审计后，报本级政府审定，由本级政府提请本级人民代表大会常务委员会审查和批准"。这个条款规定了本级决算草案审计，这种审计侧重于对本级决算草案是否真实准确、是否符合预算法等法律法规的规定进行审查。《中华人民共和国审计法》第十六条规定，"审计机关对本级各部门（含直属单位）和下级政府预算的执行情况和决算以及其他财政收支情况，进行审计监督"，这个条款提出了两种类型的决算草案审计，一是本级部门预算单位的决算草案审计，简称部门决算草案审计，二是下级政府决算草案审计。很显然，《中华人民共和国预算法》和《中华人民共和国审计法》的规定不同（这也是法律不协调），两个法律综合起来，决算草案审计有三种：部门决算草案审计、本级决算草案审计、下级决算草案审计。无论何种决算草案审计，都是对收支实现制的决算报表草案所实施的审计，而本级政府财务报告是以权责发生制为基础的，决算草案不同于财务报告，所以决算草案审计不同于政府财务报告审计。本级政府决算草案审计与本级政府综合财务报告审计有一定的关系，政府部门决算草案审计与政府部门财务报告审计有一定的关联，关联方式都是基于收支实现制与权责发生制的关系。

三、结论和启示

各国政府都十分重视政府综合财务报告制度的建立，政府综合财务报告审计制度是政府综合财务报告制度的重要成员。理论是制度建构的基础，本节以经典审计理论为基础，从多个角度探究政府综合财务报告审计的本质，提出一个关于政府综合财务报告审计本质的理论框架。

从内涵上来说，政府综合财务报告审计是以系统方法从政府综合财务报告所体现的政府整体性财务信息及相关制度这两个维度，对本级政府国有资源经管责任履行情况实施的独立鉴证，推动责任评价和责任追究，并将审计结果传递给利益相关者的治理制度安排。

从外延上来说，政府综合财务报告审计本身是一个体系，可以从不同的角度来对这个体系进行分类，按政府综合财务报告包括的合并主体范围，政府综合财务报告审计分为本级政府综合财务报告审计和本行政区政府综合财务审计；按会计期间，政府综合财务报告审计分为年报审计和中期报告审计；按审计的保证程度，政府综合财务报告审计分为合理保证审计和有限保证审计；按审计的业务基础，政府综合财务报告审计分为基于责任方认定业务和直接报告业务两种类型；不同的审计主体都可能涉及到政府综合财务报告审计，从而出现基于各类审计主体的政府综合财务报告审计。

从相关概念的关系来说，政府综合财务报告审计与政府财务报告审计、政府部门财务报告审计、预算执行审计和决算草案审计这些概念既有区别，也有关联。

本节的研究启示我们，政府综合财务报告审计既有审计一般的共性本质，也有其独特的个性本质，因此，在政府综合财务报告审计制度建构中，既要遵守审计一般的制度规律，也要充分尊重政府综合财务报告审计的个性要求。只有这样，政府综合财务报告审计才能真正有效地发挥作用。

第二节　政府综合财务报告审计需求

政府综合财务报告是综合反映各级政府整体财务状况、运行情况和财政中长期可持续性的报告，美国联邦审计署从 1997 年就开始对联邦政府合并财务报告进行审计，其他一些国家也有这种审计制度（刘光忠、王宏、冯翠平，2015）。我国党和国家高度重视政府综合财务报告制度的建立，2013 年，党的十八届三中全会通过的《中共中央关于全面深化改革若干重大问题的决定》提出，要"建立权责发生制的政府综合财务报告制度"，2014 年 8 月，全国人大常委会修订通过的《中华人民共和国预算法》规定，"各级政府财政部门应当按年度编制以权责发生制为基础的政府综合财务报告"，2014 年 12 月，国务院批转财政部《权责发生制政府综合财务报告制度改革方案》，提出"在 2020 年前建立具有中国特色的权责发生制政府综合财务报告制度"。很显然，政府综合财务报告审计制度是政府综合财务报告制度的重要内容，然而，没有理论上的正确认知，就没有科学的制度建构，要科学地建构这个审计制度，必须从理论上清楚地认知主要的基础性问题，政府综合财务报告审计需求是这些基础性问题之一。

现有文献中，不少文献从一般意义上研究财务信息审计需求，形成了代理理论、信息含量理论、信号传递理论和保险理论这四种主要观点。未发现有文献专门研究政府综合财务报告审计需求，少量文献涉及这个问题。本节的贡献在于以经典审计理论为基础，分别从委托人和代理人角度来分析政府综合财务报告审计需求，提出一个关于政府综合财务报告审计需求的理论框架，以深化对政府综合财务报告审计需求的认知，并为优化相关制度建构提供理论支撑。

一、文献综述

目前，从一般意义上研究财务信息审计需求的文献很多，形成了代理理论、信息含量理论、信号传递理论和保险理论这四种主要观点。代理理论认为，由于预期到委托人与代理人之间的代理冲突，代理人会产生代理问题，而委托人会以不同的方式进行自我保护，由审计师对财务信息进行审计是其中的一个方式（Watts，1977；Chow，1982；Watts &Zimmerman，1983；Watts & Zimmerman，1986；Abdel-Khalik，1993；Barefield，Gaver & O'keefe，1993；王艳艳、陈汉文、于李胜，2006）。信息含量理论认为，财务信息审计增加了财务信息的可信性，在实质上降低了财务信息风险，进而增加了其决策有用性，这个决策有用性可以理解为财务信息的信息含量（Titman&Truman，1986）。信号传递理论认为，财务信息审计就是一个信号，这个信号被利益相关者解读之后，会有助于其形成对会计主体有利的决策（Datar，Felthman & Hughes，1991；薛祖云、陈靖、陈汉文，2004）。保险理论认为，财务信息审计可以通过风险转移机制将信息使用者所面临的财务信息风险全部或者部分地转移给审计师（Wallace，1987；Dye，1993；Menon & Williams，1994；章雁、黄美玉，2014）。

政府综合财务报告作为一种特殊的财务报告，未发现有文献专门研究其审计需求，少量文献涉及这个问题，唐大鹏等（2015）提出，国家审计是"增强政府综合财务报告可信赖程度的关键机制""国家审计应注重政府责任观下的财务信息真实完整"，这类似审计需求理论中的信息含量理论；尹启华（2017）提出，公共受托责任观、信息不对称观和控制论都可以作为政府综合财务报告审计的理论基础，这意味着认同三种解释政府综合财务报告审计需求的理论；刘冠亚（2018）提出，"在财政管理中存在着多重委托代理关系"，这些委托代理关系所产生的问题包括道德风险问题和逆向选择问题，而财务信息失真也属于委托代理关系所产生的问题之一。这类似审计需求理论中的代理理论。

上述文献显示，政府综合财务报告审计作为一种许多国家已经实施的审计实践，其审计需求还缺乏相应的理论支撑。本节拟在现有研究的基础上，提出政府综合财务报告审计需求的理论框架。

二、理论框架

政府综合财务报告是"反映各级政府整体财务状况、运行情况和财政中长期可持续性的报告"，从实质上来说，政府综合财务报告反映的是各级政府作为所有者代表人所控制的国有资源及其营运状况。本节的目的是以经典审计理论为基础，提出一个政府综合财务报告审计需求的理论框架，也就是从理论上阐释政府综合财务报告为什么需要审计。为此，首先要分析政府综合财务报告所体现的国有资源委托代理关系，在此基础上，分别从委托人和代理人的角度来分析政府综合财务报告审计需求。

（一）国有资源委托代理关系及国有资源经管责任

政府综合财务报告反映的是各级政府作为所有者代表人所控制的国有资源及其营运状况。这里的国有资源是广义的，有多种形态，通常包括国有资金、国有资产、资源性国有资产（资源性国有资产也称为狭义的国有资源，除非特殊说明，本节从广义上使用国有资源）。我国的相关法律法规对国有资源的主要关系进行了规范，确定了国有资源委托代理关系。根据《中华人民共和国宪法》《中华人民共和国预算法》《中华人民共和国土地管理法》和《中华人民共和国企业国有资产法》等法律法规的相关条款，我国国有资源委托代理关系的基本架构如图2所示。

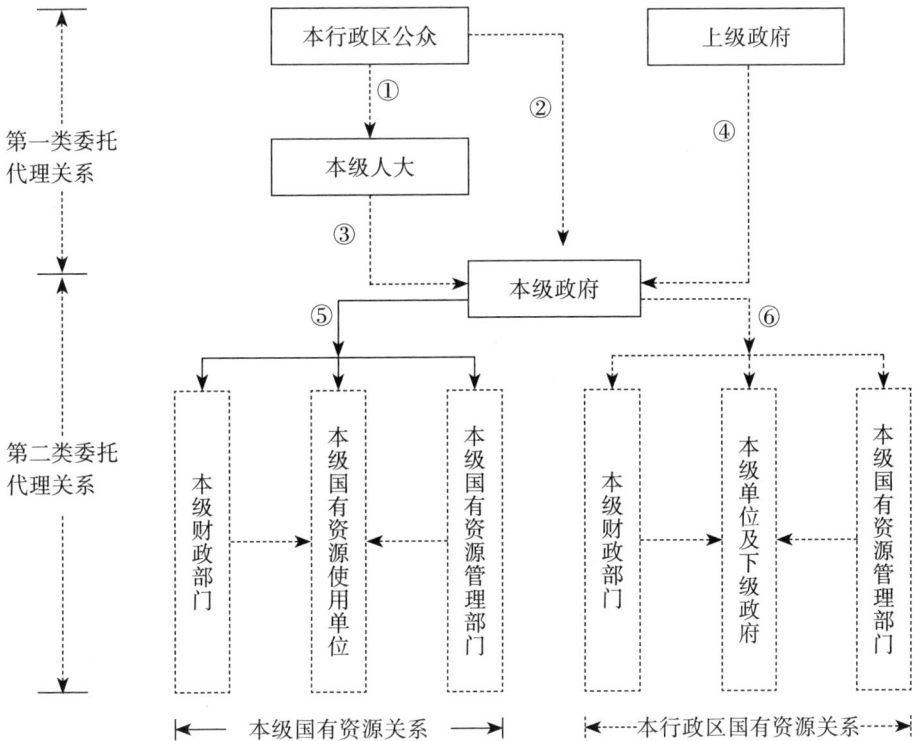

图2　国有资源委托代理关系

图2中有六种类型的国有资源委托代理关系，①是本行政区公众与本级人大之间的国有资源委托代理关系，本行政区公众将一定的国有资源交付本级人大，并要求本级人大履行特定的职责（如每年将财政预算资金交付人大，由其安排这些资金用于各项公共事业），本行政区公众是委托人，本级人大是代理人。②是本行政区公众与本级政府之间的国有资源委托代理关系，本行政区公众将一定的国有资源交付本级政府，并要求政府履行特定的职责（如本行政区公众将本行政区国有企业的国有资产交付本级政府，本行政区公众将本行政区的国有土地交付本级政府），本行政区公众是委托人，本级政府是代理人。③是本级人大与本级政府之间的关系，本级政府是由本

级人大产生的行政机构，本级人大将一定的国有资源交付本级政府，并要求其履行特定的职责（如每年的政府工作报告类似于职责履行报告，而预算执行报告则类似于国有资源使用责任报告），本级人大是委托人，本级政府是代理人。④是上级政府与本级政府之间的关系，上级政府将一定的国有资源交付本级政府，并要求本级政府履行特定的职责（如扶贫专项资金），上级政府是委托人，本级政府是代理人，这种关系在单一制国家肯定会发生，在联邦制国家也有可能发生。⑤是本级政府与本级单位之间的关系，本级政府通过本级财政部门及国有资源管理部门将一些国有资源交付给本级国有资源使用单位，并要求本级国有资源使用单位履行特定的职责，本级政府是委托人，而本级国有资源使用单位是代理人，本级财政部门及国有资源管理部门是代表本级政府直接履行国有资源所有者职责的部门，上述这些责任主体共同组成本级国有资源委托代理关系。⑥是⑤的扩展，是本级政府与本级单位及下级政府之间的关系，本级政府通过本级财政部门及国有资源管理部门将一些国有资源交付本级国有资源使用单位和下级政府，并要求本级国有资源使用单位及下级政府履行特定的职责，本级政府是委托人，而本级国有资源使用单位及下级政府是代理人，本级财政部门及国有资源管理部门是代表本级政府直接履行国有资源所有者职责的部门，上述这些责任主体共同组成本行政区国有资源委托代理关系。在单一制国家，可以认为下级政府拥有所有权的国有资源也同时属于上级政府所有，⑥与⑤的区别是，增加了本级政府与下级政府之间的国有资源委托代理关系，显现了上级政府对下级政府的所有权关系。

上述六种类型的国有资源委托代理关系，可以分为两类：一是本级政府作为代理人的国有资源委托代理关系，图2中的关系①②③④都属于这种类型，本节称为第一类国有资源委托代理关系。二是本级政府作为委托人的国有资源委托代理关系，图2中的关系⑤⑥都属于这种类型，本节称为第二类国有资源委托代理关系。无论何种类型的国有资源委托代理关系，代理人都对委托人承担国有资源经管责任，这种经管责任包括两方面的内容：一是最大善意地使用委托人交付的国有资源，这种责任通常称为财务责任；二是最大善意地完成委托人要求履行的职责，这种责任通常称为业务责任。财务责任和业务责任都包括行为合规、信息真实、制度健全和绩效达标四个方面。国有资源经管责任的内容见表 2。

表 2　国有资源经管责任的内容

项　目		责任内容			
		行为合规	信息真实	制度健全	绩效达标
责任类型	财务责任	★	★	★	★
	业务责任	★	★	★	★

注：★表示有这种情形。

表 2 中的财务责任主要是代理人对国有资源使用、保管等所承担的责任，具体内容包括四个方面：①财务行为合规，指代理人对国有资源的使用、保管等行为要符合相关法律法规；②财务信息真实，指代理人要客观真实地确认、计量、记录和报告国有资源及其营运状况，主要涉及国有资源及其营运的财务信息；③财务制度健全，指国有资源的财务行为及财务信息相关的制度要健全有效，为财务行为合规和财务信息真实提供制度保障；④绩效达标，主要指国有资源营运的财务绩效要达到目标要求。如果上述四方面的财务责任都履行好了，就可以认为是最大善意地履行了国有资源经管责任中的财务责任（郑石桥，2016）。

表 2 中的业务责任主要是代理人对使用国有资源所要履行的职责所承担的责任，具体内容同样包括四个方面：①业务行为合规，指履行职责的各项业务行为要符合相关的法律法规；②业务信息真实，指业务信息（也就是业务行为相关的信息）要真实地反映业务行为，主要涉及各类业务行为的统计信息；③业务制度健全，指业务行为相关的制度要健全有效；④业务绩效达标，指业务行为要实现既定的目标。如果上述四方面的业务责任都履行好了，就可以认为是最大善意地履行了国有资源经管责任中的业务责任（郑石桥，2016）。

本节的目的是提出一个关于政府综合财务报告审计需求的理论框架，因此，在一般性了解国有资源委托代理关系及其经管责任的基础上，需要聚集政府综合财务报告，也就是财务信息真实的责任。

（二）政府综合财务报告审计需求：基于委托人视角

1. 政府综合财务报告可能出现的代理问题和次优问题

政府综合财务报告反映的是各级政府作为所有者代表人所控制的国有资源及其营运状况。根据国务院批准的《权责发生制政府综合财务报告制度改革方案》，"各级政府财政部门应合并各部门和其他纳入合并范围主体的财务报表，编制以资产负债表、收入费用表等财务报表为主要内容的本级政府综合财务报告。县级以上政府财政部门要合并汇总本级政府综合财务报告和下级政府综合财务报告，编制本行政区政府综合财务报告"，所以政府综合财务报告分为本级政府综合财务报告和本行政区政府综合财务报告。在第173图 2 所示的国有资源委托代理关系中，本级政府作为代理人向其委托人（本行政区公众、本级人大、上级政府）承担了国有资源经管责任。这种责任由财务责任和业务责任组成，财务责任包括客观真实地确认、计量、记录和报告国有资源及其营运状况（表 2）。政府综合财务报告就是这种责任的具体体现。它既可以是本级政府综合财务报告，这个报告反映了本级政府领导本级单位对国有资源的控制和营运状况；也可以是本行政区政府综合财务报告，这个报告反映了本级政府领导本级单位及下级政府对国有资源的控制和营运状况。总体来说，两个报告都反映了本级政府及其所领导的下属单位的财务责任履行情况，体现了其财务绩效水平。

财务责任要求财务信息真实，那么本级政府能否真实地编制政府综合财务报告？或者说，本级政府能否真实地向其委托人报告其财务责任履行情况呢？答案是："不一定！"让我们先看几则新闻。据澎湃新闻报道（2015.12.10）[①]，辽宁省鞍山市所属"岫岩满族自治县虚增财政收入 8.47 亿元，超过同年实际财政收入的 127%"，大连市所属"庄河市塔岭镇 2013 年全镇公布财政收入比实际财政收入高出 2534 万元，虚增 16.24 倍"，大连市所属"普兰店市将全市 2014 年公共财政收入，由年初预算 53.35 亿元下调为 33.85 亿元，降幅近 20 亿元"；据第一财经 2018 年 1 月 16 日的报道[②]，

---

① 资料来源：http://m.news.cntv.cn/2015/12/10/ARTI1449726001298408.shtml

② 资料来源：http://finance.sina.com.cn/china/dfjj/2018-01-16-doc-ifyqrewi6366947.shtml

"继内蒙古自治区自曝 2016 年财政收入虚增 500 多亿元后，下辖的包头市政府也首次公开承认财政收入虚增，注水率超 100%"；据第一财经报道（2018.6.21）[1]，"审计署公布的《2018 年第一季度跟踪审计发现的主要问题》显示，江西、云南、贵州、青海、湖北、重庆 6 省份的 10 个市县（区）虚增 2017 年财政收入 17.59 亿元"。上述这些新闻所报道的事实，并不鲜见，时有发生。那么，包括政府综合财务报告在内的各类政府整体性的财务信息为什么会失真呢？或者说，为什么本级政府不能如实地向其委托人报告其财务责任履行情况呢？总体来说，有两方面的原因：一是故意原因而造成的政府整体性财务信息虚假，本节称这类信息失真为代理问题；二是非故意原因而造成的政府整体性财务信息虚假，本节称这类信息失真为次优问题。下面我们来具体分析这两个问题。

　　本级政府基于故意原因进行政府整体性财务信息造假，可以从造假动机和造假条件两方面来分析。从造假动机来说，主要在于政府整体性财务信息与本级政府官员利益高度相关，具体来说，体现在以下几个方面：第一，经济绩效问题，政府整体性财务信息在很大程度上反映了政府官员执政的经济绩效，而这种经济绩效又对政府官员的职位升迁有重要的影响（周黎安，2007），因此，政府官员会很重视经济绩效。当实际的经济绩效指标达不到其期望的水平时，政府官员很有可能会策划操纵这些经济绩效指标。第二，声誉问题，如果本地区财政数据都显示快速增长，高于具有可比性的地区，本地区的官员特别是首长会得到赞誉；相反，如果本地区财政数据都显示增速显著低于具有可比性的地区，则本地区的官员特别是首长的声誉可能受到负面影响。为了好的声誉，政府官员有可能策划操纵财务信息。第三，面子问题，当政府换届后，如果在本届政府领导下，本地区财政数据显示增速显著高于前届政府，则本届政府很有面子；相反，如果是增速显著低于前届政府，则本届政府很没面子。因此，为了面子，政府官员有可能策划操纵财务信息。上述三个方面的具体体现，只是列举性的，还有其他各种具体的造假动机。总体来说，这些造假动机都是为了本级政府官员的利益，都会偏离本

---

① 资料来源：https://baijiahao.baidu.com/s?id=1603865799700241231&wfr=spider&for=pc.

级政府委托人的利益，所以，也可以将这种动机归结为激励不相容。

那么，本级政府基于上述动机的造假需求，能否实现呢？这就涉及到造假条件，只有具备一定的造假条件，本级政府的造假需求才能实现。从造假条件来说，主要是本级政府与其委托人存在信息不对称和环境不确定性，我们分别来分析。信息不对称是指本级政府与其委托人所掌握的政府综合财务报告相关信息存在差异，本级政府具有信息优势。很显然，本级政府综合财务报告和本行政区政府综合财务报告都是由本级政府的财政部门以本级各单位的部门财务报告和下级政府的行政区综合财务报告为基础性财务报告，在抵消和调整的基础上编制的合并财务报表。相对于委托人，本级政府在基础性财务报告和抵消及调整事项这两方面都具有信息优势。正是因为这种信息优势，本级政府可以在委托人不知情的情形下来操纵政府综合财务报告中的数据。设想一下，不存在信息不对称，本级政府掌握的信息，委托人也掌握，则本级政府的数据操纵就可能被委托人的识破。那么，本级政府与委托人之间的政府综合财务报告相关信息存在不对称，这种状况能否消除呢？通常来说，委托人将国有资源交付本级政府，同时也就必须授权本级政府来管理和营运这些国有资源，因此对于管理和营运国有资源的具体信息，委托人通常并不掌握。如果这些具体信息都要掌握，则相当于委托人直接管理和营运国有资源，委托人与本级政府之间的国有资源委托代理关系也就失去了意义，而这种委托代理关系恰恰是提高国有资源营运效率的基础。总体来说，委托人与本级政府之间在国有资源管理及营运方面的信息不对称是不可能消除的，只能在符合成本效益原则的前提下，降低这种信息不对称。

信息不对称只是本级政府财务信息造假的一个条件，另外一个条件是环境不确定性。政府综合财务报告中的财务信息究竟应该是多少，受到许多环境因素的影响，如果这些影响因素是确定的，并且各期保持不变，则财务信息就呈现了规律，委托人可以根据这个规律来判断政府综合财务报告中的财务信息是否失真。但是，究竟有哪些因素会影响政府综合财务报告中的财务信息，通常难以确定，并且这些影响因素本身也在发生变化（上述这两个方面，归结为环境不确定性），所以委托人无法从影响政府综合财务报告中的财务信息的因素这个路径来判断财务信息是否真实。

　　上述信息不对称、环境不确定性为本级政府操纵政府综合财务报告中的财务信息创造了条件，在这些条件下，具有造假动机的政府官员就很有可能实施财务信息造假了。

　　当然，激励不相容、信息不对称、环境不确定性必须同时具备，政府官员的财务信息造假需求才能得以实现。没有激励不相容，政府官员就没有造假动机，当然也就不会造假。没有信息不对称，政府官员掌握的信息，委托人都掌握，则政府官员的财务信息造假，很容易被委托人所识破，通常也不敢造假了。同样，如果没有环境不确定性，财务数据有规律性，则政府官员也就不敢造假了。只有当上述三个要素同时具备时，政府官员就有可能实施财务信息造假。当然，在激励不相容、信息不对称、环境不确定性必须同时具备时，实施财务信息造假，其基础性前提是政府官员具有自利倾向，具备经济人的特征。如果政府官员没有自利倾向，也就不会存在激励不相容，即使存在信息不对称、环境不确定性，也不会操纵财务信息。

　　从上述分析可知，本级政府的财务信息造假与本级政府与其委托人之间的委托代理问题密不可分，是委托代理关系下的代理人对委托人期望的偏离，是委托代理关系下的产物，是为自己做事与为他人做事的差别，所以，这类政府整体性财务信息造假属于代理问题。

　　以上分析了本级政府基于故意原因进行政府整体性财务信息造假。下面，我们来分析非故意原因而造成的政府整体性财务信息虚假。这里的非故意原因，指政府整体性财务信息确认、计量、记录和报告过程中，由于过错、大意、疏忽或技术方法等方面的原因，造成政府整体性财务信息失真，很显然，这种情形下的政府整体性财务信息生产未能达到当前环境下的最优状况，所以这种信息问题失真称为次优问题。无论政府综合财务报告是以人工为主还是以计算机为主而生成的，人是有限理性的，而作为有限理性的人，在工作中就很有可能会犯错误。因此，有限理性的人在工作中就可能由于各种非故意的原因而产生数据差错，从而使得政府综合财务报告失真。这种数据差错与国有资源委托代理关系无关，即使是没有这种委托代理关系，这种数据差错也可能会发生。但是国有资源委托代理关系可能会放大这种差错，因为在国有资源委托代理关系下，每个人都是为他人工作，工作人员的责任心可能会有所降低，正是这种责任心的降低，出现数据差错的可能性就会增大。

综合上述分析，可以得出的结论是，在委托人与本级政府的委托代理关系中，由于人性自利，当激励不相容、信息不对称和环境不确定性同时存在时，本级政府可能基于故意原因而操纵政府综合财务报告，从而出现财务信息代理问题；由于人的有限理性，人们在加工政府综合财务报告相关信息时，可能出现错误，从而出现财务信息次优问题。上述代理问题和次优问题，导致政府综合财务报告失真。

2.政府综合财务报告信息失真的治理机制及政府综合报告的内部审计和外部审计

基于上述分析可以认为，本级政府不一定能真实地编制政府综合财务报告。或者说，本级政府不一定能真实地向其委托人报告其财务责任履行情况。那么，委托人怎么办呢？委托人的办法是推动建立针对政府综合财务报告信息真实性的治理机制，通过这个治理机制来治理政府综合财务报告信息失真问题，为政府综合财务报告信息质量提供合理保障。那么，政府综合财务报告信息真实性的治理机制是如何构造的呢？笔者认为，这个治理机制由内部治理机制和外部治理机制两部分构成，基本情况如图3所示。

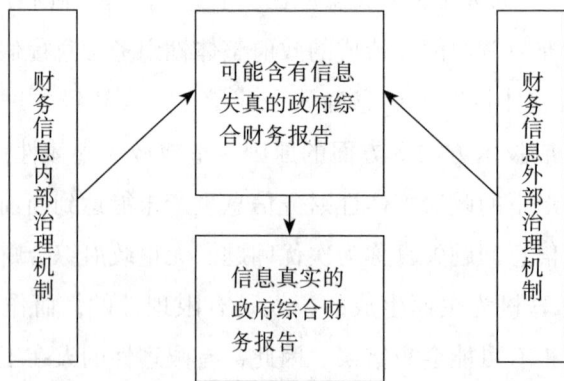

图3 政府综合财务报告信息真实性治理机制

内部治理机制是在政府综合财务报告各会计主体内部，用以保障财务信息真实性的各种内部控制机制，主要包括两个方面：一是合并范围内各会计主体内部的财务报告内部控制机制，根据《企业内部控制应用指引第 14 号——财务报告》的精神，合并范围内的各会计主体应该"严格执行会计法律法规和国家统一的会计准则制度，加强对财务报告编制、对外提供和分析利用全过程的管理，明确相关工作流程和要求，落实责任制"；二是财政部门编制合并会计报告的相关内部控制机制，这需要严格按《政府综合财务报告编制操作指南》的相关规定来执行。很显然，合并范围内各会计主体的财务报告内部控制机制中包括内部审计机制。

政府综合财务报告信息真实性的外部治理机制是在政府综合财务报告各合并会计主体外部用以保障财务信息真实性的各种机制，主要有四种：人大监督机制、市场机制、社会机制、外部审计机制。人大监督是人大根据《中华人民共和国预算法》对本级预算执行情况的监督，其中包括政府综合财务报告中的一些重要的财务信息；市场机制主要是指政府举债或履行债券后，资本市场对政府整体性财务信息是否真实也会有自己的判断，因此，这种判断将会对政府综合报告中的财务信息造假有一定的抑制作用；社会机制是各种媒体及社会组织对政府整体性财务信息真实性所发挥的抑制作用；外部审计机制是指由外部审计机构对政府综合报告的真实性所进行的专门审计。

上述政府综合财务报告信息真实性内部治理机制和外部治理机制都包括审计，这其中的原因是什么？我们先来看内部审计在内部治理机制中的定位及其需求。合并范围内各会计主体建立的内部治理机制，通常可以分为激励机制、制衡机制、透明机制、道德机制、监督机制和监视机制。激励机制是通过一些制度设计来引导相关责任主体的行为，使得这些责任主体主动提高财务信息质量或放弃操纵财务信息的想法；制衡机制是在财务信息的确认、计量、记录和报告流程中增加一些环节，对前面环节的工作进行检查，及时地发现失真的信息；透明机制是在适当的环节将财务信息在适当范围予以公开以防范其失真；道德机制是通过加强相关人员的道德水平从而减少其操纵财务信息的可能性；监督机制是在财务信息的确认、计量、记录和报告流程之外对这些信息加工的检查；监视机制同时对上述各种内部控制机制的监督检查，以确保这些机制持续有效。上述这些机制发挥作用的基本情况如图 4 所示。

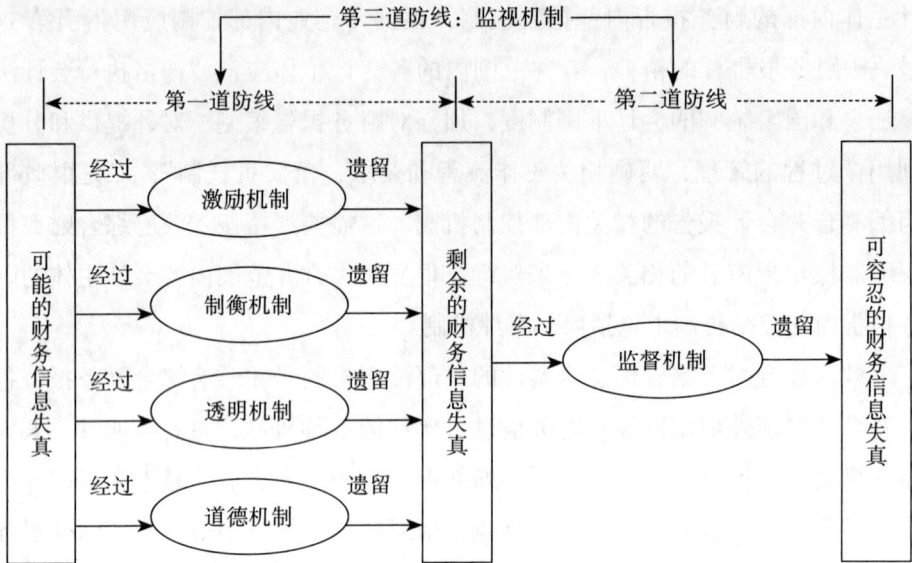

图4　财务信息失真的内部治理机制

图4中，首先是在政府整体性财务信息确认、计量、记录和报告的整个流程中实施的控制机制，包括激励机制、制衡机制、透明机制和道德机制。这些机制存在于政府整体性财务信息生产的第一线，所以，也称为第一道防线。经过第一道防线的作用，很多的财务信息失真得以控制，但是，还有可能存在一些财务信息失真（称为剩余的财务信息失真），监督机制在继续发挥作用，进一步抑制财务信息失真，通常来说，难以完全消除财务信息失真，最后得到可容忍的财务信息失真。监督机制是在第一道防线的基础上发挥作用，称为第二道防线。第三道防线就是监视机制，主要是以第一道防线和第二道防线进行的检查，以确保其持续有效。问题的关键是上述三道防线中，内部审计如何定位呢？第一，内部审计可以作为制衡机制的组成部分，出现在第一道防线中，对前序环节已经加工完成的财务信息进行检查，只有经过内部审计检查通过的财务信息才能进入下一个加工环节。第二，内部审计可以作为监督机制的组成部分，对已经加工完成的财务信息进行再次检查，以进一步控制信息失真，这种检查是在财务信息加工流程之外进行的，并不是财务信息加工环节的组成部分。这与制衡机制不同，内部审计作为财

务信息的监督机制通过两个路径发挥作用，一是揭示路径，直接发现财务信息失真；二是威摄路径，前面第一道防线知道内部审计会再次检查，所以，将会抑制其操纵行为或更加谨慎，从而减少财务信息失真。第三，内部审计作为监视机制，对前面两个防线进行检查，以确保其持续有效。

作为政府综合财务报告信息真实性内部治理机制中的内部审计，上述三种定位是否具有不可或缺性呢？制衡机制是在特殊情形下作为财务信息加工流程的组成部分，并不是不可或缺的，只是在特殊情形下才能发挥作用；监督机制是在财务信息加工流程之外运行的，这种机制的效果不如制衡机制，同时，成本也显著低于制衡机制，所以从财务信息真实性治理的整体成本效益性来考虑，监督机制具有不可或缺性；监视机制是第一道防线和第二道防线持续有效的保障机制，类似于这两道防线的保健医生，所以该机制是不可或缺的。

以上分析了政府综合财务报告信息真实性内部治理机制中的内部审计定位及其不可或缺性，然后，我们来分析政府综合财务报告信息真实性外部治理机制中的外部审计。第一，政府综合财务报告信息真实性外部治理机制具有不可或缺性。在委托人与本级政府的委托代理关系中，委托人治理本级政府在政府整体性财务信息中的代理问题和次优问题，会推动本级政府建立内部治理机制。但是，内部治理机制毕竟是由本级政府及合并范围内各会计主体自行来执行的治理机制，作为这个机制组成部分的内部审计独立性不强，如果本级政府首长或其合并范围内各会计主体单位的首长要操纵财务信息，则内部审计难以抑制这种操纵行为。而外部治理机制则不同，外部治理机制的各实施主体相对具有独立性，这就为外部治理机制的有效运行奠定了基础。第二，外部治理机制中，外部审计具有不可或缺性。政府综合财务报告信息真实性外部治理机制有人大监督机制、市场机制、社会机制和外部审计机制等，这些机制都具有独立性（当然需要一定的制度安排才能实现），并且外部审计还具有专业性，如果外部审计作为法定审计，则外部审计还具有监督的经常性。如此一来，外部审计同时具有独立性、专业性和经常性，这种监督机制是其他外部监督机制无法替代的，在外部治理机制中发挥主力作用。

综合上述分析，可以得出的结论是：本级政府的委托人为了抑制政府综合财务报告中的财务信息失真，会推动建立针对政府综合财务报告信息真实性的治理机制。这个治理机制由内部治理机制和外部治理机制组成。内部治理机制包括激励机制、制衡机制、透明机制、道德机制、监督机制和监视机制，内部审计是内部治理机制的组成部分，可以定位于制衡机制或监督机制或监视机制。其中，定位于监督机制和监视机制具有不可或缺性。外部治理机制包括人大监督机制、市场机制、社会机制和外部审计机制等，外部审计其组成部分，由于其独立性、专业性和经常性，因此，具有不可或缺性。

（三）政府综合财务报告审计需求：基于代理人视角

以上分析了基于委托人视角的政府综合财务报告审计需求。事实上，本级政府作为代理人，也可能出现对政府综合财务报告审计的需求。代理人的审计需求可能有三种情形：第一，作为揭示机制，抑制因为次优问题而产生的政府综合财务报告中的财务信息失真，在这种情形下，虽然代理人没有操纵财务信息的动机，也没有实施财务信息操纵。但是，可能由于政府综合财务报告生产过程中存在非故意的错误而导致的财务信息失真，通过外部审计，或许能发现这些财务信息失真。第二，作为信号传递机制，向利益相关方发出信号，表明政府综合财务报告的财务信息质量。在这种情形下，本级政府作为财务信息的责任主体，需要一些利益相关者做出一些与本级政府有关的决策，而这种决策又可能与政府综合财务报告的信息质量相关。为了显现这种信息质量，外部审计可以作为传递信息高质量的信号。第三，作为保险机制，为政府综合财务报告使用者利益提供保障，在这种情形下，如果外部利益相关者使用经外部审计机构审计后的政府综合财务报告中的财务信息做出决策，因为利益相关者所信赖的财务信息本身存在失真而给外部利益相关者带来了损失。在这种情形下，外部审计机构就要承担给这种损失进行赔偿的责任，有了这种保险机制，外部利益者更容易做出相关决策了，而这些决策恰恰也是本级政府所需求的。

上述三种需求都是在特殊情形下才会产生，作为揭示机制，本级政府没有操纵财务信息的动机，不存在激励不相容；作为信号传递机制，是为了向外部利益相关者发现信号，本级政府必须具有发出这种信号的需求；作为保险机制，是为了吸引某些外部利益相关者根据政府综合财务报告的财务信息做出本级政府所希望的决策，没有这种需求，也不会使用外部审计作为财务信息的保障机制。所以，总体来说，代理人的审计需求是特殊情形下的需求，并不具有经常性。

三、结论和启示

政府综合财务报告反映的是各级政府作为所有者代表人所控制的国有资源及其营运状况，真实性是其基本要求。本节以经典审计理论为基础，在分析国有资源委托代理关系及国有资源经管责任的基础上，分别从委托人和代理人的角度分析了政府综合财务报告审计需求，提出一个政府综合财务报告审计需求的理论框架。

国有资源委托代理关系有多种类型，无论何种类型的国有资源委托代理关系，代理人都对委托人承担了国有资源经管责任。这种经管责任包括财务责任和业务责任。财务责任中包括客观真实地确认、计量、记录和报告国有资源及其营运状况，政府综合财务报告的真实性就是这种责任的具体体现。然而，在委托人与本级政府的委托代理关系中，由于人性自利，当激励不相容、信息不对称和环境不确定性同时存在时，本级政府可能基于故意原因而操纵政府综合财务报告，从而出现财务信息代理问题；由于人的有限理性，人们在加工政府综合财务报告相关信息时，可能出现错误，从而出现财务信息次优问题。上述代理问题和次优问题，会导致政府综合财务报告失真。

本级政府的委托人为了抑制政府综合财务报告中的财务信息失真，会推动建立针对政府综合财务报告信息真实性的治理机制，这个治理机制由内部治理机制和外部治理机制组成。内部治理机制包括激励机制、制衡机制、透明机制、道德机制、监督机制和监视机制，内部审计是内部治理机制的组成部分，可以定位于制衡机制或监督机制或监视机制。其中，定位于监督机制和监视机制具有不可或缺性。外部治理作为机制包括人大监督机制、市场机制、社会机制和外部审计机制等，外部审计其组成部分，由于其独立性、专业性和经常性，具有不可或缺性。

本级政府作为代理人也可能有政府综合财务报告审计需求，一是作为揭示机制，抑制因为次优问题而产生的政府综合财务报告中的财务信息失真；二是作为信号传递机制，向利益相关方发出信号，表明政府综合财务报告的信息质量高；三是作为保险机制，为政府综合财务报告使用者利益提供保障。上述这些审计需求在特殊情形下才会产生，并不具有经常性。

本节的研究启示我们，政府综合财务报告审计具有内在的需求，因此，问题的关键不在于是否要审计，而在于如何审计，以使得政府综合财务报告审计需求真正地得以实现，所以科学地建构政府综合财务报告审计制度是最为重要的。

参考文献

［1］Mautz., R.K., Sharaf., et al *The Philosophy of Auditing* ［M］. American Accounting Association, 1961: 15.

［2］王文彬. 关于审计的若干问题［J］. 上海会计, 1981（6）: 5-10.

［3］AAA（American Accounting Association）, A Statement of Basic Auditing Concepts, 1972.

［4］尚德尔. C.W. 审计理论［M］. 北京: 中国财政经济出版社, 1992: 2-4.

［5］戚艳霞. 美国政府财务报告审计的特点、成效及对我国的启示——基于对 GAO1997-2013 财政年度审计报告的分析［J］. 中国审计评论, 2015（2）: 57-68.

［6］唐大鹏, 刘芳, 孙晓靓, 等. 权责发生制下政府综合财务报告的审计机制转型［J］. 财政监督, 2015（20）: 21-24.

［7］王祥君. 基于政府会计改革视角的本级预算执行审计研究［J］. 审计月刊, 2016（7）: 11-13.

［8］尹启华. 政府综合财务报告审计框架的构建研究［J］. 南京审计大学学报, 2017（1）: 95-101.

［9］刘冠亚.我国政府财务报告审计制度研究［D］.北京：中国财政科学研究院，2018.

［10］房巧玲，田世宁.美国澳大、利亚政府综合财务报告审计实践的发展与比较［J］.会计之友，2018（10）：6-12.

［11］郑石桥.审计理论研究：基础理论视角［M］.北京：中国人民大学出版社，2016.

［12］郑石桥，甄馨.财政报表审计：一个理论框架［J］.商业会计，2020（1）：9-13.

［13］李金华.预算执行审计［M］.中国财政经济出版社，1998：1-4.

［14］李金华.预算执行审计［M］.中国财政经济出版社，1998：293-240

［15］刘光忠、王宏、冯翠平.关于构建公共部门注册会计师审计制度的初步思考［J］.2015（6）：3-7.

［16］Watts, R.L., *Corporate financial statements；a product of the market and political processes*［J］.Australian Journal of Management，1977（3）：53-75.

［17］Chow, C. W., 1982, *The Demand for External Auditing；Size, Debt and Ownership Influences*［J］.The Accounting Review, Vol. 57, 272-291.

［18］Watts R. L. and Zimmerman J. L., 1983, *Agency Problems, Auditing and the Theory of the Firm；Some Evidence*［J］.Journal of Law and Economics, Vol. XXVI, 613-634.

［19］Watts R. L. and Zimmerman J. L., 1986, Positive Accounting theory［M］.Prentice-Hall Inc.

［20］Abdel-Khalik, A., 1993, "*Why Do Private Companies Demand Auditing？The Case for Loss Control*"［J］.Journal of Accounting, Auditing and Finance Vol. 8, 31-52.

［21］Barefield, R., Gaver J., and O'Keefe T., 1993, *Additional Evidence on the Economics of Attest；Extending Results from the Audit Market* to the Market for Compilations and Reviews［J］.Auditing；A Journal of Practice and Theory，Vol. 12，74–87.

［2］王艳艳，陈汉文，于李胜.代理冲突与高质量审计需求——来自中国上市公司的经验数据［J］.经济科学，2006（2）：72–82.

［23］Datar S.M.，G. A. Felthman，& J. S . Hughes，1991，*The Role of Audits and Audit Quality in Valuing New Issues*，Journal of Accounting and Economics，14（1）：3–49.

［24］Titman，S，and B. Truman，*Information Quality and the Valuation of New I ssue*，Journal of Accounting and Economics，Volume 8，Issue 2，June 1986，pp.159–172.

［25］薛祖云，陈靖，陈汉文.审计需求：传统解释与保险假说［J］.审计研究，2004（5）：20–25.

［26］Wallace.W.A.1987，*The Economic Role of The Audit in Free and Regulated Markets*；*A? Review*［J］.Research in Accounting Regulation，vol.1，7–34.

［27］Dye，R.A.，1993，*AuditingStandards，LegalLiability，and Auditor Wealth*［J］. Journal of Political Economy，Vol.101，887–914.

［28］Menon，K.，Williams，D.，*The Insurance Hypothesis and Market Price*［J］.the Accounting Review，1994（69）：327–342.

［29］章雁，黄美玉.审计需求保险假说成立吗？——来自中国资本市场的经验证据［J］.商业研究，2014（1）：117–125.

［30］周黎安.中国地方官员的晋升锦标赛模式研究［J］.经济研究，2007（7）：36–50.

第八章 政府综合财务报告审计主体和审计客体

政府综合财务报告审计有不少的基础性问题需要理论阐释，本章聚焦其中的两个问题：政府综合财务报告由谁来审计？政府综合财务报告审计究竟审计谁？根据这两个问题，本章的具体内容包括：政府综合财务报告审计主体，政府综合财务报告审计客体。

第一节 政府综合财务报告审计主体

政府综合财务报告是反映政府整体财务状况、运行情况和财政中长期可持续性的财务报告，对政府综合财务报告进行审计已成为不少国家的法定要求并付诸审计实践，国务院批转财政部《权责发生制政府综合财务报告制度改革方案》提出"在 2020 年前建立具有中国特色的权责发生制政府综合财务报告制度"，这其中就包括政府综合财务报告审计制度。

然而，政府综合财务报告审计由谁来审计呢？很显然，这是政府综合财务报告审计制度最为核心的问题之一。审计主体的不同选择，政府综合财务报告审计制度会显现重大差异，进而会影响政府综合财务报告审计的效率效果。

审计理论研究中，个别文献涉及政府综合财务报告审计主体，主张政府审计机关作为审计主体，但缺乏深入的理论分析；审计实践中，政府审计机关作为审计主体已经成为主流做法，但是，这种主流做法的理论逻辑缺乏深入的分析。本节的贡献在于以经典审计理论为基础，从国有资源委托代理关

189

系出发，探究政府综合财务报告审计主体的相关问题，提出一个关于政府综合财务报告审计主体的理论框架，以深化对政府综合财务报告审计主体的认知，并为优化相关制度建构提供理论支撑。

一、文献综述

未发现有文献专门研究政府综合财务报告审计主体，个别研究政府综合财务报告审计的文献涉及这个问题。基本的观点是，政府综合财务报告审计主体应该是政府审计机关，但可以实行审计业务外包，如陆晓晖（2015）认为，"我国政府审计是承担全部的政府财务报告审计还是将部分业务外包给会计师事务所将取决于政府审计资源的充分性以及政府购买社会服务背景下政府审计业务开放的意愿程度"。这种观点表明，政府综合财务报告审计主体应该是政府审计机关，但是政府审计机关有可能将这种审计业务外包给民间审计机构。尹启华（2017）认为，"如果我国政府综合财务报告的审计主体单纯由政府审计机关来担任，功能发挥可能略显不足，事实上利用民间审计力量和实施业务外包早已成为澳大利亚等国政府审计的常规做法，而且实践证明合理利用外部审计资源可以大大提升政府审计效率""从审计独立性来看，而结合我国的实际情况来看，理想的审计模式应以政府审计机关审计为主，会计师事务所审计为辅"。这种观点表明，政府综合财务报告审计主体应该是政府审计机关，同时需要将一些审计业务外包给民间审计机构。

此外，还有一些文献介绍了国外的政府综合财务报告审计主体，如美国联邦政府合并财务报告的审计主体是联邦政府审计署，澳大利亚政府合并财务报告的审计主体是澳大利亚审计署，英国合并财务报表审计主体是英国国家审计署，加拿大政府合并财务报表审计主体是加拿大审计署（陈平泽，2011；戚艳霞，2015；陆晓晖，2015；房巧玲、田世宁，2018）。从国外实践来看，政府审计机关作为审计主体已经成为主流的做法。

上述文献中少量文献涉及政府综合财务报告审计主体，但缺乏深入的理论分析；审计实践中，政府审计机关作为审计主体已经成为主流的做法，但是，对这种主流做法的理论逻辑缺乏深入分析。总体来说，关于政府综合财务报告审计主体，还是缺乏一个系统化的理论框架。本节拟致力于此。

二、理论框架

审计主体涉及的核心问题是"谁来审计"，政府综合财务报告审计主体也不例外，它关注的是由何种审计机构来实施政府综合财务报告审计。本节的目的是以经典审计理论为基础，提出一个政府综合财务报告审计主体的理论框架，为此需要顺序阐释以下问题：审计主体选择的权力配置和一般原则；政府综合财务报告审计主体选择：基于委托人角度；政府综合财务报告审计主体选择：基于代理人角度；政府综合财务报告审计主体选择的协同。

（一）审计主体选择的权力配置和一般原则

根据经典审计理论，在资源类委托代理关系中，委托人和代理人都可能存在审计需求，从而都需要选择审计主体。

从委托人视角来说，由于人性自利，在激励不相容、信息不对称、环境不确定的情形下，代理人可能偏离委托人的利益，出现代理问题；由于人的有限理性，在资源类委托代理关系中，代理人可能放大其犯错误可能性，从而出现次优问题。为了应对代理人的代理问题和次优问题，委托人会推动建立针对代理人的治理机制，审计是这个治理机制中的重要组成部分，因此，审计主体的选择是资源类委托代理关系中委托人的权力，代理人通常是接受和配合委托人所选择的审计主体来实施审计（郑石桥，2015；2016）。那么，委托人会如何选择审计主体呢？通常来说，审计主体有两种组织方式（也称为交易的治理结构），一是委托人自己设立专门的审计机构，由这个审计机构对代理人进行审计；二是从外部市场购买审计服务，由民间审计机构对代理人进行审计（郑石桥，2016）。委托人基于独立性、审计质量和成本效益三项原则对审计组织方式做出选择，独立性是指审计机构要独立于其所审计的代理人，所以审计组织不能是代理人所领导的组织单元的一部分；审计质量是指所选择的审计机构要有履行审计业务的专业胜任能力，具有独立性但没有专业胜任能力的审计机构是难以实现审计目标的；成本效益原则要求在具有独立性且能保障审计质量的各种审计机构中，要选择成本最低的组织方式（郑石桥，2015；郑石桥，2016；郑石桥，2018）。

以上从委托人角度分析了审计主体选择的权力配置和一般原则。在有些情形下，代理人也可能基于抑制次优问题或信号传递或保险机制而具有审计需求（郑石桥，2016），为了实现其审计需求，代理人也需要选择一定的审计机构。这种审计机构的组织方式也是自行设立审计机构和从外部市场购买审计服务，但是基于不同的审计需求，其选择审计机构的原则不同。如果是基于抑制次优问题，则审计机构可以是自行设立的也可以是购买审计服务，代理人会基于审计质量和成本效益原则对审计组织方式做出选择；如果是基于信号传递，通常要选择外部审计机构，至于选择何种外部审计机构，需要根据其拟传递的信号而定，当然也会考虑成本效益原则；如果是基于保险机制，通常也会选择从市场上购买审计服务，并且会偏向于选择规模较大的民间审计机构。

（二）政府综合财务报告审计主体选择：基于委托人角度

本节用以上所述的审计主体选择的权力配置和一般原则来分析政府综合财务报告审计主体之选择。首先从委托人视角来分析审计主体选择。我国国有资源庞大，形成了复杂的国有资源委托代理关系，根据《中华人民共和国宪法》《中华人民共和国预算法》《中华人民共和国土地管理法》《中华人民共和国企业国有资产法》等相关法律，我国国有资源委托代理关系的基本情形如图1所示。图中有两类国有资源委托代理关系，第一类是本级政府作为代理人，而本级人大、本行政区公众及上级政府作为委托人；第二类是本级政府作为委托人，本级各单位及下级政府作为代理人。政府综合财务报告是本级政府作为责任主体（也就是代理人），对其负责的国有资源管理及营运情况的综合报告，所以政府综合财务报告是本级政府作为代理人向其委托人的责任报告，主要存在于第一类委托代理关系中，同时，第二类委托代理关系中代理人的责任履行情况是第一类委托代理关系中的责任报告之基础。

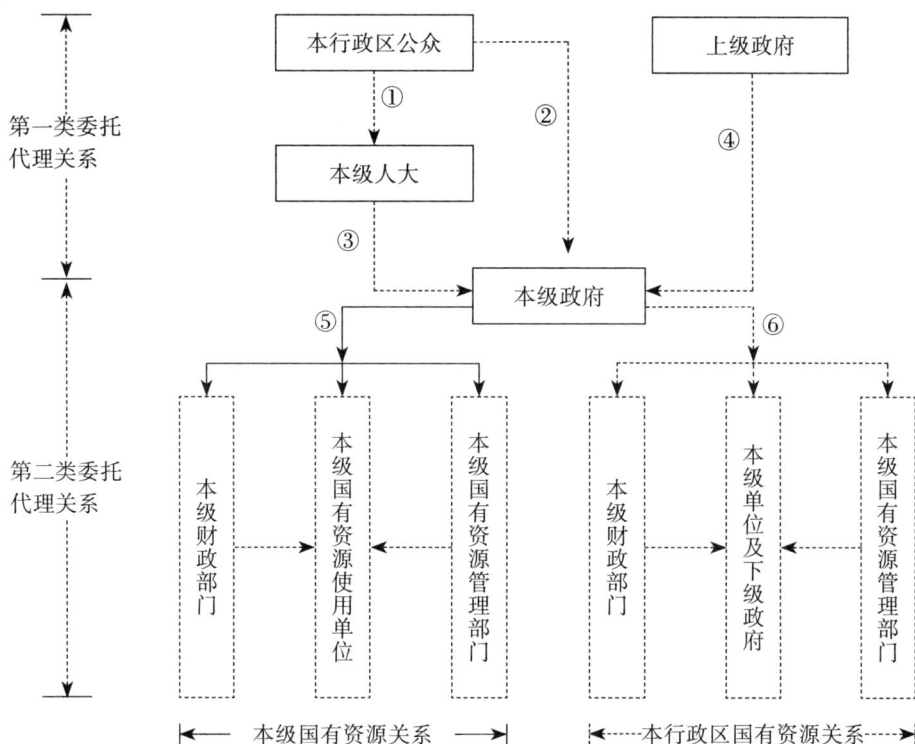

图 1　国有资源委托代理关系

在第一类委托代理关系中，为了抑制本级政府在政府综合财务报告中的代理问题和次优问题，委托人会推动建立针对政府综合财务报告的治理机制，审计是其中的重要成员[①]，审计成为委托人本级政府在解决政府综合财务报告中的代理问题和次优问题之机制。那么委托人会如何选择审计主体呢？根据本节前面阐释的审计主体选择权力配置，本级人大、本行政区公众及上级政府作为本级政府的委托人，具有选择审计主体的权力，选择的组织方式是自行建立政府审计机关，那么，这种选择是否符合独立性、审计质量和成本效益原则呢？

从独立性来说，上级政府作为本级政府的委托人，委派其自身设立的审

[①] 关于政府综合财务报告审计需求，请参阅本书第七章第二节政府综合财务报告审计需求。

计机关对下级政府的综合财务报告进行审计，具有独立性，但是本级人大和本行政区公众作为委托人，选择由本级政府设立的审计机关对本级政府的综合财务报告进行审计，不具有独立性，本级政府设立的审计机关是本级政府的下属机构，对本级政府的审计缺乏独立性。为了弥补这种独立性的缺陷，党的十九届三中全会通过的《深化党和国家机构改革方案》决定，"为加强党中央对审计工作的领导，构建集中统一、全面覆盖、权威高效的审计监督体系，更好发挥审计监督作用，组建中央审计委员会，作为党中央决策议事协调机构"，后来，各级地方党委也设立了审计委员会，通过加强党对审计工作的领导，一定程度上保障了政府审计机关的独立性，当然这种审计体制还需要继续完善（王会金、郑石桥，2019）。

就审计质量来说，关键是审计机关是否具有审计政府综合财务报告的专业胜任能力，由于我国政府审计机关长期以来主要关注合规性审计，对于财务审计不是很熟悉，所以审计政府综合财务报告的专业胜任能力可能存在一定的缺陷。但是，只要认识到这个问题，通过引进专业人才和业务培训这些路径，建立一支具备审计政府综合财务报告专业胜任能力的队伍并不困难。所以，笔者认为，政府审计机关完全可以建立起政府综合财务报告审计所需要的专业人才队伍，从专业胜任能力来说，审计质量是有保障的。

就成本效益原则来说，主要的影响因素是审计业务的规模和稳定性，规模越大，越具有稳定性，建立专门的审计机构越符合成本效益原则。上级政府作为委托人，由其设立的审计机关对下级政府的综合财务报告进行审计，表面看来业务规模小且不具有稳定性，但是，上级政府设立的审计机关并不只是审计下级政府的综合财务报告，还有其他很多的审计业务，增加对下级政府的综合财务报告的审计，增加了其业务量。如果这种审计业务实行常态化审计，则这种审计业务还有稳定性，所以就上级政府的审计机关来说，是符合成本效益原则的。就本级政府审计机关对本级政府的综合财务报告之审计来说，本级政府审计机关并不只是审计政府综合财务报告，还有其他许多的审计业务，对政府综合财务报告的审计，增加了其业务量，并且，政府综合财务报告审计还需要定期实施，具有稳定性。所以总体来说，本级政府审计机关审计本级政府综合财务报告是符合成本效益原则的。

当然，成本效益原则还可以从不同审计机构的审计成本比较这个角度来考虑，那么，政府审计机关开展政府综合财务报告审计的成本是否会低于或高于民间审计机构呢？通常来说，行业特长是决定审计成本的关键，何种审计机构具有行业特长，何种审计机构具有成本优势。不同的民间审计机构，在不同的行业建立了自己的特长，从而在该行业的审计中显现了成本效率优势。就政府综合财务报告审计来说，民间审计机构当然可以建立其行业特长，成为在这个小行业中具有成本效率优势的审计机构，但是政府审计机关如果将这种审计业务作为常态化的审计业务，建立自己的团队，也完全可以建立自己的行业特长。并且，由于政府审计机关还要对纳入政府综合财务报告合并范围内的各会计主体开展其他类型的审计业务，这些审计业务与政府综合财务报告审计存在知识互溢、资源共享，所以，政府审计机关更有可能在这个小行业建立行业专长，从而更加具有成本效率优势。

基于以上分析，可以认为，政府审计机关作为政府综合财务报告审计主体是符合独立性、审计质量和成本效益这些原则的。那么，政府审计机关能否将政府综合财务报告审计的一些审计业务外包给民间审计机构？笔者认为，政府综合财务报告审计业务不能外包，其原因是审计客体的特殊性，体现在两个方面，第一，政府综合财务报告的会计主体是本级政府（包括本级和本行政区），审计客体也是本级政府（甚至可以理解为本级政府首长），这种审计客体具有很强的权威性，也具有很大的公权力，如果本级政府想要操纵政府综合财务报告，民间审计机构很难保持其独立性，从而有可能失去客观公正性，而政府审计机关本身也是权威机构，并且不追求经济利益，所以，如果政府审计机关的审计体制完善，则其保持独立性的能力较强，审计结果可能更加客观公正；第二，对政府综合财务报告进行审计，可能涉及本级政府的一些核心机密，这些核心机密不宜让国家机关之外的机构所掌握，所以，由政府审计机关实施政府综合财务报告审计就避免了核心机密外。当然，政府综合财务报告审计业务不能外包，并不排除政府审计机关因此审计资源不足，而从民间审计机构聘请一些专业人士参与这种审计业务，但是，这是劳务购买，不是业务外包，审计业务的执行主体仍然是政府审计机关。

基于以上分析，从委托人角度来看，关于政府综合财务报告审计主体选择有如下结论：上级政府作为委托人，政府综合财务报告审计主体是上级政府审计机关；本级人大、本行政区公众作为委托人，政府综合财务报告审计主体是本级政府审计机关。审计主体的这种选择，符合独立性、审计质量和成本效益原则。政府综合财务报告审计业务一般不宜以业务外包的方式由民间审计机构来实施。

（三）政府综合财务报告审计主体选择：基于代理人角度

以上从委托人角度分析了政府综合财务报告审计主体选择。在有些情形下，代理人也可能有审计需求，因此，代理人也需要选择一定的审计机构。下面从代理人角度来分析政府综合财务报告审计主体选择。

就政府综合财务报告来说，其责任者也就是第 193 页图 1 中第一类国有资源委托代理关系中的代理人，也就是本级政府。本级政府将政府综合财务报告或作为揭示机制，或作为信号传递机制，或作为保险机制。[①] 这些审计需求都需要一定的审计主体来实施，不同的需求需要的审计主体不同。

如果本级政府将政府综合财务报告审计作为揭示机制，用来抑制财务报告中的次优问题（也就是无意的错报），既可以由其已经设立的政府审计机关作为审计主体，也可以聘请民间审计机构来实施这种审计业务，而选择何种审计主体的主要依据是审计质量和成本效益。从审计质量来说，就是何种审计机构更有找出政府综合财务报告所存在错报的专业胜任能力；从成本效益原则来说，就是何种机构的审计成本低。因为这种审计需求是作为代理人本身的审计需求，相当于是本级政府自行选择审计机构对其自身作为责任主体的政府综合财务报告所进行的审计，所以无须考虑审计机构的独立性。

如果本级政府将政府综合财务报告审计作为信号传递机制，通过这种审计向外界传递某种信号，则可能选择具有独立性、规模大、声誉好的民间审计机构作为审计主体。通过这种审计机构的审计，向利益相关者传递一些关于本级政府综合财务报告的一些"好消息"，吸引利益相关者做出有利于本级政府的一些决策。如果选择政府审计机关，利益相关者会认为政府审计机

---

① 关于代理人的审计需求，请参阅本书第七章第二节政府综合财务报告审计需求。

关与本级政府是"一家人",从而不相信这些"好消息"。

如果本级政府将政府综合财务报告审计作为保险机制,则通常也会选择从市场上购买审计服务,并且会偏向于选择规模较大的民间审计机构作为政府综合财务报告审计主体。如果因政府综合财务报告存在错报而导致使用者利益受到损失,则规模较大的审计机构具有较强的赔偿能力,因此,使用者可以放心地使用经这种审计机构审计过的政府综合财务报告。如果选择政府审计机关,由于法律责任的规定并不很清晰,并且责任判断也较困难,因此,政府审计机关的保险作用相对较弱。

基于以上分析,从代理人角度来看,关于政府综合财务报告审计主体选择有如下结论:本级政府作为代理人,基于不同的审计需求,对审计主体可能做出不同的选择。如果将政府综合财务报告审计作为揭示机制,无须考虑审计独立性,根据专业胜任能力和成本效益原则来选择政府审计机关或民间审计机构;如果将政府综合财务报告审计作为信号传递机制,则可能选择具有独立性、规模大、声誉好的民间审计机构作为审计主体;如果将政府综合财务报告审计作为保险机制,则通常会选择规模较大的民间审计机构作为审计主体。

以上分析了第193页图1中第一类国有资源委托代理关系中的审计主体选择,事实上,图1中的第二类国有资源委托代理关系中,同样存在审计需求,也同样存在审计主体选择问题。虽然第二类关系中责任主体的会计报表是政府综合财务报告的基础,但是,这些责任主体编制的财务报告属于政府部门财务报告,对这种报告的审计主体需要另外单独讨论,所以,本节不展开对这种审计主体的讨论。

（四）政府综合财务报告审计主体选择的协同

在第一类国有资源委托代理关系中,上级政府、本级人大、本行政区公众作为委托人对政府综合财务报告审计主体做出了选择,本级政府作为代理人对政府综合财务报告审计主体也有选择,基本情况见表1。委托人和代理人的选择不同,那么,如何协同呢?

表 1　政府综合财务报告审计主体

项　目		审计主体	
		政府审计机关	民间审计机构
审计主体的选择者	委托人对审计主体的选择	√	×
	代理人对审计主体的选择 作为揭示机制	√	√
	作为信号传递机制	×	√
	作为保险机制	×	√

注：√表示有这种选择，×表示没有这种选择

　　如果本级政府基于抑制政府综合财务报告中的次优问题将政府综合财务报告审计作为揭示机制，这种审计需求已经包含在委托人的审计需求中。所以，本级政府基于这种审计需求的审计主体选择已经内含于委托人的审计选择之中，不必再单独选择审计主体。本级政府将政府综合财务报告审计作为信号传递机制或保险机制，通常是本级政府作为发行主体发行证券，为了吸引证券投资者，才会有这种审计需求。从根本上来说，委托人的需求是抑制政府综合财务报告审计中的代理问题和次优问题，作为信号传递机制或保险机制的审计，如果不降低审计质量，也要关注政府综合财务报告审计中的代理问题和次优问题，从而发挥对这些问题的抑制作用，所以也能满足委托人的审计需求。并且，本级政府将政府综合财务报告审计作为信号传递机制或保险机制，吸引证券投资者以筹集资金，并不损害委托人的利益。所以在这种情形下，委托人对审计主体的选择可以服从于本级政府作为代理人对审计主体的选择，也就是选择民间审计机构。但是，委托人做出这种选择的前提是，民间审计机构不降低审计质量，其审计能满足委托人抑制政府综合财务报告审计中的代理问题和次优问题的需求，如何能做到，可行的办法是由委托人选择的审计主体（本级政府审计机关）来选择民间审计机构作为审计主体，并监督其审计质量。这种做法，一定程度上体现了委托人的审计主体选择权，另外，为民间审计机构的审计质量提供了较强的保障。从实质上来说，这种情形下的审计主体选择，也可以理解为一种审计业务外包，是政府审计机关这个审计主体，基于本级政府的特殊审计需求，将政府综合财务报

告审计业务外包给民间审计机构。

总体来说，关于政府综合财务报告审计主体选择的协同，有如下结论：当本级政府没有发行有价证券时，由政府审计机关作为审计主体；当本级政府发行了有价证券时，由政府审计机关选择民间审计机构作为审计主体，并对其审计质量进行监督。

三、结论和启示

政府综合财务报告制度是治国理政的重要基础，政府综合财务报告审计制度是其重要内容，政府综合财务报告审计主体是这个审计制度最为核心的问题之一。本节以经典审计理论为基础，从委托人和代理人角度分别分析了政府综合财务报告审计主体的选择，提出一个关于政府综合财务报告审计主体的理论框架。

从委托人角度来看，上级政府作为委托人，政府综合财务报告审计主体是上级政府审计机关；本级人大、本行政区公众作为委托人，政府综合财务报告审计主体是本级政府审计机关。审计主体的这种选择，符合独立性、审计质量和成本效益原则。政府综合财务报告审计业务一般不宜以业务外包的方式由民间审计机构来实施。

从代理人角度来看，本级政府作为代理人，基于不同的审计需求，对审计主体可能做出不同的选择，如果将政府综合财务报告审计作为揭示机制，无须考虑审计独立性，根据专业胜任能力和成本效益原则来选择政府审计机关或民间审计机构；如果将政府综合财务报告审计作为信号传递机制，则可能选择具有独立性、规模大、声誉好的民间审计机构作为审计主体；如果将政府综合财务报告审计作为保险机制，则通常会选择规模较大的民间审计机构作为审计主体。

上级政府、本级人大、本行政区公众作为委托人对政府综合财务报告审计主体做出了选择，本级政府作为代理人对政府综合财务报告审计主体也有选择，二者的选择不同。协同的方法是：当本级政府没有发行有价行证券时，选择政府审计机关作为审计主体；当本级政府发行有价行证券时，由政府审计机关（也就是委托人选择的审计主体）选择民间审计机构作为审计主体，并对其审计质量进行监督。

本节的研究启示我们，政府综合财务报告审计主体的选择是以审计需求为基础，是有理论逻辑的。因此，政府综合财务报告审计建构中要遵循这些理论逻辑，只有这样，才能从审计主体选择这个路径为政府综合财务报告审计目标的实现奠定基础。

第二节　政府综合财务报告审计客体

政府综合财务报告是反映政府整体财务状况、运行情况和财政中长期可持续性的财务报告，很多国家都建立了政府综合财务报告制度，我国党和政府高度也重视政府综合财务报告制度的建立，党的十八届三中全会提出要"建立权责发生制的政府综合财务报告制度"，国务院批转财政部《权责发生制政府综合财务报告制度改革方案》提出"在 2020 年前建立具有中国特色的权责发生制政府综合财务报告制度"。政府综合财务报告审计制度是政府综合财务报告制度的重要组成部门，必须与政府综合财务报告制度同步建立。

理论是制度的灵魂，理论自信是制度自信的基础，政府综合财务报告审计制度的建立涉及到政府综合财务报告审计的各个基础性问题的理论认知，对这些基础性问题的不同认知，可能导致不同的制度建构，政府综合财务报告审计客体是重要的基础性问题之一，正确地认知这个问题，是科学地建构政府综合财务报告审计制度的基础。

现有文献中，未发现有文献专门研究政府综合财务报告审计客体。个别研究政府综合财务报告审计的文献涉及这个问题，出现了合并范围各会计主体单位观、财政部门观、本级政府观三种观点。前两种观点不符合审计逻辑，而本级政府观则缺乏深入的理论阐释。本节的贡献在于以经典审计理论为基础，分析合并范围各会计主体单位观及财政部门观缺陷，深入阐释本级政府观，提出一个关于政府综合财务报告审计客体的理论框架，以深化对政府综合财务报告审计客体的认知，并为优化相关制度建构提供理论支撑。

一、文献综述

审计客体的核心问题是"审计谁"，未发现有文献专门研究政府综合财务报告审计客体，个别研究政府综合财务报告审计的文献涉及这个问题，出现了三种观点：第一种观点认为，政府综合财务报告审计客体是纳入政府综合财务报告合并范围的各会计主体单位，本节将这种观点简称为合并范围各会计主体单位观。例如，"政府预算执行审计与政府综合财务报告审计的主体对象同为本级政府财政及有关预算执行单位"（王祥君，2016），"对政府综合财务报告审计而言，审计的对象范围是行政单位、事业单位、社会团体和主要从事公益性项目融资、建设或运营任务的公益性国有企业等"（王祥君，2016）。第二种观点认为，政府综合财务报告审计客体是编制政府综合财务报告的财政部门，本节将这种观点简称为财政部门观。例如，常迎迎（2015）认为，"政府财务报告审计对象限制于报表编制部门""财政部门编制本级政府综合财务报告和本行政区政府综合财务报告"，所以，财政部门是政府综合财务报告审计客体。第三种观点认为，政府综合财务报告审计客体是本级政府，本节将这种观点简称为本级政府观。例如，尹启华（2017）认为，"政府综合财务报告审计实际上是对政府财务活动施加控制和影响的过程"。

上述三种观点，合并范围各会计主体单位观和财政部门观似是而非，但不符合审计逻辑，而本级政府观缺乏深入的理论阐释。本节在分析合并范围各会计主体单位观和财政部门观缺陷的基础上，深入阐释本级政府观，提出一个关于政府综合财务报告审计客体的理论框架。

二、理论框架

政府综合财务报告审计客体的核心问题是政府综合财务报告审计究竟"审计谁"，这是政府综合财务报告审计制度建构的重要问题，本节的目的是以经典审计理论为基础，提出一个关于政府综合财务报告审计客体的理论框架，为制度建构提供理论基础。为此，需要顺序阐释以下问题：关于审计客体的一般逻辑，合并范围各会计主体单位观和财政部门观的缺陷分析，本级政府观的理论逻辑阐释，本级政府观的两种具体情形分析，将本级政府作为政府综合财务报告审计客体的意义。

（一）关于审计客体的一般逻辑

经典审计理论认为，在资源类委托代理关系中，委托人将一定的资源和职责要求交付代理人，代理人对委托人承担了一种最大善意地使用资源和履行职责的责任。这种责任也称为经管责任。由于人性自利和人的有限理性，代理人可能偏离委托人的期望，并不能最大善意地履行其经管责任，而是出现代理问题和次优问题。为了应对代理人的代理问题和次优问题，委托人会推动建立针对代理人的治理机制，审计就是这个治理机制的重要成员。因此，资源类委托代理关系中的代理人就是审计客体。当然，这种审计客体可以是组织单元，也可以是领导这个组织单元的自然人（郑石桥，2015；郑石桥，2016；郑石桥，2018）。

以上是从委托人角度对审计客体的分析，在一些特殊情形下，代理人也可能存在审计客体。在这种情形下，是代理人自己希望对自己进行审计（黄秋敏，2007），所以审计客体仍然是代理人。同样，这里的审计客体可以是作为代理人的组织单元，也可以是领导这个组织单元的自然人。

综合上述委托人和代理人两个角度，在经典审计理论看来，审计客体都是资源类委托代理关系中的代理人。

（二）合并范围各会计主体单位观和财政部门观的缺陷分析

下面将以上述审计客体的一般逻辑为基础，分析合并范围各会计主体单位观和财政部门观的缺陷。我们先来分析合并范围各会计主体单位观，这种观点认为政府综合财务报告审计客体是纳入政府综合财务报告合并范围内各会计主体单位。笔者认为，这种观点存在缺陷。会计主体是会计信息确认、计量、记录和报告的特定组织，它界定了会计所反映经济业务的空间范围。政府综合财务报告有两类会计主体：第一类会计主体是政府综合财务报告作为合并会计报表，有个合并会计报表主体，如同企业集团合并会计报表的会计主体是由母公司和子公司组成的企业集团，不是母公司，也不是纳入合并范围的各个子公司（丁朝宇、杨杰，1993；郑石桥，1993；郑石桥、胡世明、陈武朝，1993）。政府综合财务报告作为合并会计报表，其会计主体是本级政府及其下属单位组成的组织单元，不只是本级政府，也不只是下属单位，而是由二者组合而成。第二类会计主体是纳入政府综合财务报告合并范围内各会计主体单位，这类会计主体的数量有许多。这是两类不同的会计主体，体现的资源类委托代理关系也不同，当本级政府及其下属单位组成的组织单元作为会计主体时，本级政府是代理人，而为本级政府提供资源并提出职责要求的主体是委托人（图2中的上级政府、本行政区公众和本级人大），政府综合财务报告就是本级政府向其委托人提出的财务责任履行情况的报告。而政府综合财务报告合并范围内各单位作为会计主体时，体现的资源类委托代理关系是本级政府作为委托人，各会计主体单位作为代理人，各会计主体提供的会计报表是其作为代理人向作为委托人的本级政府来报告其财务责任的履行情况。政府综合财务报告是本级政府作为代理人向其委托人的报告，所以将政府综合财务报告合并范围各会计主体单位作为政府综合财务报告审计客体，是混淆了不同的资源类委托代理关系，因此是不正确的观点。

财政部门观也存在缺陷。这种观点认为，政府综合财务报告审计客体是编制政府综合财务报告的财政部门。依据这种观点来类推，企业会计报表审计客体是编制企业会计报表的财务部门，不是企业；政府部门财务报告审计客体是政府部门单位编制会计报表的财务部门，不是这些政府部门单位。很显然，这些推论是荒谬的。事实上，财政部门只是在本级政府的安排下具体执行本级政府的一些决策，政府综合财务报告的责任主体是本级政府，不是财政部门。并不是财政部门向上级政府、本行政区公众和本级人大报告其财务责任履行情况，而是本级政府向上述主体报告其财务责任履行情况。所以，这里的代理人只能是本级政府，财政部门只能是本级政府的代理人。所以，政府综合财务报告审计客体不能是财政部门，只能是本级政府。

（三）本级政府观的理论逻辑阐释

关于政府综合财务报告审计客体，以上分析了合并范围各会计主体单位观和财政部门观的缺陷，下面以经典审计理论为基础，阐释本级政府观的理论逻辑。

1. 国有资源委托代理关系及国有资源经管责任

从终极意义来说，国有资源是全民所有，但是，全民无法直接管理和营运国有资源，必须有一定的主体代表全民来履行这种管理和营运责任，这就产生了国有资源委托代理关系。我国的一些相关法法律（如《中华人民共和国宪法》《中华人民共和国预算法》《中华人民共和国土地管理法》《中华人民共和国企业国有资产法》等）对国有资源委托代理关系做出了规范，其基本情况如图 2 所示。

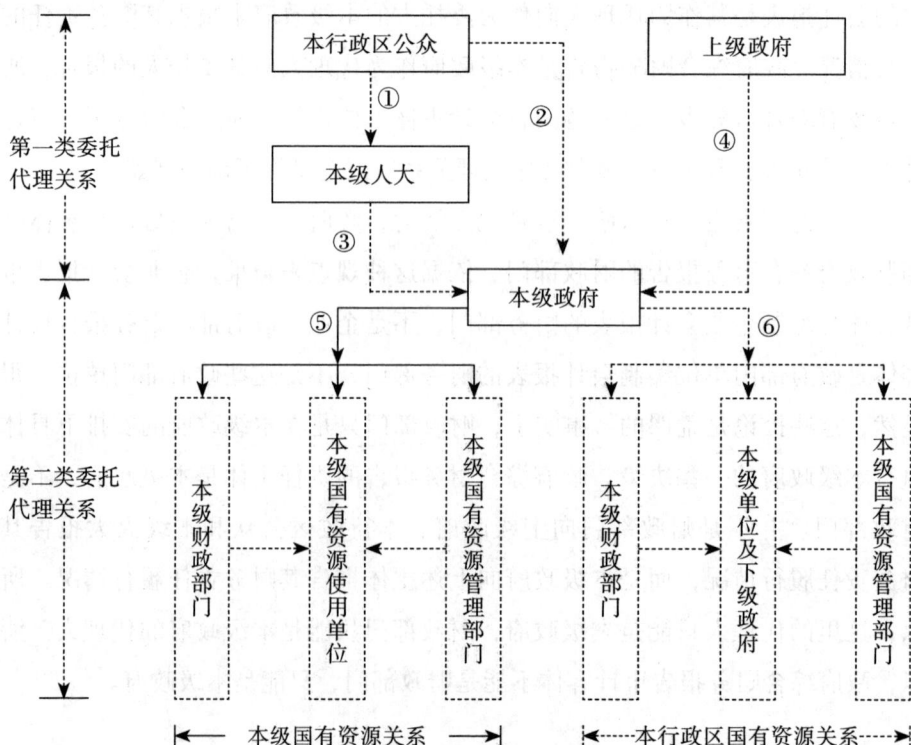

图 2　国有资源委托代理关系

图 2 中有两类基于在国有资源的委托代理关系：第一类是本行政区公众、本级人大、上级政府作为委托人，本级政府作为代理人的国有资源委托代理关系。图 2 中的①②③④都属于这种类型。这类委托代理关系的共性特点是本级政府作为代理人。第二类是本级政府作为委托人，本级各单位及下级政府作为代理人。图 2 中的⑤⑥都属于这种类型。这类委托代理关系的共性特点是本级政府作为委托人。无论何种类型的国有资源委托代理关系，委托人都向代理人交付了一定的国有资源，并且要求代理人履行一定的职责，而代理人向委托人承担了最大善意地使用国有资源并履行好相关职责的责任，这种责任通常称为国有资源经管责任。

国有资源经管责任是代理人向委托人承担的责任，由财务责任和业务责任所组成，财务责任主要是指国有资源管理和使用的责任（也就是用钱的责任），业务责任主要是对所要求特定职责的履行责任（也就是做事的责任）。上述两种责任都要求代理人最大善意来履行，具体体现在四个方面：①履行责任的相关行为符合法律法规的要求；②相关信息真实；③是相关制度健全；④相关绩效达标准。上述这些责任中，如实地报告财务责任履行情况属于责任中的相关信息真实的核心内容，对政府财务报告进行审计，其实质是对政府财务责任履行情况相关信息的真实性的审计，属于政府作为代理人的经管责任履行情况审计的组成部分。

2. 政府综合财务报告所体现的国有资源委托代理关系

政府综合财务报告是反映政府整体财务状况、运行情况和财政中长期可持续性的财务报告。在图 2 所示的两类国有资源委托代理关系中，所体现的是第一类国有资源委托代理关系，整体反映政府作为一个整体的财务责任履行情况，其委托人是本行政区公众、本级人大和上级政府。政府综合财务报告就是本级政府向上述这些委托人报告其财务责任履行情况的书面报告，属于本级政府承担的国有资源经管责任的重要组成部分。本节前面分析过合并范围各会计主体单位观和财政部门观的缺陷，这两种观点的共同缺陷是混淆了不同类型的资源类委托代理关系，将图 2 中的第二类资源类委托代理关系作为政府综合财务报告所体现的关系。

事实上，本级政府作为第一类国有资源委托代理关系中的代理人，其本身并不直接履行国有资源的管理和营运，而是在政府本级设置一些部门单位，并且设置一些下级政府，通过这些本级部门单位和下级政府来具体履行国有资源管理和营运责任，从而形成了第二类国有资源委托代理关系。因此，本级政府要报告其国有资源管理和营运情况，必须将其代理人的国有资源管理和营运情况合并起来，合并全部代理人国有资源管理和营运情况，组成本级政府的国有资源管理和营运情况。所以本级政府综合财务报告所体现的是本级政府作为代理人的国有资源经管责任履行情况，但是具体内容则需要合并其作为委托人的各类代理人的国有资源管理和营运情况。总体来说，政府综合财务报告审计客体是第一类国有资源委托代理关系中的代理人——也就是本级政府。

（四）本级政府观的两种具体情形分析

基于以上分析，政府综合财务报告审计客体是本级政府，但是，具体组成范围需要合并其作为委托人的各类代理人的国有资源管理和营运情况。图2中，本级政府作为委托人的国有资源委托代理关系有两种类型，不同情形下的审计客体组成范围不同，我们来具体分析。

一是本级政府与本级部门单位组成的本级国有资源委托代理关系（简称本级国有资源委托代理关系），本级政府设立本级财政部门和本级国有资源管理部门，还设立一些本级国有资源使用单位并规定这些单位的职责。本级政府直接或通过本级财政部门及本级国有资源管理部门将一些资源交付本级国有资源使用单位，所以本级财政部门、本级国有资源管理部门、本级国有资源使用部门都是本级政府的代理人，都有责任如实向本级政府报告其国有资源管理和营运情况。而本级政府通过对这些责任主体的财务报告的合并，则能反映本级政府及其领导的本级国有单位组成的组织单元作为一个整体的国有资源经管责任履行情况。如果将这种责任向本级政府的委托人报告，就形成一种特定范围的国有资源经管责任中的财务责任履行情况报告。此时，承担这种责任履行的责任主体包括本级政府及其下属的本级财政部门、本级国有资源管理部门和本级国有资源使用部门，此时的政府综合财务报告审计客体是本级政府及其领导的本级国有单位组成的合并主体，此时的政府综合财务报告审计是本级政府综合财务报告审计。

二是在本级国有资源委托代理关系的基础上，增加下级政府，形成本行政区国有资源委托代理关系。本级政府是委托人，本级财政部门、本级国有资源管理部门、本级国有资源使用部门、下级政府都是本级政府的代理人。与本级国有资源委托代理关系相比，本行政区国有资源委托代理关系是本级政府的代理人增加了下级政府。这意味着，本级政府会将一定的资源交付下级政府，并且会要求下级政府履行特定的职责。这种情形在单一制国家经常发生，并且是常态。即使在联邦制国家，有些联邦政府也会将一定的资源交付州及地方政府，并要求这些政府履行特定的职责。所以，本级政府与下级政府之间确定存在基于资源的委托代理关系。既然存在本行政区国有资源委托代理关系，本行政区综合财务报告就是从财务角度对这种国有资源经管责任履行情况的报告。此时，本级政府及其领导的本行政区国有单位组成的合并主体作为审计客体，政府综合财务报告审计是本行政区政府综合财务报告审计。这里的本行政区国有单位包括本级财政部门、本级国有资源管理部门、本级国有资源使用部门和下级政府。

（五）将本级政府作为政府综合财务报告审计客体的意义

以上基于经典审计理论，阐释了政府综合财务报告审计客体。总体来说，本级政府及其领导的本级国有单位或本级政府及其领导的本行政区国有单位是政府综合财务报告审计客体，本节将这种观点简称本级政府观。这样界定政府综合财务报告审计客体有何意义呢？本节前面已经介绍过，关于政府综合财务报告审计客体有三种观点，除了本级政府观外，还有合并范围各会计主体单位观和财政部门观。与以上两种观点相比，本级政府观的重要特征是将本级政府也作为政府综合财务报告审计客体的组成部分，这样界定政府综合财务报告审计客体是基于经典审计理论得出的结论，并且对提升政府综合财务报告的信息质量具有重要的意义，这种发挥重要作用的路径如图3所示。

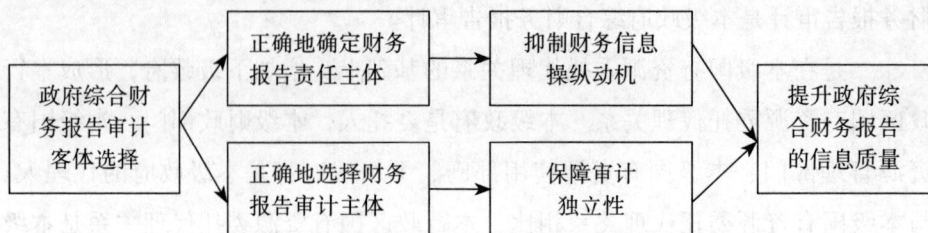

图3　审计客体选择影响信息质量的路径

　　将政府综合财务报告审计客体界定为本级政府，会从两个路径提升政府综合财务报告的信息质量。路径之一是，政府综合财务报告审计客体，实质上就是政府综合财务报告的责任主体；不同的审计客体选择，实质上就是不同的责任主体选择。如果将审计客体界定为合并范围各会计主体单位或财政部门，就意味着政府综合财务报告的责任主体就是这些单位。如此一来，本级政府可以操纵政府综合财务报告中的财务信息，却可以不承担责任，而本级政府作为合并范围各会计主体单位或财政部门的上级单位，难以抵制本级政府操纵政府综合财务报告中的财务信息的需求。而如果将政府综合财务报告审计客体界定为本级政府，则本级政府需要对政府综合财务报告承担责任。如果其操纵政府综合财务报告中的财务信息，则需要承担其后果。所以基于可能产生后果的预期，本级政府会一定程度上抵制其操纵政府综合财务报告中财务信息之动机，进而为提升政府综合财务报告的信息质量奠定了一定的基础。

　　路径之二是，政府综合财务报告审计客体选择会影响政府综合财务报告审计主体选择。如果将政府综合财务报告审计客体界定为合并范围各会计主体单位或财政部门，则本级政府设立的审计机关完全独立于这些单位，由本级审计机关对这些单位进行审计是能保障审计质量的。但是，事实上，政府综合财务报告很大程度上是本级政府的财务绩效，本级政府很有可能产生操纵政府综合财务报告的动机，如果同由下属单位的本级政府审计机关来审计，则缺乏起码的独立性，审计质量难以保障。但是，如果将政府综合财务报告审计客体界定为本级政府，从独立性来看，不能由本级政府设立的审计机关来审计，必须选定对本级政府具有独立性的审计机构来审计。从我国的现状来看，由各级党委的审计委员会所领导的审计机关对本级政府具有一定的独立性，是实施政府综合财务报告审计的恰当机构。所以将本级政府作为政府综合财务报告审计客体，就需要选择对本级政府具有独立性的审计机构，为审计独立性奠定基础，进而影响审计质量，最终影响政府综合财务报告的信息质量。

三、结论和启示

政府综合财务报告是反映政府整体财务状况、运行情况和财政中长期可持续性的财务报告。很多国家都建立了政府综合财务报告制度。我国党和政府高度重视政府综合财务报告制度的建立，政府综合财务报告审计制度是政府综合财务报告制度的重要成员，以审计理论为基础，提出一个关于政府综合财务报告审计客体的理论框架。

政府综合财务报告审计客体的核心问题是审计谁。一种观点认为，政府综合财务报告审计客体是合并范围各会计主体单位，即合并范围各会计主体单位观；还有一种观点认为，政府综合财务报告审计客体是编制政府综合财务报告的财政部门，即财政部门观。这两种观点都混淆了不同层级的资源类委托代理关系。政府综合财务报告是本级政府作为代理人，向其委托人（包括上级政府、本级人大、本行政区公众）报告其财务责任履行情况的书面报告，本级政府是责任者。因此，政府综合财务报告审计客体是作为代理人的本级政府，具体组成范围有两种情形：一是本级政府及其领导的本级国有单位组成的合并主体作为审计客体，此时的政府综合财务报告审计是本级政府综合财务报告审计；二是本级政府及其领导的本行政区国有单位组成的合并主体作为审计客体，此时的政府综合财务报告审计是本行政区政府综合财务报告审计。将本级政府作为审计客体对提升政府综合财务报告的信息质量具有重要意义，一方面，本级政府作为审计客体有利于确定本级政府对政府综合财务报告的责任，从而抑制其操纵政府综合财务报告的动机；另一方面，本级政府作为审计客体有利于选择恰当的审计主体来实施本级政府作为审计，从而提高审计独立性，为审计质量提供保障。

本节的研究启示我们，政府综合财务报告审计客体的选择是政府综合财务报告审计制度建构的重要问题，不恰当的审计客体选择可能会影响政府综合财务报告责任主体的确定及审计主体的选择，进而会对政府综合财务报告信息质量造成负面影响。

参考文献

［1］陆晓晖.中外政府财务报告审计研究［J］.商业会计，2015（20）：4-7.

［2］尹启华.政府综合财务报告审计框架的构建研究［J］.南京审计大学学报，2017（1）：95-101.

［3］陈平泽.美国联邦政府财务报告编制与审计研究［J］.审计研究，2011（3）：42-47.

［4］戚艳霞.美国政府财务报告审计的特点、成效及对我国的启示——基于对 GAO1997-2013 财政年度审计报告的分析［J］.中国审计评论，2015（2）：57-68.

［5］房巧玲，田世宁.美国：澳大利亚政府综合财务报告审计实践的发展与比较［J］.会计之友，2018（10）：6-12.

［6］郑石桥.国有资源经管责任、人性缺陷和政府审计［J］.会计之友，2015（11）：129-136.

［7］郑石桥.审计理论研究：基础理论视角［M］.北京：中国人民大学出版社，2016.

［8］郑石桥.独立性、审计主题和审计主体多样化［J］.会计之友，2015（2）：127-133.

［9］郑石桥.财政审计主体：一个理论框架［J］.审计月刊，2018（11）：9-12.

［10］王会金，郑石桥.中国特色审计领导体制的理论逻辑和框架设计［J］.安徽师范大学学报（人文社会科学版），2019（6）：46-51，82.

［11］王祥君.政府综合财务报告制度改革对国家审计的影响［J］.商业会计，2016（4）：6-10.

［12］王祥君.基于政府会计改革视角的本级预算执行审计研究［J］.审计月刊，2016（7）：11-13.

［13］常迎迎.建立健全政府财务报告审计制度的几点思考［J］.财务与会计，2015（7）：54-54.

［14］郑石桥，宋海荣.政府审计客体：理论框架和例证分析［J］.会计之友，2015（16）：126-132.

［15］郑石桥.财政审计客体：一个理论框架［J］.审计月刊,2018(12)：6-9.

［16］黄秋敏.基于自主性需求导向的审计质量分析［J］.内蒙古社会科学，2007（4）：83-86.

［17］丁朝宇，杨杰.从会计主体的角度对企业集团合并财务报表的思考［J］.当代经济科学，1993（2）：94-95.

［18］郑石桥.企业集团会计对象与模式初探［J］.会计研究,1993（2）：62-63.

［19］郑石桥，胡世明，陈武朝.企业集团会计主体、对象和模式［J］.集团经济研究，1993（5）：28-30.

第九章　政府综合财务报告审计内容和审计目标

政府综合财务报告审计有不少的基础性问题需要理论阐释，本章聚焦其中的两个问题：政府综合财务报告审计究竟审计什么？希望通过政府综合财务报告审计得到什么？根据这两问题，本章的具体内容包括：政府综合财务报告审计内容，政府综合财务报告审计目标。

第一节　政府综合财务报告审计内容

政府综合财务报告是反映政府整体财务状况、运行情况和财政中长期可持续性的财务报告，科学的政府综合财务报告制度是国家治理的基础，党的十八届三中全会提出要"建立权责发生制的政府综合财务报告制度"。政府综合财务报告审计制度是政府综合财务报告制度的重要成员，必须与政府综合财务报告同步建立。

如何建构政府综合财务报告审计制度呢？理论是制度的灵魂，理论自信是制度自信的基础，要科学地建构政府综合财务报告审计制度，必须正确认知政府综合财务报告审计的各个基础性问题。政府综合财务报告审计究竟审计什么——也就是政府综合报告审计内容，是最重要的基础性问题之一。对这个问题的认知不同，会导致政府综合财务报告的审计内容不同，进而导致政府综合财务报告审计的效率效果也会不同。

现有文献中，未发现有文献专门研究政府综合财务报告审计内容，个别研究政府综合财务报告审计的文献涉及政府综合财务报告审计内容，形成财务信息观和双重审计观，但是这两种观点都缺乏系统的理论阐释，更缺乏一个从抽象到具体的框架体系。本节的贡献在于以经典审计理论为基础，按从抽象到具体的逻辑，提出一个关于政府综合财务报告审计内容的理论框架，以深化对政府综合财务报告审计内容的认知，并为政府综合财务报告审计内容制度建构提供理论支持。

一、文献综述

政府综合财务报告审计内容涉及的核心问题是"审计什么"，未发现有文献专门研究政府综合财务报告审计内容。个别研究政府综合财务报告审计的文献涉及政府综合财务报告审计内容，形成两种观点，本节称之为财务信息观和双重审计观。

财务信息观认为，政府综合财务报告审计的内容是政府综合财务报告中包括的各类财务信息。例如，唐大鹏等（2015）提出，"国家审计应注重政府责任观下的财务信息真实完整"；王祥君（2016）提出，"政府综合财务报告审计的内容主要包括政府整体的财务状况、运营情况和现金流量等"；尹启华（2017）提出，"我国政府综合财务报告审计的对象是以权责发生制为计量基础的政府综合财务报告"；刘冠亚（2018）提出，"对政府综合财务报告的审查而言，资产应重点对未列入部门财务报告的长期股权投资等进行审计，费用应重点对未列入部门财务报告的费用项目进行审计""对或有负债和隐形负债信息披露情况的审查，形成了政府综合财务报告审计的一项重点内容""政府综合财务报告中的收入反映的是税收收入、非税收入等政府层面财政资源的筹集情况，对它的审查也是政府综合财务报告审计的一项重点内容"。

双重审计认为，政府综合财务报告审计的内容包括两个方面：一是政府综合财务报告中的财务信息，二是与政府综合财务报告相关的内部控制。例如，戚艳霞（2015）指出，美国联邦政府财务报告审计，"不仅对财务报告进行审计，对与财务报告相关的内部控制完善、法律法规遵循情况也提出审计意见"；房巧玲、田世宁（2018）指出，美国联邦审计署"在对政府综合财务报告开展审计工作时，工作人员了解被审计单位内部控制设计和运行有效性，评估控制风险"，澳大利亚联邦审计署"在对政府机构或整体综合财务报告审计时，也关注被审计单位整体的内部控制情况"。

笔者认为，从财务审计的历史来看，上述两种观点都有道理，在账项基础审计时代，财务信息观无疑是正确的；在制度基础审计和风险导向审计时代，财务信息相关内部控制就已经纳入了财务报告审计的内容；然而在电子数据审计时代，财务信息审计取证是否再依赖财务信息相关内部控制已经具有不确定性。所以需要从理论上分析清楚，政府综合财务报告审计究竟应该审计什么，现有的财务信息观和双重审计观都缺乏系统的理论阐释，更缺乏一个从抽象到具体的框架体系，本节拟致力于此。

二、理论框架

审计内容的核心问题是"审计什么"，政府综合财务报告审计内容也不例外。本节的目的是以经典审计理论为基础，按从抽象到具体的逻辑，提出一个关于政府综合财务报告审计内容的理论框架。为此需要顺序地阐释以下问题：关于审计内容的一般逻辑框架，政府综合财务报告审计对象，政府综合财务报告审计主题，政府综合财务报告审计业务类型，政府综合财务报告审计标的，政府综合财务报告审计载体。

（一）关于审计内容的一般逻辑框架

经典审计理论按从抽象到具体的逻辑，将审计内容划分为五个层级：第一层级是审计对象。通常认为，审计对象是资源类委托代理关系中的代理人的经管责任履行情况，审计就是对经管责任履行情况的检查与监督。第二层级是审计主题。这是对经管责任的具体化或分解，也就是将经管责任确定到可实施的审计对象，审计就是对这些可实施的审计对象形成结论。一般来说，审计主题分为信息、行为和制度三类，而信息本身还可以细分为财务信息和业务信息。第三层级是审计业务类型。这是以审计主题为基础形成的不同类型的审计业务。一般来说，以财务信息主题为基础形成财务审计，以绩效信息主题（业务信息为主，包括一部分财务信息）为基础形成绩效审计，以行为主题为基础形成合规审计，以制度主题为基础形成制度审计。第四层级是审计标的。它是审计主题的细分，不同的审计主题所分解形成的审计标的不同，审计过程就是围绕审计标的来收集证据并形成结论。第五层级是审计载体。它是审计证据的来源，不同的审计标的会有不同的审计载体。审计载体有电子载体、纸质载体和实物载体这些主要类型，不同的审计载体会需要不同的审计取证方式（郑石桥，2015；郑石桥，2015；郑石桥，2016；郑石桥，2017）。以上审计内容的一般逻辑框架，就政府综合财务报告审计内容来说，也应该是上述五个层级。

（二）政府综合财务报告审计内容的第一层级：审计对象

政府综合财务报告审计源于国有资源委托代理关系。从终极意义来说，人民是国有资源的所有者，但是，人民作为一个集体是没有行动能力的，因此，必须将其国有资源托付一定的责任主体来管理和营运，这就形成了多层级的资源委托代理关系链。不同国家的这种关系链不同，根据《中华人民共和国宪法》《中华人民共和国预算法》《中华人民共和国土地管理法》《中华人民共和国企业国有资产法》等相关法律法规，我国国有资源委托代理关系的基本框架如图1所示。图中有两类国有资源委托代理关系：一类是本级政府作为代理人，本行政区公众、本级人大和上级政府作为委托人；二是本级政府作为委托人，本级各国有单位及下级政府作为代理人。在这些国有资源委托代理关系中，代理人对委托人承担了国有资源经管责任。这种责任由财务责任和业务组成，代理人有责任最大善意地履行上述两方面的责任，这里的最大善意体现在四个方面：信息真实、行为合规、制度健全、绩效达标。

```
                    ┌──────────────┐              ┌──────────────┐
                    │  本行政区公众  │              │   上级政府    │
                    └──────────────┘              └──────────────┘
                          ┊ ①              ┊ ②          ┊ ④
第一类委托            ┌──────────────┐        ┊            ┊
代理关系             │   本级人大    │        ┊            ┊
                    └──────────────┘        ┊            ┊
                          ┊ ③              ┊            ┊
                          └──────────→┌──────────────┐←──┘
                          ⑤ ┌─────────│   本级政府    │─────────┐ ⑥
                            ↓         └──────────────┘         ↓
            ┌─────┬─────────┴──────┬──────┐    ┌─────┬─────────┴──────┬──────┐
            ↓     ↓                ↓      ↓    ↓     ↓                ↓      ↓
```

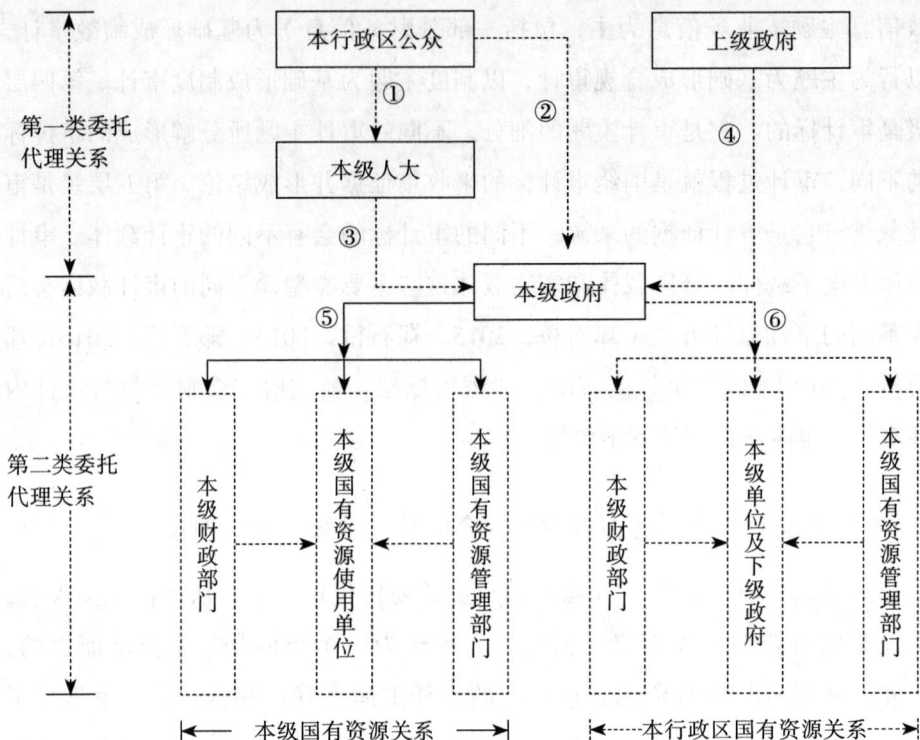

图 1　国有资源委托代理关系

　　政府综合财务报告是本级政府作为责任主体（也就是代理人）向本行政区公众、本级人大和上级政府就本级政府整体财务状况、运行情况和财政中长期可持续性等做出的书面报告，体现的是第一类委托代理关系。报告的是财务责任履行情况，属于本级政府对其委托人承担的国有资源经管责任的组成部分，所以，政府综合财务报告不是对国有资源经管责任全部内容的审计，而只是对其中的财务责任的审计，也可以称为财务维度的国有资源经管责任审计。

（三）政府综合财务报告审计内容的第二层级：审计主题

　　财务维度的国有资源经管责任要落实到可实施的审计对象，这就是审计主题。本节在文献综述中表明，关于政府综合财务报告审计内容有财务信息观和双重审计观，这两种观点都是从审计主题这个层级来讨论审计内容的。

笔者赞同双重审计观，也就是政府综合财务报告审计的审计主题有两个：一是政府综合财务报告中的财务信息，由于政府综合财务报告所包括的会计报表不同，财务信息的具体内容会出现差异，但是，都属于财务信息主题；二是政府综合财务报告相关的内部控制，包括为保障政府综合财务报告中各类财务信息确认、计量、记录和报告真实的各种内部控制及信息系统，都属于制度主题。

从终极意义上来说，政府综合财务报告审计是为了抑制政府综合财务报告中的信息失真，提升财务信息质量，既然如此，为什么要实行双重审计？也就是为什么除了对财务信息进行审计外，还要审计其相关内部控制？主要理由有以下三个方面：

第一，内部控制是财务信息真实性的保障，政府综合财务报告相关内部控制是为了保障其财务信息真实性而建立实施的。一般来说，如果政府综合财务报告相关内部控制是健全的，则以其为基础的财务信息的真实性也就有了基本的保障。反之，如果相关的内部控制存在缺陷，则财务信息的真实性也就没有保障。所以通过政府综合财务报告相关内部控制的审计，发现制度缺陷，并促使其持续改进，则这些相关的内部控制就能持续有效地为政府综合财务报告的真实性提供合理保障。

第二，从财务审计取证模式来说，经历了账项基础审计、制度基础审计、风险导向审计等模式。制度基础审计、风险导向审计都离不开内部控制。所以，政府综合财务报告审计如果采取制度基础审计或风险导向审计这些取证模式，其审计主题无法回避相关的内部控制。

第三，如果政府综合财务报告审计是在电子数据环境下来实施，则审计取证有可能不依赖内部控制，而是直接通过数据分析来发现疑点（风险点），进而跟踪这些疑点（风险点）。在这种情形下，政府综合财务报告相关内部控制（包括信息系统）就缺乏有效的纠偏机制，从而其持续有效性也就失去基础，因此，通过对政府综合财务报告相关内部控制的审计，就能及时发现其缺陷并推动整改，从而为内部控制的持续有效奠定基础。

以上分析了实行双重审计观的原因，然而，不可否认的是在双重审计观下，对政府综合财务报告中的财务信息及相关内部控制同时进行审计，必然造成审计内容在一定程度上的重复。如果将财务信息审计和内部控制审计分别进行，由不同的审计机构或同一审计机构在不同的时间来实施，势必会造成审计资源的浪费。怎么办呢？解决这个问题的办法是采取整合审计方式。这里的整合有三个方面的含义：一是由同一审计机构对政府综合财务报告中的财务信息及相关内部控制进行审计，不能由不同的审计机构来负责；二是这个审计机构不是在不同时间，而是同一时间对政府综合财务报告中的财务信息及相关内部控制同时进行审计；三是通过一套审计程序、方法和流程对政府综合财务报告中的财务信息及相关内部控制进行审计，而不分别设计审计程序、方法和流程。做到了上述三个方面的整合，整合审计就能发挥两种审计业务之间的知识互溢，并避免了重复审计（谢晓燕、张龙平，李晓红，2009；何芹，2012）。

审计主题包括信息、行为和制度三类，双重审计观已经将信息和制度纳入了政府综合财务报告审计主题范围，那么，是否要将政府综合财务报告所反映的各类经济活动（也就是行为）也纳入审计主题范围？借鉴经典审计理论中关于注册会计师对舞弊的责任（张龙平、王泽霞，2003；周赟，2005；陈毓圭，2010），笔者认为，在政府综合财务报告中，审计人员并不将行为主题纳入审计内容，但是对具有重要性的违规行为要保持职业关注，其基本情况如图2所示。

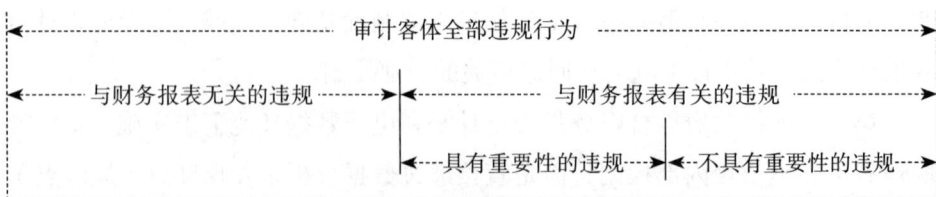

图 2　审计客体违规行为分类

图2中，审计客体全部违规行为首先可以划分为两类：第一类违规行为与财务报表无关，不会直接反映在会计报表中，如破坏生态环境这种违规行为，通常是不会直接反映在会计报表中；第二类违规行为是与会计报表有关的违规，这些违规行为直接反映在会计报表中，如越权减税以吸引投资，会

直接减少税收收入。对于这两类违规行为，第一类与政府综合财务报告无直接关系，如果将这种行为纳入审计范围，则政府综合财务报告审计的范围就没有边界了。这不符合成本效益原则，也会造成各种审计业务类型之间的交叉重复。所以，笔者认为，与政府综合财务报告无关的违规行为，不宜纳入审计主题范围。

那么，与政府综合财务报告有关的违规行为都要纳入审计主题范围吗？笔者认为，政府综合财务报告反映的财政财务收支及相关经济活动是否合规，是另外一种审计业务——合规审计所关注的问题。经济行为是合规审计的审计主题，因此为了避免审计内容重复，政府综合财务报告审计不宜将经济行为纳入自己的审计主题范围。但是如果违规行为已经严重到影响财务信息的真实性——也就是这种违规行为具有财务信息上的重要性了，此时，如果再不关注这种违规行为，政府综合财务报告的真实性将受到影响，所以政府综合财务报告中要关注具有重要性的违规行为。

那么在，政府综合财务报告审计中，如何关注具有重要性的违规行为？根据经典审计理论，在审计过程中，审计人员对特定事项的关注有两种方式：一是实施审计程序，二是保持职业关注。前者是将该事项纳入正式的审计内容，通过设计审计程序、方法和流程来审计；后者是不将该事项纳入正式的审计内容，在设计审计程序、方法和流程时不考虑该事项。但是，如果在审计过程中发现该事项相关的线索，则需要高度警觉，增加必要的审计程序或修改原来的审计程序，以追踪该线索。在政府综合财务报告中，对于具有重要性的违规行为，审计人员应该采取保持职业关注这种方式，而不是将这些行为纳入正式的审计范围。这种选择的好处是，其聚集了政府综合财务报告审计的核心问题，避免了与合规审计的重复，但也在一定程度上关注了政府综合财务报告中可能存在的具有重要性的违规事项。

总体来说，关于政府综合财务报告的审计主题有如下结论：政府综合财务报告审计主题是政府综合财务报告中的财务信息和政府综合财务报告相关的内部控制，并对具有重要性的违规经济行为保持职业关注。

（四）政府综合财务报告审计内容的第三层级：审计业务类型

审计业务类型是以审计主题为基础而形成的，政府综合财务报告有两类审计主题：一是财务信息，以此为基础形成财务信息审计；二是相关内部控制，以此为基础形成财务报告内部控制审计。上述财务信息审计和财务报告内部控制审计是财务报告内部控制审计业务的两种基本类型，但是为了避免审计内容的重复，并实现知识互溢，上述两种审计业务需要以整合方式实施。所以，政府综合财务报告审计业务的基本类型是政府综合财务报告整合审计，其审计主题包括财务信息和相关内部控制。

对于这种整合审计业务，具有不同的选择，从而形成一个政府综合财务报告审计业务类型体系，基本情况见表1。

表1　政府综合财务报告整合审计体系

项　目		报表范围及时间			
		本级政府综合财务报告		本行政区政府综合财务报告	
		年报	中期报告	年报	中期报告
保证程度	合理保证	★	★	★	★
	有限保证	★	★	★	★
业务基础	基于责任方认定业务	★	★	★	★
	直接报告业务	★	★	★	★

注：★表示有这种情形

表1勾画了政府综合财务报告整合审计体系。第一，按政府综合财务报告的合并范围，整合审计可以分为本级政府综合财务报告整合审计和本行政区政府综合财务报告整合审计；第二，按政府综合财务报告涵盖的时间分类，可以分为政府综合财务报告年报整合审计和政府综合财务报告中期报告整合审计；第三，按审计提供的保证程度，政府综合财务报告整合审计可以分为合理保证审计和有限保证审计，前者对审计主题形成结论，后者分别是报告关于审计主题的审计发现；第四，按政府综合财务报告审计基础，可以分为基于责任方认定业务和直接报告业务，一般来说，对于政府综合财务报

告的财务信息，是基于责任方认定业务，而政府综合财务报告相关内部控制，则属于直接报告业务，政府综合财务报告整合审计中不同的主题，审计业务基础不同。

政府综合财务报告整合审计是政府综合财务报告审计的主要业务类型，然而，现实世界是复杂的，有时也会出现特例，为了满足一些特殊的审计需求，也可能对政府综合财务报告单独开展财务信息审计或财务报告内部控制审计。例如，某层级政府为了公开发行政府债券，可能对政府综合财务报告单独开展财务信息审计，而为了持续改进政府综合财务报告相关内部控制，则可能对政府综合财务报告单独开展财务报告内部控制审计。所以，总体来说，政府综合财务报告审计业务类型包括整合审计、财务信息审计和财务报告内部控制审计，整合审计是主要业务类型。

（五）政府综合财务报告审计内容的第四层级：审计标的

审计标的是审计主题的细分，不同的审计主题所分解形成的审计标的不同，审计过程就是围绕审计标的来收集证据并形成结论。政府综合财务报告审计主题包括财务信息和内部控制，二者的审计标的不同。

一般来说，财务信息的审计标的分为三类：交易或事项、余额、列报（中国注册会计师协会，2020）。财务信息审计就是围绕这些审计标的来获取审计证据。交易是会计主体与外部主体之间发生的经济活动，事项是会计主体内部发生的经济活动。这些经济活动与外部主体无关，交易或事项通过会计过程进入会计信息系统。余额是账户的累计发生额或余额，交易或事项的确认和计量是余额的基础，如果对于交易或事项的确认、计量错误，则余额也是错误的。然而，即使交易或事项确认、计量正确，余额本身也可能存在错误，所以，余额有自己独特的信息含量。列报就是会计信息在会计报表中的表达与披露，这些会计信息主要来源于账户余额，并将账户余额信息以一定的方式呈现在会计报表上。交易或事项的认定信息、余额的认定信息，是列报认定信息的基础，如果前二者有错误，则列报认定信息也会发生错误。但是，前者的正确并不能保证列报认定信息的正确性，它有自己的信息含量。以上一般财务信息的审计标的，政府综合财务报告中的财务信息，其审计标的也适用上述分类，但是由于它是以合并范围内各会计主体的会计报表为基础形成的合并会计报表，而各会计主体的会计报表有单独的审计（也就是政府部门财务报告审计），所以政府综合财务报告审计关注的重点标的是合并抵销事项和调整事项。抵销是指对本级政府各部门之间、政府财政与部门之间、财政内部之间的经济业务或事项；调整是指按照权责发生制原则将被合并主体报表中的收入和支出，调整为应归属于当期的收入和费用，解决的是收支实现制与权责发生制之间的差异。

通常来说，财务报告内部控制是指旨在合理保证财务报告及相关信息真实、完整而设计和运行的内部控制，内部控制五要素中可能包括财务报告内部控制。一般分为两类：一是整体层面的内部控制；二是业务层面的内部控制。财务报告内部控制审计标的是对上述两类财务报告内部控制的细分。对于整体层面的内部控制，其审计标的是制度要素，也就是制度中界定的主要事项，每个主要事项单独成为一个审计标的；对于业务层面的内部控制，通常以业务流程中的关键环节作为审计标的（李媛媛、郑石桥，2017）。政府综合财务报告内部控制审计标的也适用上述分类。但是，由于它是合并会计报表，并且纳入合并范围的各会计主体的会计报表有单独的审计（也就是政府部门财务报告审计），所以，政府综合财务报告内部控制审计标的的重点是合并过程相关的内部控制，当然，也包括整体层面的内部控制和业务层面的内部控制。前者要按制度规定的主要事项作为审计标的，后者要按合并报表编制的关键环节作为审计标的。

（六）政府综合财务报告审计内容的第五层级：审计载体

审计载体是审计标的的记载或记忆，是审计证据的来源。一般来说，财务信息的审计标的和内部控制的审计标的，各有其审计载体。当然，有些审计载体之间有交叉。就财务审计来说，其审计载体包括原始凭证、记账凭证、明细账、总账、会计报表。就政府综合财务报告审计来说，由于其是合并报表，并且纳入合并范围的各会计主体的会计报表有单独的审计（也就是政府部门财务报告审计），所以，审计载体主要是合并相关的审计载体。

内部控制的审计载体有四种形式：一是书面的内部控制制度，这些载体表明制度的设计情形；二是内部控制相关的实物措施，这是实施内部控制的实物手段，内部控制措施中的实物控制手段就属于这种情形；三是内部控制各环节执行过程中形成的相关记录，表明控制措施执行情况及其效果；四是相关人员形成对内部控制的相关记忆，包括内部控制的设计健全性和执行符合性的看法或记忆（李媛媛、郑石桥，2017）。就政府综合财务报告内部控制审计来说，由于其是合并报表，并且纳入合并范围的各会计主体的会计报表有单独的审计（也就是政府部门财务报告审计），所以，审计载体主要是合并相关的内部控制审计载体。

无论是财务信息审计标的，还是内部控制审计标的，审计载体的主要形式都是电子载体、纸质载体和实物载体。审计载体的形式不同，审计取证的技术方法也不同。

三、结论和启示

政府综合财务报告是治国理财的基础，政府综合财务报告审计制度是政府综合财务报告制度的重要成员。审计内容的核心问题是"审计什么"，它是审计制度建构的最重要问题之一。本节以经典审计理论为基础，按从抽象到具体的逻辑，提出一个关于政府综合财务报告审计内容的理论框架。

经典审计理论将审计内容划分为五个层级：第一层级是审计对象，第二层级是审计主题，第三层级是审计业务类型，第四层级是审计标的，第五层级是审计载体。政府综合财务报告审计内容也是上述五个层级。政府综合财务报告审计对象是本级政府承担的财务维度的国有资源经管责任；财务维度的国有资源经管责任体现为审计主题，包括政府综合财务报告中的财务信息和政府综合财务报告相关的内部控制，并对具有重要性的违规经济行为保持职业关注；政府综合财务报告审计业务类型包括整合审计、财务信息审计和财务报告内部控制审计，整合审计是主要业务类型；审计标的是审计主题的细分，不同的审计主题所分解形成的审计标的不同，政府综合财务报告审计主题包括财务信息和内部控制，二者的审计标的不同，财务信息的审计标的分为三类：交易或事项、余额、列报，重点标的是合并抵销事项和调整事项，内部控制要按控制事项或控制环节分为不同的审计标的；审计载体是对审计载体的记载或记忆，不同的审计标的有不同的审计载体，电子载体、纸质载体和实物载体是审计载体的主要类型。

本节的研究启示我们，政府综合财务报告审计内容是一个复杂的系统，其内部有严密的结构，如果不能正确地认知这个内容体系，在审计制度建构或审计实践中可能出现不当的审计内容选择，进而会影响政府综合财务报告审计效率效果。

第二节 政府综合财务报告审计目标

政府综合财务报告是反映政府整体财务状况、运行情况和财政中长期可持续性的财务报告，建立实施科学的政府综合财务报告制度是国家治理体系和治理能力现代化的重要内容。党的十八届三中全会提出要"建立权责发生制的政府综合财务报告制度"，国务院批转财政部《权责发生制政府综合财务报告制度改革方案》提出"在2020年前建立具有中国特色的权责发生制政府综合财务报告制度"。政府综合财务报告制度的一个重要方面是政府综合财务报告审计制度，而审计目标是审计的起点和归缩，所以从理论上厘清政府综合财务报告审计目标是审计制度建构的基础。

现有文献中，未发现有专门政府综合财务报告审计目标的文献。个别研究政府综合财务报告审计的文献涉及审计目标，大体可以分为财务信息观、财务信息及内部控制观、财务信息及财务行为观。总体来说，关于政府综合财务报告审计目标还是缺乏一个系统化的理论框架。本节的贡献在于以经典审计理论为基础，从不同主体的角度分别探究审计目标，提出一个政府综合财务报告审计目标的理论框架，以深化对政府综合财务报告审计目标的认知，并为政府综合财务报告审计制度建构提供理论支撑。

一、文献综述

审计目标关注的核心问题是"人们希望通过审计得到什么"，政府综合财务报告审计目标也不例外。现有文献中，未发现有专门政府综合财务报告审计目标的文献，个别研究政府综合财务报告审计的文献涉及审计目标。总体来说，都认为政府综合财务报告审计目标是对所审计事项形成审计意见，由于对所审计事项的认知不同，大体可以分为财务信息观、财务信息及内部控制观、财务信息及财务行为观。

财务信息观认为，政府综合财务报告审计目标就是对政府综合财务报告中的财务信息形成结论，对于具体的结论则有不同的观点。例如，政府综合财务报告审计"对政府财务报告的真实性、合规性、效益性提出审计结论"（常迎迎，2015）；"国家审计应注重政府责任观下的财务信息真实完整"（唐大鹏等，2015）；"政府综合财务报告审计是对政府财务报告的真实、完整情况发表审计意见"（王祥君，2016）；"政府综合财务报告审计作为经济监督的一部分，有利于保证报告的真实性、合规性"（房巧玲、田世宁，2018）。

财务信息及内部控制观认为，政府综合财务报告审计目标不仅要对政府综合财务报告中的财务信息形成结论，还要对政府综合财务报告相关内部控制形成结论。例如，对联邦政府财务报告审计时，政府审计准则"要求对内部控制进行测试并报告结果"（陈平泽，2011）；"美国联邦政府财务报告审计，不仅对财务报告进行审计，对与财务报告相关的内部控制完善、法律法规遵循情况也提出审计意见"（戚艳霞，2015）。

财务信息及财务行为观认为，政府综合财务报告审计除了要对政府综合财务报告中的财务信息形成结论外，还要对政府财务活动形成结论。例如，"政府综合财务报告审计目标主要包含三个层次，第一个层次是政府各项财务活动具有合法性与真实性；第二个层次是政府综合财务报告在所有重大方面公允列报财务信息；第三个层次是政府财务活动具有效益性和相对透明性"（尹启华，2017）。

上述这些观点都有一定的道理，但是，都只是从审计机构的角度来看审计目标，只涉及直接审计，并且没有将这个审计目标再深化。因此，总体来说，关于政府综合财务报告审计目标还是缺乏一个系统化的理论框架，本节拟致力于此。

二、理论框架

政府综合财务报告审计目标的核心问题是"人们希望通过审计得到什么"，本节的目的是以经典审计理论为基础，提出一个关于政府综合财务报告审计目标的理论框架，为此，需要顺序地阐释以下问题：审计目标的一般逻辑，政府综合财务报告审计目标体系，政府综合财务报告审计终极目标，政府综合财务报告审计直接目标，政府综合财务报告审计终极目标与直接目标的关系。

（一）审计目标的一般逻辑

根据经典审计理论，审计源于资源类委托代理关系。在这种关系中，委托人为了抑制代理人的代理问题和次优问题，会推动建立针对代理人的审计制度，而代理人为了更好地履行其经管责任或为了传递信号或作为保险机构，也可能存在审计需求。因此，委托人、代理人和审计机构三者共同组成了审计关系，审计关系的三方都可能"希望通过审计得到什么"，这就产生了委托人的审计目标、代理人的审计目标和审计机构的审计目标。因为审计机构的审计目标要服从于委托人和代理人的审计目标，所以通常将委托人和代理人的审计目标称为审计终极目标，而将审计机构的审计目标称为审计直接目标（郑石桥，2018；郑石桥，2015；李宇立、郑石桥，2015；郑石桥，2016）。上述审计目标的一般逻辑当然也适用于政府综合财务报告审计。

（二）政府综合财务报告审计目标体系

政府综合财务报告审计源于国有资源委托代理关系，国有资源的终极所有者是公众，但公众作为一个集体是缺乏行动能力的，所以必须有一定的主体代表公众来行事，这就产生了国有资源委托代理关系。不同国家的所有制结构不同，因此国有资源委托代理关系也不同，中国是社会主义国家，国有资源经管责任有自己的特色，根据《中华人民共和国宪法》《中华人民共和国预算法》《中华人民共和国土地管理法》《中华人民共和国企业国有资产法》等相关法律法规，我国国有资源委托代理关系的基本框架如图1所示。

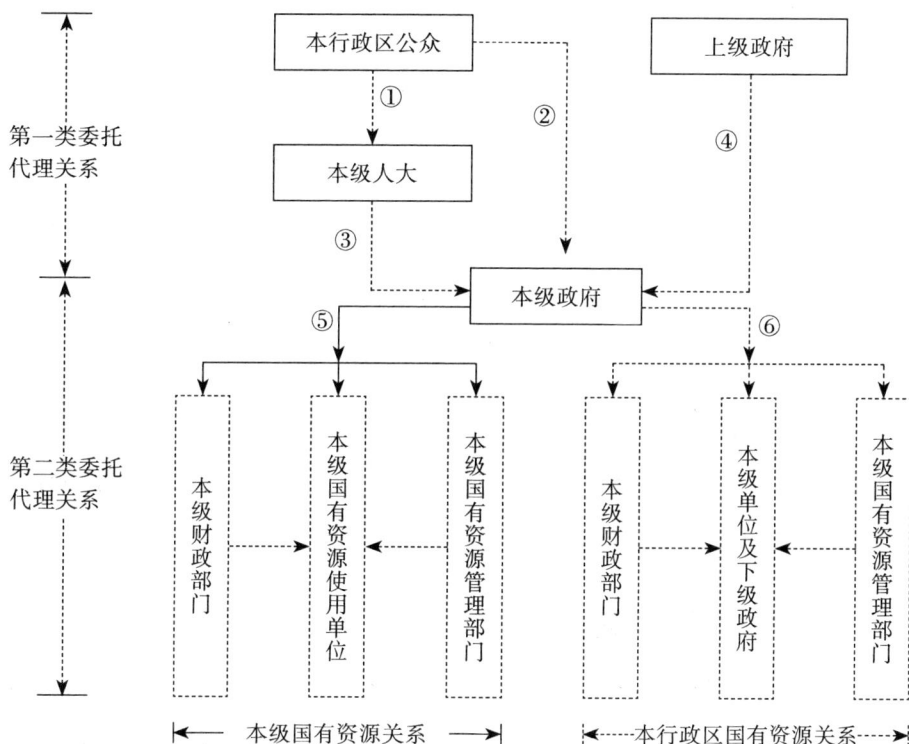

图3　国有资源委托代理关系

图1中有两类国有资源委托代理关系，第一类是本政府作为代理人，而本行政区公众、本级人大、上级政府作为委托人，①②③④属于这种类型；第二类是本级政府作为委托人，本级各国有单位及下级政府作为代理人，⑤⑥属于这种类型。政府综合财务报告是反映政府整体财务状况、运行情况和财政中长期可持续性的财务报告，体现的是第一类国有资源委托代理关系，在这个关系，审计关系的三方是，委托人（本行政区公众、本级人大、上级政府）、代理人（本级政府）和审计机构（上级政府审计机关和本级政

府审计机关①），委托人、代理人希望通过政府综合财务报告审计得到的结果称为审计终极目标，而审计机构希望政府综合财务报告审计得到的结果称为审计直接目标，审计关系各方的审计目标组成一个体系，见表2。

表2 政府综合财务报告审计目标体系

项 目			审计目标类型	
			终极目标	直接目标
审计关系方	委托人	本行政区公众	★	☆
		本级人大	★	☆
		上级政府	★	☆
	代理人	本级政府	★	☆
	审计机构	本级政府审计机关	☆	★
		上级政府审计机关	☆	★

注：★表示属于这种审计目标，☆表示不属于这种审计目标

表2显示，政府综合财务报告审计目标是一个体系，下面来具体分析审计终极目标和审计直接目标及二者的关系。

（三）政府综合财务报告审计终极目标

政府综合财务报告审计终极目标有委托人的目标和代理人的目标，我们分别来讨论。从委托人来说，包括本行政区公众、本级人大和上级政府，这些主体希望通过政府综合财务报告审计得到什么呢？根据经典审计理论，在资源类委托代理关系中，委托人为了抑制代理人的代理问题和次优问题，会推动建立针对代理人的审计制度，所以委托人是希望通过审计来抑制代理人的代理问题和次优问题。在图1所示的第一类国有资源委托代理关系中，本级政府的委托人推动建立针对本级政府作为责任主体的政府综合财务报告审计，其目的也是为了抑制本级政府在政府综合财务报告方面的代理问题和次

① 关于政府综合财务报告审计主体，请参阅本书第八章第一节政府综合财务报告审计主体。

优问题。前者是代理人故意造成的问题，后者是代理人无意发生的问题，不少的情形下，故意和无意难以区分。所以，一般不区分代理问题和次优问题，二者综合起来。委托人期望通过审计来抑制的政府综合财务报告中代理问题和次优问题有两类：一是财务信息失真，二是相关内部控制不健全。

委托人的审计目标还可以从另外一个角度来理解，就是希望通过审计来促使代理人更好地履行其经管责任。很显然，代理人履行经管责任中的代理问题和次优问题对其经管责任的履行具有负面影响，所以，如果能抑制这些代理问题和次优问题，也就能更好地履行经管责任了。就政府综合财务报告审计来说，如果通过审计抑制了政府综合财务报告中的财务信息失真和相关内部控制缺陷，则政府综合财务报告就更加真实了，与此相关的责任当然也就履行得更好了。所以，委托人的政府综合财务报告审计目标也可以表述为：促使本级政府更好地履行其政府综合财务报告相关责任。总体来说，"抑制本级政府在政府综合财务报告方面的代理问题和次优问题"，与"促使本级政府更好地履行其政府综合财务报告相关责任"，这两种表述具有实质上的一致性，是一枚钱币的两面。

本级政府作为代理人也可能存在政府综合财务报告审计需求，将外部审计或作为揭示机制，或作为信号传递机制，或作为保险机制[①]，因此代理人也有审计目标。如果是作为揭示机制，则代理人当然也是希望通过审计来发现政府综合财务报告中存在的信息失真和相关内部控制缺陷，以便于自己更好地履行相关责任，这与委托人相同。如果是作为信号传递机制，代理人则希望审计传递某种信号。这种信号的内涵无非是两个方面：一方面是政府综合财务报告中财务信息是值得信赖的——也就是真实的；另外一方面是政府综合财务报告相关内部控制是健全的。上述两方面综合起来，可以理解为：代理人希望审计传递的信号是，本级政府已经很好地履行了政府综合财务报告相关责任。如果作为保险机制，主要是本级政府作为证券发行主体，希望通

[①] 关于政府综合财务报告审计需求，请参阅本书第七章第二节政府综合财务报告审计需求。

过审计来提高投资者对政府综合财务报告的信心，以促使投资者做出对本级政府证券发行有利的决策。

综合上述委托人和代理人的审计目标，政府综合财务报告审计终极目标可表述如下：抑制政府综合财务报告中的代理问题和次优问题，以促使本级政府更好地履行政府综合财务报告相关责任，并增加政府综合财务报告的可信度。

（四）政府综合财务报告审计直接目标

在政府综合财务报告审计的三方关系中，终极目标是委托人和本级政府的目标，而直接审计是政府审计机关的目标，因为审计机关不是为审计而审计，而是服务于一定的审计需求，所以，直接目标要服务于终极目标。有什么样的终极目标，就会有什么样的直接目标。

如果终极目标表述为抑制政府综合财务报告中的代理问题和次优问题，则直接目标就是查找政府综合财务报告中的代理问题和次优问题。本节前面已经指出，委托人期望通过审计来抑制的政府综合财务报告中代理问题和次优问题有两类：一是财务信息失真，二是相关内部控制不健全。为了服务于委托人的上述问题，政府审计机关的直接目标就是查找政府综合财务报告中的财务信息失真和内部控制缺陷。如果终极目标表述为促使本级政府更好地履行政府综合财务报告相关责任，审计机关则要查找本级政府履行政府综合财务报告是否存在代理问题和次优问题，同样要查找是否存在财务信息失真和内部控制缺陷。如果终极目标表述为增加政府综合财务报告的可信度，则审计机关要在审计报告中表明政府综合财务报告中是否存在财务信息失真和内部控制缺陷，而要发表这样的意见，审计机关同样需要查找是否存在财务信息失真和内部控制缺陷。所以，总体来说，政府综合财务报告审计终极目标无论如何表述，政府审计机关的直接目标都是查找政府综合财务报告中的财务信息失真和内部控制缺陷。

事实上，审计直接目标是与审计主题相匹配的，不同的审计主题有不同的审计目标。政府综合财务报告审计主题有两个：一是政府综合财务报告中的财务信息，二是政府综合财务报告相关内部控制[①]。上述两类审计主题各有其审计直接目标，基本情况见表3。

表3　政府综合财务报告审计直接目标

项　目		直接目标	
		真实性	健全性
审计主题	政府综合财务报告中的财务信息	★	☆
	政府综合财务报告相关内部控制	☆	★

注：★表示有这种目标，☆表示没有这种目标

表3中，政府综合财务报告中的财务信息的审计目标的真实性。也就是要用系统方法鉴证政府综合财务报告中的财务信息是否真实。怎么鉴证呢？基本的思路就是查找政府综合财务报告中的财务信息失真。如果其失真达到重要性程度，就表明财务信息失真，否则，就是真实。所以，寻找财务信息失真并判断其重要性程度，是真实性审计的核心内容。

表3中，政府综合财务报告相关内部控制的审计目标的健全性，也就是要用系统方法鉴证政府综合财务报告相关内部控制是否健全。怎么鉴证呢？基本的思路就是查找政府综合财务报告相关内部控制存在的缺陷，如果内部控制缺陷达到一定的严重程度，就表明内部控制不健全。否则，就是健全。所以寻找内部控制缺陷并判断其严重程度，是健全性审计的核心内容。

从审计实施来说，财务综合财务报告，财务信息真实性和内部控制健全性这些审计目标是审计总目标，是审计主题这个层级的审计目标。而要具体实施审计，审计主题还要分解为审计标的。相应地，审计总目标则要分解为审计具体目标，也称为审计命题。因此，不同的审计主题都有其相应的审计标的及审计具体目标（郑石桥，2018）。我们来具体分析政府综合财务报告审计中两类审计主题的具体审计目标。

---

①　关于政府综合财务报告审计的审计主题，请参阅本书第九章第一节政府综合财务报告审计内容。

通常来说，财务信息这类审计主题会分解为交易或事项、账户余额、列报和披露这三类审计标的。这些审计标的都有其相应的具体审计目标。政府综合财务报告中的财务信息，其审计标的和审计具体目标基本也是如此。基本情况如见 4（中国注册会计师协会，2020）。

表 4　财务信息的审计标的及审计具体目标

审计标的	审计具体目标
交易或事项	发生性，完整性，准确性，截止，分类
账户余额	存在性，权利和义务，完整性，计价和分摊
列报和披露	发生及权利和义务，完整性，分类和可理解性，准确性和计价

内部控制审计标的是对内部控制的细分，对于整体层面的内部控制，其审计标的是制度要素，也就是制度中界定的主要事项。对于业务层面的内部控制，通常以业务流程中的关键环节作为审计标的（李媛媛、郑石桥，2017）。就审计具体目标而言，分为设计健全性和执行符合性。政府综合财务报告内部控制审计标的及其审计具体目标也是如此。基本情况见表 5。

表 5　政府综合财务报告内部控制审计标的及审计具体目标

项　目		审计具体目标	
		设计健全性	执行符合性
审计标的	整体层面内部控制规范的事项	★	★
	业务层级内部控制的各环节	★	★

注：★表示有这种目标。

表 5 中的设计健全性是指政府综合财务报告相关内部控制制度设计符合相关的法律法规要求，并能有效地防范其拟防范的风险；执行符合性是指政府综合财务报告相关内部控制能按设计要求的意旨来实施。

综上所述，关于政府综合财务报告审计直接目标有如下结论：区分为审计总目标和审计具体目标，前者与审计主题相匹配，后者与审计标的相匹配。政府综合财务报告中的财务信息，其审计总目标是真实性，审计标的分解为交易或事项、账户余额、列报和披露，它们都有各自的审计具体目标；政府综合财务报告相关内部控制，其审计总目标具有健全性，按制度所规范的事项和控制环节分解为审计标的，具体审计目标都具有设计健全性和执行符合性。

（五）政府综合财务报告审计终极目标与直接目标的关系

以上分别分析了政府综合财务报告审计的终极目标和直接目标，下面分析二者的关系。总体来说，终极目标决定直接目标，有什么样的终极目标，就会有什么样的直接目标，直接目标要服务终极目标。问题的关键是直接目标如何服务终极目标，这其中的基础性要求是根据终极目标来确定直接目标，不能脱离终极目标来设定直接目标。除此之外，还有一个重要的问题就是直接目标服务终极目标的路径。根据审计功能，笔者认为，就政府综合财务报告审计来说，直接目标服务终极目标的路径有揭示路径、威慑路径和抵御路径。基本情况如图4所示。

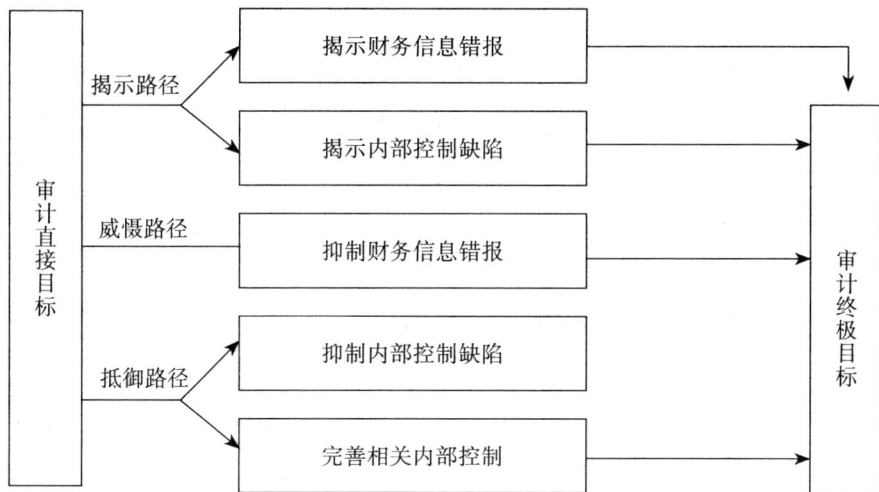

图4 直接目标服务终极目标的路径

图4中，揭示路径是通过审计找出政府综合财务报告中存在的财务信息

错报和相关内部控制缺陷，找出错报后势必进行更正，从而提升了政府综合财务报告中的财务信息质量；威慑路径是政府综合财务报告相关责任主体事先知道审计会查找财务报告中存在的财务信息错报和相关内部控制缺陷，找出财务信息错报和相关内部控制缺陷之后，一方面会在一定范围内披露，从而相关责任主体的声誉会有负面影响，并且还有可能对责任者进行责任追究，为避免这些负面后果，政府综合财务报告的责任主体可能放弃操纵财务信息的想法，从而达到防患于未然的效果；抵御路径是在揭示路径的基础上，对于发现的政府综合财务报告相关内部控制缺陷进行整改，为后续财务信息质量提供保障。一般来说，上述三种路径是同时发挥作用的。

三、结论和启示

建立实施科学的政府综合财务报告制度是国家治理体系和治理能力现代化的重要内容。政府综合财务报告制度的一个重要方面是政府综合财务报告审计制度，而审计目标是审计的起点和归宿，所以从理论上厘清政府综合财务报告审计目标是审计制度建构的基础。本节以经典审计理论为基础，提出一个政府综合财务报告审计目标的理论框架。

政府综合财务报告体现的是本级政府作为代理人的国有资源委托代理关系，本行政区公众、本级人大、上级政府是委托人，委托人推动对本级政府的审计。委托人、代理人和审计机关组成审计关系，政府综合财务报告审计目标分为终极目标和直接目标，终极目标主要是委托人的审计目标，也包括本级政府作为代理人的目标，直接目标是审计机关的目标。终极目标抑制政府综合财务报告中的代理问题和次优问题，促使本级政府更好地履行政府综合财务报告相关责任，并增加政府综合财务报告的可信度。直接目标分为审计总目标和审计具体目标，前者与审计主题相匹配，后者与审计标的相匹配。政府综合财务报告中的财务信息，其审计总目标具有真实性，审计标的分解为交易或事项、账户余额、列报和披露，它们都有各自的审计具体目标。政府综合财务报告相关内部控制，其审计总目标具有健全性，按制度所规范的事项和控制环节分解为审计标的，具体审计目标都具有设计健全性和执行符合性。终极目标是直接目标的基础，直接目标通过揭示路径、威慑路径和抵御路径服务终极目标。

本节的研究启示我们，政府综合财务报告审计目标是一个体系，委托人或代理人要有明确的目标，缺乏目标，审计机关的目标就失去意义。同时，审计机关要围绕终极目标来确定直接目标，否则就是审计机关的"自娱自乐"。审计实践中，一些审计机关无论开展何种审计业务，只关注"大案要案"，这种思维定式如果带到政府综合财务报告审计中来，可能扭曲政府综合财务报告审计。因此，科学地建构政府综合财务报告审计制度并严格执行就显得至关重要。

参考文献

[1]唐大鹏，刘芳，孙晓靓，等.权责发生制下政府综合财务报告的审计机制转型[J].财政监督，2015（20）：21-24.

[2]王祥君.基于政府会计改革视角的本级预算执行审计研究[J].审计月刊，2016（7）：11-13.

[3]尹启华.政府综合财务报告审计框架的构建研究[J].南京审计大学学报，2017（1）：95-101.

[4]刘冠亚.我国政府财务报告审计制度研究[D].北京：中国财政科学研究院，2018.

[5]戚艳霞.美国政府财务报告审计的特点、成效及对我国的启示——基于对GAO1997-2013财政年度审计报告的分析[J].中国审计评论，2015（2）：57-68.

[6]房巧玲，田世宁.美国、澳大利亚政府综合财务报告审计实践的发展与比较[J].会计之友，2018（10）：6-12.

[7]郑石桥.政府审计对象、审计业务类型和审计主题[J].会计之友，2015（18）：99-105.

[8]郑石桥.领导干部经济责任审计内容：理论框架和例证分析[J].会计之友，2015（19）：121-128.

[9]郑石桥.审计理论研究：基础理论视角[M].北京：中国人民大学

出版社，2016.

　　［10］郑石桥.论审计主题及其作用［J］.新疆财经，2019（2）：38：51.

　　［11］谢晓燕，张龙平，李晓红.我国上市公司整合审计研究［J］.会计研究，2009（9）：88-94.

　　［12］何芹.内部控制与财务报表整合审计的再思考——兼谈财务报表审计准则与内部控制审计指引的比较［J］.中国注册会计师，2012（4）：87-92.

　　［13］张龙平，王泽霞.美国舞弊审计准则的制度变迁及其启示［J］.会计研究，2003（4）：61-64.

　　［14］周赟.对我国注册会计师承担舞弊审计责任的思考［J］.商业研究，2005（15）：129-131.

　　［15］陈毓圭.中国注册会计师行业对发现舞弊责任的认识和担当［J］.中国注册会计师，2010（9）：20-23.

　　［16］中国注册会计师协会.审计（全国注册会计师全国考试辅导材料）［M］.北京：中国财政经济出版社，2020.

　　［17］李媛媛，郑石桥.内部控制鉴证取证模式：逻辑框架和例证分析［J］.会计之友，2017（22）：125-130.

　　［18］常迎迎.建立健全政府财务报告审计制度的几点思考［J］.财务与会计，2015（7）：54-54.

　　［19］陈平泽.美国联邦政府财务报告编制与审计研究［J］.审计研究，2011（3）：42-47.

　　［20］郑石桥.基于审计主题的审计实施框架研究［J］.新疆财经大学学报，2018（3）：44-55.

　　［21］郑石桥.国有资源委托代理关系、审计目标和审计期望差［J］.会计之友，2015（15）：131-138.

　　［22］李宇立，郑石桥.政府审计目标：理论框架和例证分析［J］.会计之友，2015（14）：115-121.

第十章　政府综合财务报告审计
模式和审计结果及其应用

政府综合财务报告审计有不少的基础性问题需要理论阐释，"怎么审计"是最核心的基础性问题。本章聚焦"怎么审计"的两个问题：一是政府综合财务报告审计取证模式，二是政府综合财务报告审计结果及其应用。根据这两个问题，本章的具体内容包括：政府综合财务报告审计模式，政府综合财务报告审计结果及其应用。

第一节　政府综合财务报告审计模式

模式通常指事物的标准样式，审计模式是指审计中的标准样式，由于标准样式不同，审计模式有多种情形。例如，将不同的审计取证样式概括为审计取证模式；将不同的审计主体样式概括为审计主体模式；将不同的审计领导体制概括为审计体制模式。本节从宏观思路上研究政府综合财务报告审计"怎么审计"这个问题，也可以从不同的角度来考察，从而形成了一些标准样式，本节将这些标准样式称为政府综合财务报告审计模式。

政府综合财务报告是反映政府整体财务状况、运行情况和财政中长期可持续性的财务报告。科学的政府综合财务报告制度是国家治理体系和治理能力现代化的重要内容；政府综合财务报告审计制度是政府综合财务报告制度的主要内容；而"怎么审计"则是政府综合财务报告审计制度最为核心的内容之一。从理论上厘清政府综合财务报告"怎么审计"的宏观思路是相关制度建构的前提。

现有文献中，未发现有文献专门研究政府综合财务报告"怎么审计"。一些研究政府综合财务报告审计的文献涉及"怎么审计"的一些内容，主要是审计准则和审计取证模式。总体来说，从宏观思路上如何对政府综合财务报告进行审计，还是缺乏一个系统化的理论框架。本节的贡献在于以经典审计理论为基础，基于多个角度，从宏观思路上研究政府综合财务报告审计"怎么审计"，提出一个关于政府综合财务报告审计模式的理论框架，以深化对政府综合财务报告审计模式的认知，并为政府综合财务报告审计制度建构提供理论支撑。

一、文献综述

未发现有文献专门研究政府综合财务报告"怎么审计"。一些研究政府综合财务报告审计的文献涉及这个问题的一些内容，主要是审计准则和审计取证模式。

关于审计准则，一些文献介绍了国外政府综合财务报告审计准则。美国联邦政府财务报告审计准则与注册会计师审计准则实质上相同（陈平泽，2011）；美国政府综合财务报告审计准则由两部分组成：一是美国联邦审计署制定的《政府审计准则》中的财务审计相关内容，二是美国行政管理和预算局（OMB）颁布的《联邦财务报表审计的要求》（房巧玲、田世宁，2018）；澳大利亚审计长法案赋予了审计长制定审计准则的权利，但是，审计长并未使用这个权利，政府审计不单独制定审计准则，而是直接使用澳大利亚审计与认证准则委员会制定的审计准则，以上准则有更新时会同步签署形成更新的政府审计准则（房巧玲、田世宁，2018）。

关于审计取证模式，一些文献介绍了国外政府综合财务报告审计取证模式，美国联邦政府财务报告审计过程也分为审计计划、了解与评估内部控制、控制测试和交易账户实质性审计、审计报告四个阶段，审计技术方法大量采用审计抽样、重要性水平确定与风险控制等注册会计师审计方法（陈平泽，2011）；美国政府综合财务报告审计采用风险导向审计模式，审计人员需要了解被审计单位内部控制设计和运行有效性，评估控制风险，在此基础上，评估重大错报风险（房巧玲、田世宁，2018）；澳大利亚政府综合财务报告审计采用风险导向审计方法，在对政府综合财务报告审计时，关注被审计单位内部控制情况（房巧玲、田世宁，2018）；此外，还有一些文献也涉及美国联邦政府综合财务报告审计模式，认为是采用风险导向审计模式（陆晓晖，2015；戚艳霞，2015；王祥君，2016；尹启华，2017；刘冠亚，2018）。

上述文献显示，关于政府综合财务报告"怎么审计"的许多问题还缺乏研究，同时，现有文献涉及到的问题，相关的研究也不深入。总体来说，从宏观思路上如何对政府综合财务报告进行审计，还缺乏一个系统化的理论框架。本节拟致力于此。

二、理论框架

本节从宏观思路上研究政府综合财务报告审计"怎么审计"这个问题，提出一个关于政府综合财务报告"怎么审计"的理论框架。具体来说，主要是探究以下问题：一是政府综合财务报告审计的组织模式，也就是财务信息审计与内部控制审计的审计主体和审计时间安排；二是政府综合财务报告审计的责任模式，也就是政府综合财务报告及其合并范围内各会计主体的单个财务报告的审计责任安排；三是政府综合财务报告审计取证模式，也就是政府综合财务报告审计的取证思路；四是政府综合财务报告审计准则模式，也就是政府综合财务报告审计准则的制定及与民间审计准则的关系。下面来具体分析。

（一）政府综合财务报告审计的组织模式

从审计业务类型来说，政府综合财务报告审计包括政府综合财务报告中的财务信息审计和政府综合财务报告内部控制审计。本节将前者简称财务信息审计，后者简称内部控制审计，那么这两种审计业务如何组织呢？这涉及两个问题：一是审计主体选择，二是审计时间选择。

从审计主体选择来说，由于政府综合财务报告的责任主体是本级政府，民间审计机构难以保持独立性，所以为保障独立性，审计主体应该是国家审计机关，包括上级政府审计机关和本级政府审计机关。由于本级政府审计机关来审计本级缺乏独立性，因此，通常是本级党委设立审计委员会来增强审计机关的独立性。审计主体不能由不同的政府审计机关来分别实施财务信息审计和内部控制审计，而只能由一个审计机关来实施这两种审计，从组织方式来说，这属于整合审计。整合审计在没有降低独立性的前提下，提高了成本效益，其原因是知识互溢，政府综合财务报告中的财务信息审计和内部控制审计有不少的内容是密切相关的，这些相关的内容，在实施审计时可以相互借鉴和参考，从而提高审计效率。

从审计时间选择来说，政府综合财务报告中的财务信息审计和内部控制审计要同时实施，从审计实施时间这个意义上来说，属于整合审计。整合审计可以减少一些交叉重复的审计程序，并且强化两种审计的知识互溢效果。如果两种审计业务在不同的时间实施，它们之间的知识互溢效果大为降低。一方面会提高审计主体的审计成本；另一方面，也会增加审计客体的审计成本。政府综合财务报告中的财务信息审计和内部控制审计采取整合审计方式，并不排除各自出具审计报告。根据审计需求，财务信息审计和内部控制审计既可以体现一个整合审计报告中，也可以分别出具审计报告。这两种方式并无实质性差异。

（二）政府综合财务报告审计的责任模式

政府综合财务报告是合并会计报表，因此，两个层级的会计主体：一是合并会计主体，二是纳入合并范围内的单个报表的会计主体。[①] 合并主体是由单个会计主体合并组成的。政府综合财务报告审计是指对合并会计报表的审计，因为合并报表是由单个报表合并组成的，所以合并报表审计必须以单个报表审计为基础。因此，合并报表审计事实上就包括两部分内容：一是单个报表审计，二是合并过程审计。一般来说，负责合并过程审计的审计机构

---

① 单个报表的会计主体也就是纳入政府综合财务报告合并范围的政府部门单位，即政府部门会计报表主体。

需要对合并报表——也就是政府综合财务报告发表意见，不能仅仅对合并过程发表意见。在这种情形下，如果因为合并过程的错报而导致政府综合财务报告失真，负责合并过程的审计机构显然要承担责任。但是，如果因为单个报表的错报而导致政府综合财务报告失真，并且，有错报的单个报表并不是由负责合并过程审计的审计机构来实施的，那么在这种情形下，负责合并过程审计的审计机构是否要承担责任呢？这就产生了政府综合财务报告审计的责任模式问题。综观世界各国的做法，主要有两种责任模式：一种模式是各自承担责任，谁审计的会计报表，谁承担责任。在这种模式下：负责合并过程审计的审计机构只对合并过程中的错报承担责任，而单个会计报表中的错报由各自的审计机构承担责任。本节将这种责任模式称为单个责任模式。另外一种模式是由负责合并过程审计的审计机构对合并报表整体承担责任。这种责任既包括合并过程，也包括单个会计报表。在这种模式下，负责合并过程审计的审计机构对其他审计机构负责的单个会计报表也要承担责任。本节称这种模式为整体责任模式（中国注册会计师协会，2018）。

那么，政府综合财务报告审计应该选择何种责任模式？笔者认为，应该选择整体责任模式，负责合并过程审计的审计机构，应该对合并过程及单个会计报表都要承担责任。其原因是，这种模式有利于保证审计质量。在这种模式下，由于负责合并过程审计的审计机构要对其未审计的单个会计报表的审计承担责任，所以，这个审计机构就有动力来降低审计风险，提升审计质量。一方面，对于纳入合并范围内、特别重要的单个会计报表，尽量由自己亲自来实施审计；另一方面，对于纳入合并范围，自己无法亲自实施审计的单个会计报表，会实施适当的督导程序，以促进单个会计报表审计的审计质量。

那么，有哪些督导程序呢？借鉴企业集团报表审计中，集团项目组对组成部分项目组的督导程序（财政部，2010），政府综合财务报告审计中，负责合并过程审计的审计机关，对纳入合并范围内各会计主体的会计报表审计机构的督导程序包括但不限于以下几种：

（1）了解负责单个会计报表审计的审计人员的职业资格、独立性、专业胜任能力、审计资源以及质量控制程序。

（2）直接制定单个主体会计报表审计工作方案，对审计工作提出统一要求，各单个主体会计报表审计机构根据这个审计工作方案，结合所审计单个会计主体的实际情况，制定审计实施方案。

（3）指导或参与单个会计主体的审计机构共同制定审计方案。

（4）参与单个会计主体审计机构的审计证据评价过程。

（5）对单个会计主体的会计报表实施分析程序。

（6）参与单个会计主体审计机构与其审计客体之间举行的重要会议。

（7）复核单个会计主体审计机构的审计工作底稿。

（三）政府综合财务报告审计取证模式

政府综合财务报告审计由财务信息审计和内部控制审计组成，其审计取证模式也需要分别讨论。关于财务信息审计取证模式，目前，世界范围内的主流模式都是风险导向审计模式，这种模式的基本过程是风险评估和风险应对，通过一定的方法评估会计报表的错报风险，确定报表层面和认定层面的错报风险，在此基础上，采取有针对性的应对策略。就政府综合财务报告中的财务信息审计取证来说，风险导向审计模式需要在三个层级来实施：一是合并报表整体层面，二是合并过程层面，三是单个会计报表主体层面。这三个层级都要实施风险评估和风险应对。但是，合并报表整体层面是基础，其余两个层面的风险评估和风险应对要以整体层面为基础，受整体层面的指导。无论何种层面，在电子数据环境下，电子数据分析都是风险评估的主流方法，并且，整体层面的风险评估要指导合并层面和单个报表层面的电子数据分析。

关于内部控制审计取证模式，目前，世界范围内的主流模式都是"从上到下，风险导向"模式。这个模式要求对内部控制的风险评估和风险应对都要从整体层面的内部控制开始，深入到业务层面的内部控制。首先是评估控制方法，然后，针对评估的风险确定恰当的应对措施，其中包括主要的控制测试（李媛媛、郑石桥，2017）。就政府综合财务报告内部控制审计来说，其内部控制分为三个层面：一是合并报表整体层面的内部控制，二是合并过程的内部控制，三是单个会计报表主体层面。内部控制审计中，这三个层面的内部控制都要纳入审计范围，都要分别按"从上到下，风险导向"模式来实施，当然，合并报表整体层面的内部控制审计基础，要指导后面两个层级的内部控制审计。

政府综合财务报告中的财务信息审计和内部控制审计分别有各自的审计取证模式，但是在审计实施中通常要采取整合审计的组织模式，所以需要将上述两种审计取证模式统一于政府综合财务报告整合审计过程中。主要方法是分别编制审计方案草案，合并删除重复审计程序，得到需要执行的审计程序，实施这些审计程序以获取审计证据，评价审计证据，分别出具审计报告。

（四）政府综合财务报告审计准则模式

政府综合财务报告审计准则模式涉及这个准则的一些宏观性内容，主要讨论准则制定模式、准则结构模式和准则关系模式。

准则制定模式主要涉及谁来制定政府综合财务报告审计准则。由于政府综合财务报告是反映政府整体财务状况、运行情况和财政中长期可持续性的财务报告，责任主体是本级政府，所以为了保障审计质量，通常是政府审计机关来负责政府综合财务报告审计。既然如此，政府综合财务报告审计准则就应该由政府审计机关或相关机构来制定。本节前面的文献综述指出，美国联邦审计署制定的《政府审计准则》中的财务审计相关内容、美国行政管理预算局（OMB）颁布的《联邦财务报表审计的要求》共同组成美国联邦政府综合财务报告审计准则（房巧玲、田世宁，2018）；澳大利亚审计长法案赋予了审计长制定审计准则的权利（房巧玲、田世宁，2018）。这些都表明了政府综合财务报告审计准则的制定权。现实世界是复杂的，也不排除在例外的情形下，由民间审计机构实施一部分政府综合财务报告内容。在这种情形下，民间审计机构通过类似于审计业务外包的方式进入了政府综合财务报告审计，就法律规定来说，政府综合财务报告审计应该是政府审计机关的审计范围，此种情况，民间审计机构就应该遵循政府审计准则。当然，由政府审计机关制定政府综合财务报告审计准则，并不意味着其独家制定，在制定过程中，政府审计机关要广泛吸取各方面的建议。

准则结构模式主要涉及政府综合财务报告审计准则的内容结构。从审计业务来说，政府综合财务报告审计包括财务信息审计和内部控制审计。由于财务信息和内部控制都包括合并报表、合并过程和单个会计主体，并且要采取整合审计的组织模式，因此，需要由审计准则来规范的内容较多。基本情况见表1。

表 1　需要审计准则来规范的政府综合财务报告审计内容

项　目		内容层级		
		合并报表	合并过程	单个会计主体
审计业务类型	财务信息审计	★	★	★
	内部控制审计	★	★	★

注：★表示有这种内容。

对于表1中的内容，笔者主张政府综合财务报告审计准则的内容结构由以下四部分组成：

（1）基本要求。规范政府综合财务报告审计的基本要求，通用于财务信息审计和内部控制审计。

（2）政府综合财务报告中的财务信息审计。分别对合并报表、合并过程和单个会计主体的财务信息审计做出规范。

（3）政府综合财务报告内部控制审计。分别对合并报表、合并过程和单个会计主体的财务报告内部控制审计做出规范。

（4）整合审计。对政府综合财务报告中的财务信息审计和内部控制审计的整合审计组织方式做出规范。

准则关系模式主要涉及政府综合财务报告审计准则与民间审计准则的关系。本节前面的文献综述指出，美国联邦政府财务报告审计准则与注册会计师审计准则实质上相同（陈平泽，2011），澳大利亚政府审计机关的政府综合财务报告审计，不单独制定审计准则，而是直接使用澳大利亚审计与认证准则委员会制定的审计准则（房巧玲、田世宁，2018）。从世界各国的主要做法来说，政府审计机关制定的政府综合财务报告审计准则应该与相关的民间审计准则做到实质性一致。其主要原因有两个方面：第一，在财务信息审计和内部控制审计方面，民间审计机构具有较悠久的历史，积累了较丰富的经验。因此，借鉴民间审计在这方面的经验，有利于政府审计机关提高审计效率效果。第二，作为政府综合财务报告审计的组成部分，单个会计主体的财务报表审计（也就是政府部门财务报告审计），不可避免地要引入民间审计机构。如果审计准则不能做到实质性一致，则民间审计机构的审计准则适用将出现难以解决的难题。一方面，它是民间审计机构，从事审计业务要适用民间审计准则；另一方面，实施审计业务外包的政府审计机关可能要求民间审计机构适用政府审计准则。如果这两个准则不同，则民间审计机构对审计准则的选择就出现了困难；如果二者是实质性一致，则就不存在审计准则适用困难。当然，二者要做到实质性一致，政府审计机关要主动作为，在制定政府综合财务报告审计准则时，要认真研究了解相关的民间审计准则，并邀请民间审计职业组织有效参与审计准则的制定。

目前，我国政府审计机关制定的《中华人民共和国国家审计准则》（2011 年修订）主要是以合规审计为背景，对财务信息审计和内部控制审计的关注不多，如果用来规范政府综合财务报告审计，只是具有原则性的指导意义，对审计过程的具体规范和指导性不够。因此从整体上来说，需要另外单独制定政府财务报告审计准则，其中就包括政府综合财务报告审计的相关内容。在制定政府综合财务报告审计准则时，要充分借鉴民间审计准则，做到与相关的民间审计准则实质性一致。

三、结论和启示

科学的政府综合财务报告是国家治理体系和治理能力现代化的重要内容，政府综合财务报告审计制度是政府综合财务报告制度的主要内容，从理论上厘清政府综合财务报告"怎么审计"的宏观思路是相关制度建构的前提。本节以经典审计理论为基础，从宏观思路上研究政府综合财务报告审计"怎么审计"，提出一个关于政府综合财务报告审计模式的理论框架。

关于政府综合财务报告审计的组织模式，政府综合财务报告审计包括政府综合财务报告中的财务信息审计和政府综合财务报告内部控制审计。在审计组织方式方面，需要由同一政府审计机关在同一时间来实施上述两种审计业务，以做到知识互溢，提高审计效率效果。

关于政府综合财务报告审计的责任模式，应该采取整体责任模式，由负责合并过程审计的审计机关对合并报表整体承担责任，负责合并过程审计的审计机构对其他审计机构负责的单个会计报表也要承担责任。这种责任模式有利于保障和提升政府综合财务报告审计质量。

关于政府综合财务报告审计取证模式，政府综合财务报告中的财务信息审计取证采取风险导向审计模式，内部控制审计取证采取"从上到下，风险导向"模式。两种审计取证模式统一于政府综合财务报告整合审计过程中，可以分别出具审计报告。

关于政府综合财务报告审计准则模式，政府综合财务报告审计准则应该由政府审计机关制定，其内容结构需要分别对政府综合财务报告中的财务信息审计、内部控制审计和整合审计进行综合考虑，并按合并报表、合并过程和单个会计主体做出规范，政府综合财务报告审计准则与民间审计准则要做到实质性一致。

本节的研究启示我们，政府综合财务报告"怎么审计"涉及的问题很多，从理论上搞清楚这些问题是科学地解决"怎么审计"的前提。如果没有理论上的正确认知，相关的制度建构可能有失偏颇，甚至误入歧途。因此，本节的研究再次告诉我们，理论自信是制度自信用的基础。

第二节　政府综合财务报告审计结果及其应用

从根本上来说，人们不是为审计而审计，政府综合财务报告审计是为了服务于审计需求和审计终极目标而实施的目的性活动，审计结果就是这种目的性活动的产出。它体现了直接审计目标，而终极目标是通过这些审计结果的应用来实现的。所以，政府综合财务报告审计结果及其应用是直接目标和终极目标的中介，没有审计结果及其应用，终极目标无法实现，而审计结果及其应用的偏颇，也会导致政府综合财务报告审计终极目标难以达成。因此从理论上厘清政府综合财务报告审计结果及其应用，是科学地建构政府综合财务报告审计制度的基础。

现有文献中，未发现有文献专门研究政府综合财务报告审计结果及其应用。一些文献涉及这些问题，但这些研究缺乏系统性，也缺乏深入研究。总体来说，关于政府综合财务报告审计结果及其应用，还缺乏一个系统化的理论框架。本节的贡献在于以经典审计理论为基础，分析政府综合财务报告审计结果及其应用的主要问题，提出一个关于政府综合财务报告审计结果及其应用的理论框架，以深化对政府综合财务报告审计结果及其应用的认知，并为政府综合财务报告审计制度建构提供理论支撑。

一、文献综述

未发现有文献专门研究政府综合财务报告审计结果及其应用，一些文献涉及这些问题。

关于政府综合财务报告审计结果，多数文献认为，审计结果主要体现为审计报告，通过审计报告对政府综合财务报告是否在所有重大方面遵守政府会计准则发表意见，意见类型分为无保留意见、保留意见、否定意见与无法发表意见（陆晓晖，2015；戚艳霞，2015）。一些文献介绍了国外的情况：如"联邦政府财务报告审计意见参考了美国注册会计师审计意见格式"，"分为无保留意见、保留意见、否定意见与无法发表意见四种"（陈平泽，2011；房巧玲、田世宁，2019），"审计报告中通常会指明审计目的并非对内部控制进行审计，因此，不对内部控制发表审计意见"（陈平泽，2011），"美国联邦政府财务报告审计报告主要内容是针对报告主体是否在所有重大方面遵守政府会计准则发表审计意见"（房巧玲、田世宁，2018），"澳大利亚联邦审计长每年向议会合并财务报告的审计报告，审计意见分为无保留意见和保留意见"（房巧玲、田世宁，2018）。

关于政府综合财务报告审计结果应用，一些文献介绍了国外的情况："审计报告提交给总统、国会议长，并附在联邦政府合并财务报告中向社会公开"（陈平泽，2011），政府综合财务报告的审计报告使用者主要包括人大常委会、债权人、政府及其有关部门、政府会计主体自身和其他利益相关者（王祥君，2016），美国联邦审计署的"审计报告提交国会并向全社会公开"（房巧玲、田世宁，2018）；一些文献介绍了国外的审计结果应用要求，"除审计报告之外，澳大利亚联邦审计署一般还会管理建议书，审计客体同样要以书面形式将本单位执行审计建议的计划和具体措施形成文件提交至澳大利亚联邦审计署"（房巧玲、田世宁，2018），美国行政管理和预算局（OMB）颁布第 A–50 号公告《审计后续整改（*Audit Follow Up*》）指出，"后续审计是为解决问题和采纳整改建议而进行的更正行为""每个机构应建立相应体系，以确保及时妥善地解决审计问题和实施审计建议""审计机关要对审计客体出具整改建议书，审计客体也应以书面形式回应是否同意整改建议书的意见，如同意还应附上具体整改计划和措施，不同意则要说明理由""审计客体的负责人要指定高级管理人员中的一员负责监督审计和整改工作，确保全部管理人员了解审计工作的价值并对审计整改做出反应""审计整改人员要确保审计整改工作的实施落实到位，及时报告单位负责人"（陈平泽，2011；房巧玲、田世宁，2018）。此外，尹启华（2017）认为："审计报告不仅是政府综合财务报告是否达成审计目标的原始依据，也是对相关审计主体追究法律责任的重要依据。"

此外，关于政府综合财务报告审计结果应用，国外有一些文献研究了政府综合财务报告审计对资本市场的作用，这主要是一些政府向资本市场发行了债券，因此，政府综合财务报告审计会影响证券投资者对政府债券的相关决策（郑石桥，2017）。

上述文献综述表明，虽然有少量文献涉及政府综合财务报告审计结果及其应用，但这些研究缺乏系统性，也缺乏深入研究。总体来说，关于政府综合财务报告审计结果及其应用，还缺乏一个系统化的理论框架。本节拟致力于此。

二、理论框架

本节的目的是以经典审计理论为基础，提出一个关于政府综合财务报告审计结果及其应用的理论框架。为此，首先勾画政府综合财务报告审计结果体系，并在此基础上，分别讨论不同类型的审计结果及其应用，最后是审计整改计划、整改报告和移送问题处理情况反馈。

（一）政府综合财务报告审计结果的总体框架

政府综合财务报告审计的审计主题是财务信息和财务报告内部控制，基于这两个审计主题：形成财务信息审计和内部控制审计。由于审计业务的组织方式是整合审计，而审计报告可以分别出具，也可以整合出具，所以，审计报告有三种情形：财务信息审计报告、内部控制审计报告和整合审计报告。各种审计业务都可以分为合理保证和有限保证两种类型。另外，在出具审计报告的同时，通常还会出具管理建议书，承载审计报告之外的审计结果。由于政府综合财务报告的合并范围及会计期间不同，上述审计业务可以在不同的范围和期间来实施，因此审计结果也具有多样性。总体来说，政府综合财务报告审计结果较多，是一个体系，其基本情况见表2。下面具体分析不同的审计结果及其应用。

表2　政府综合财务报告审计结果体系

项　目			报表范围及会计期间			
			本级政府综合财务报告		本行政区政府综合财务报告	
			年报	中期报告	年报	中期报告
审计结果载体	财务信息审计报告	合理保证	★	★	★	★
		有限保证	★	★	★	★
	内部控制审计报告	合理保证	★	★	★	★
		有限保证	★	★	★	★
	整合审计报告	合理保证	★	★	★	★
		有限保证	★	★	★	★
	管理建议书		★	★	★	★

注：★表示有这种情形。

（二）政府综合财务报告中的财务信息审计报告及其应用

政府综合财务报告中的财务信息审计报告主要承载关于政府综合财务报告中财务信息的审计意见，这种审计意见分为两种保证程度：一是合理保证审计意见，指审计人员要对政府综合财务报告是否在所有重大方面遵守政府会计准则发表意见，意见类型分为无保留意见、保留意见、否定意见与无法发表意见，这种审计意见对政府综合财务报告中的财务信息是否真实有整体性的结论；二是有限保证审计意见，指审计人员要报告政府综合财务报告在重大方面未能遵守政府会计准则的情形，并不对政府综合财务报告中的财务信息整体是否真实形成结论，只是报告审计发现，通过审计意见无法判断政府综合财务报告中的财务信息整体是否真实。不同的保证程度需要不同的审计证据证明力来支持。通常来说，合理保证审计意见需要更强的审计证据证明力，因而也会需要更多的审计资源。所以就政府综合财务报告来说，其年报通常要选择合理保证，而中报则可以选择有限保证。另外，由于合并范围不同，政府综合财务报告有本级政府综合财务报告和本行政区政府综合财务报告，这些财务报告审计都可以适用合理保证和有限保证。

那么，承载财务信息审计意见的政府综合财务报告的财务信息审计报告如何使用呢？第一，本级政府作为政府综合财务报告的责任主体，当然最关注审计结果，所以审计机关要将审计报告提交本级政府；第二，政府综合财务报告体现的是本级政府作为代理人的国有资源委托代理关系，其委托人包括本行政区公众、本级人大和上级政府，所以这些委托人是财务信息审计报告的优先使用者，审计机关应该将审计报告报送本级人大和上级政府，并以向社会公开的方式将审计结果披露给本行政区公众；第三，如果本级政府发行了有价证券，则证券分析师、债券评级机构及投资者也会非常关注本级政府的财务信息，因此，应该以向社会公开的方式将审计结果披露给这些利益相关者，如果本级政府向银行举债，债权银行也成为类似证券投资者的利益相关者；第四，如果审计过程中发现有操纵财务信息的情形，对于责任人和责任单位要进行责任追究的，根据审计机关获得的授权情况，凡是审计机关能直接进行处理处罚的，审计机关做出处理处罚决定，出具审计处理处罚决定书；需要转送其他机关的，审计机关做出移送决定，出具审计移送决定书。

（三）政府综合财务报告中的内部控制审计报告及其应用

政府综合财务报告的另外一种重要业务是内部控制审计，其审计报告主要承载关于政府综合财务报告内部控制的审计意见，这种审计意见分为两种保证程度：一是合理保证审计意见，指审计人员要对政府综合财务报告内部控制整体是否有效形成审计意见，包括整体有效、整体无效和无法表示意见三种情形。整体有效指政府综合财务报告内部控制不存在重大缺陷，整体无效是指政府综合财务报告内部控制存在重大缺陷，而无法表示意见是无法获取充分恰当的审计证据来证据政府综合财务报告内部控制是否存在重大缺陷。在合理保证审计意见下，报告使用者对内部控制的有效性有一个整体概念，便于其清晰地判断政府综合财务报告内部控制状况。二是有限保证审计意见，指审计人员只是报告已经发现的政府综合财务报告内部控制缺陷，通常并没有对这些缺陷进行等级认定，如果有缺陷等级认定，则告了重大缺陷，也就表明整体无效，未报告重大缺陷，就表明内部控制整体有效。在有限保证情形下（未进行缺陷等级认定），审计人员不能对政府综合财务报告内部控制形成整体性结论，所以，审计报告使用者无法判断内部控制的整体状况。

类似于政府综合财务报告中的财务信息审计，政府综合财务报告内部控制审计如果选择合理保证，则需要更强的审计证据证明力来支持，从而需要获取更多的审计证据，进而需要更多的审计资源。所以，通常是年报审计中的内部控制审计采取合理保证，而中期报告审计中的内部控制审计采取有限保证。此外，由于合并范围不同，政府综合财务报告有本级政府综合财务报告和本行政区政府综合财务报告，相应的内部控制也区分为本级政府综合财务报告内部控制和本行政区政府综合财务报告内部控制，内部控制审计也相应地分为上述两类审计。这些财务报告内部控制审计都可以适用合理保证和有限保证。

承载内部控制审计意见的政府综合财务报告内部控制审计报告如何使用

呢？第一，本级政府作为政府综合财务报告的责任主体，当然有责任建立实施政府综合财务报告内部控制，为政府综合财务报告财务信息的真实性奠定制度基础，因此，本级政府应该着重关注政府综合财务报告内部控制审计结果，审计机关要将审计结果提交本级政府；第二，由于政府综合财务报告反映的是本级政府作为代理人的国有资源委托代理关系，本级政府要向其委托人报告政府综合财务报告内部控制状况，因此，审计机关要将内部控制审计结果报告给本级人大、上级政府，并以向社会公开的方式将内部控制审计结果披露给本行政区公众；第三，如果本级政府发行了有价证券，则证券分析师、债券评级机构和投资者也成为政府综合财务报告的利益相关者，如果本级政府向银行举债，债权银行也成为类似证券投资者的利益相关者，这些利益相关者也会非常关注政府综合财务报告内部控制，因此，也该以向社会公开的方式或其他恰当方式将内部控制审计结果披露给这些利益相关者；第四，如果审计过程中发现有人为因素造成的内部控制缺陷，对于责任人和责任单位要进行责任追究的，根据审计机关获得的授权情况，凡是审计机关能直接进行处理处罚的，审计机关做出处理处罚决定，出具审计处理处罚决定书；需要转送其他机关的，审计机关做出移送决定，出具审计移送决定书。

随着人类社会信息化水平的不断提高，政府综合财务报告内部控制越来越信息化，政府综合财务报告内部控制审计也越来越成为信息系统审计。然而无论如何变化，只是内部控制本身的变化，并不能改变信息系统作为内部控制这一事实，所以政府综合财务报告信息系统审计在当前是内部控制的组成部分，未来将成为政府综合财务报告内部控制审计的主体内容，其审计结果应用并无实质性变化。

（四）政府综合财务报告中的整合审计报告及其应用

政府综合财务报告审计分为财务信息审计和内部控制审计，通常要以整合审计的方式来实施，在出具审计报告时，可以分别出具。本节以上介绍了这种方式下的审计结果及其应用，然而，也可以不分别出具审计报告，而是将两种审计业务结合起来，出具整合审计报告。

整合审计报告要承载两种审计意见：一是关于政府综合财务报告中财务信息的审计意见；二是关于政府综合财务报告内部控制的审计意见，上述两种审计意见都可以采取合理保证和有限保证两种方式，合理保证对财务信息整体或内部控制整体形成结论，后者只是报告发现的财务信息错报或内部控制缺陷，其基本内容类似于单独报告时。此外，由于报表范围不同，政府综合财务报告分为本级政府综合财务报告和本行政区政府综合财务报告，因此，整合审计报告也分为本级政府综合财务报告整合审计报告和本行政区政府综合财务报告整合审计报告。另外，由于报表的会计期间不同，政府综合财务报告分为年度政府综合财务报告和中期政府综合财务报告，与此相一致，整合审计报告也分为年度政府综合财务报告整合审计报告和中期政府综合财务报告整合审计报告。

类似于单独的审计报告，整合审计报告的使用有四种情形：第一，本级政府作为政府综合财务报告及相关内部控制的责任主体，审计机关要将整合审计报告提交本级政府。第二，政府综合财务报告体现了本级政府作为代理人的国有资源委托代理关系，而这种关系中的委托人是本行政区公众、本级人大、上级政府，这些委托人有审计需求。因此，他们是审计结果的需求者和使用者，审计机关应该将整合审计报告报送本级人大、上级政府，并以向社会公开的方式将整合审计报告向本行政区公众披露。第三，如果本级政府发行了有价证券，则证券投资者、证券评级机构和证券分析师等成为本级政府的利益相关者。如果本级政府还有债券之外的其他方式举债，则这些债权人也成为本级政府的利益相关者。这些利益相关者会关注本级政府的财政财务状况及相关控制状况。因此，审计机关要通过向社会公开或其他恰当的方式，将整合审计报告向这些利益相关者披露。第四，如果审计过程中发现有财务信息错报或内部控制缺陷，对于责任人和责任单位要进行责任追究的。根据审计机关获得的授权情况，凡是审计机关能直接进行处理处罚的，审计机关做出处理处罚决定，出具审计处理处罚决定书；需要转送其他机关的，审计机关做出移送决定，出具审计移送决定书。

（五）政府综合财务报告中的管理建议书及其应用

管理建议书是审计人员就审计过程中发现的问题向审计客体及相关单位提出的改进建议，这些问题及改进建议通常是不宜写进审计报告的。当审计报告要对社会公开时，其内容格式有统一要求，并且审计客体管理中存在的问题也不宜向社会披露，所以，一般单独以管理建议书的方式出现。如果审计报告不向社会公开，则管理建议书的内容也可以作为审计报告的一部分，此时，管理建议书与审计报告合二为一。无论管理建议书是单独出具，还是作为审计报告的组成部分，其核心内容主要是两个方面：一是发现的问题；二是改进建议。就政府综合财务报告审计来说，发现的问题主要有四类：一是政府综合财务报告中财务信息失真；二是政府综合财务报告内部控制及相关法律法规缺陷；三是发现的违纪违规行为；四是发现的损失浪费行为。改进建议是在分析上述这些问题形成原因的基础上，提出针对性应对措施。一般来说，这些应对措施只是建议性的，并不要求强制执行，因为审计客体单位可能有更好的措施，或者是不具备实施这些措施的条件。

管理建议书作为审计结果的重要载体，由于其涉及的相关问题不同，因而，其使用者有二种情形：第一，如果管理建议书所涉及的问题是本级政府能解决的问题，则管理建议书通常只是提交给本级政府，同时，抄送本级人大，让其知情；第二，如果管理建议书所涉及的问题是相关的法律法规存在缺陷，则管理建议书要提交给相关法律法规的主管部门，以便于其启动针对这些缺陷的修订工作。

（六）审计整改计划、整改报告和移送问题处理情况反馈

审计整改计划是本级政府及其他责任者对政府综合财务报告审计所发现的问题及相关决定的整顿和改进计划，政府综合财务报告中财务信息审计报告、内部控制审计报告、整合审计报告、审计处理处罚决定、审计移送决定、管理建议书等这些审计结果及其应用的文件中涉及到的问题及决定，都要体现在审计整改计划中，对所有这些整改事项要明确整改责任单位、责任

人、整改办法、整改要求，这是审计整改的行动方案和路线图。对于难以整改的问题，要说清楚原因，并提出应对措施。

审计整改报告是本级政府及其他责任者对审计整改情况的书面报告，主要报告整改事项的整改办法和整改结果，对于未能按整改计划整改的事项，要说明原因。一般来说，本级政府及其他责任者要将审计整改报告提交政府审计机关，并在适当的媒介上对审计整改报告予以公开，让本行政区公众监督审计整改。政府审计机关，需要以本级政府及其他责任者的审计整改报告为基础，并结合自身的核实或后续审计，形成审计机关的审计整改报告，并向本级政府的委托人报告政府综合财务报告审计整改情况。

移送问题处理情况反馈是接受审计机关移送问题的党政部门及司法机关，对于审计机关移送的问题进一步实施法定的程序后，最终形成的核实及处理结果。正是由于这种事项的处理是党政部门及司法机关的职责，所以，审计机关要将这些事项移送党政部门及司法机关，但这些事项又与审计相关，因此，接受审计机关移送问题的党政部门及司法机关，有责任将后续情况反馈给审计机关，这就完全地体现了审计结果的应用。

三、结论和启示

科学的政府综合财务报告制度是国家治理体系和治理能力现代化的重要内容，政府综合财务报告审计制度是政府综合财务报告制度的主要内容。从理论上厘清政府综合财务报告审计结果及其应用，是科学地建构政府综合财务报告审计制度的基础。本节以经典审计理论为基础，提出一个关于政府综合财务报告审计结果及其应用的理论框架。

政府综合财务报告审计结果及其应用的载体包括财务信息审计报告、内部控制审计报告、整合审计报告、审计处理处罚决定、审计移送决定、管理建议书等。由于审计业务的组织方式是整合审计，审计报告有三种情形：财务信息审计报告、内部控制审计报告和整合审计报告。各种审计业务都可以分为合理保证和有限保证两种类型。由于政府综合财务报告的合并范围及会计期间不同，上述审计业务可以在不同的范围和期间来实施，因此，审计结果也具有多样性。

政府综合财务报告审计结果应用者包括本级政府、本级人大、本行政区公众和上级政府。如果本级政府发行了证券或有举债，则应用者还包括利益相关者。审计机关以提交报告或向社会公开等方式推进这些应用者来使用政府综合财务报告审计结果。

本节的研究启示我们，政府综合财务报告审计结果及其应用是一个系统工程，需要统筹考虑，否则，审计直接目标可能难以支撑审计终极目标。政府综合财务报告审计的终极目标如果不能实现，则这种审计的价值也就大为降低。

参考文献

［1］陈平泽.美国联邦政府财务报告编制与审计研究［J］.审计研究，2011（3）：42-47.

［2］房巧玲，田世宁.美国、澳大利亚政府综合财务报告审计实践的发展与比较［J］.会计之友，2018（10）：6-12.

［3］陆晓晖.中外政府财务报告审计研究［J］.商业会计，2015（20）：4-7.

［4］戚艳霞.美国政府财务报告审计的特点、成效及对我国的启示——基于对 GAO1997-2013 财政年度审计报告的分析［J］.中国审计评论，2015（2）：57-68.

［5］王祥君.政府综合财务报告制度改革对国家审计的影响［J］.商业会计，2016，（4）6-10.

［6］尹启华.政府综合财务报告审计框架的构建研究［J］.南京审计大学学报，2017（1）95-101.

［7］刘冠亚.我国政府财务报告审计制度研究［D］.北京：中国财政科学研究院，2018.

［8］中国注册会计师协会.审计（注册会计师全国统一考试辅助教材）［M］.中国财政经济出版社，2018：329.

［9］财政部.中国注册会计师审计准则第 1401 号——对集团财务报表审计的特殊考虑［Z］.2010.

［10］李媛媛，郑石桥.内部控制鉴证取证模式：逻辑框架和例证分析［J］.会计之友，2017.（22）：127-132.

［11］王祥君.基于政府会计改革视角的本级预算执行审计研究［J］.审计月刊，2016（7）：11-13.

［12］郑石桥.国外政府及公共部门审计研究［M］.大连：东北财经大学出版社，2017.